厦门市公司法学研究会荣誉出品

GONGSI GUANKONG

公司管控

法学院没有教的“公司法”

陈福阵／著

法律出版社 | LAW PRESS

此书，开卷一定有益！

改革开放四十年，波澜壮阔的经济发展浪潮此起彼伏，法律对于广大中小企业及企业主而言，其“重要性”不言而喻，其“实用性”却差强人意。重要却不实用，问题出在哪？出在法律天生严谨而简要，出在“情理法”的传统观念作祟，出在企业主对法律的领悟能力不够强等各种各样的主客观原因，直接导致在企业的经营管理过程中，在合规审查、风险防患、危机处里等问题上，一直在交着巨额的学费。

在市面上，关于法律的图书不少，但能够用大家都能看能懂的文字，用非专业人士也能领会的方式，尤其是站在企业主的角度法商结合，通俗、系统而有趣地阐述我国现行《公司法》的书籍，我一直未见一本，直到陈福阵律师的《公司管控》这本书的出版。

毋庸置疑，走向法治时代的当下，企业的经营管理、公司的治理控制，须臾离不开法律这一共同的刚性的游戏规则。也许，《公司法》的正确打开方式，有很多种，但本书一定是比较好的一种。

这种方式，你值得拥有！

中国中小企业协会专职副会长

2018.9.22

学习“公司法”，可以这样入门！

福阵兄又要出书了。

当多年好友大律师福阵发来微信，告诉我他又一大作即将问世，嘱我作序时，我竟然没感到有多意外，似乎一切水到渠成般。认识福阵多年，原来就知道他是成功的律师，专业水平一流，交往渐深，也有赖现在自媒体发达，慢慢发现福阵还是有情怀的大才子，而且勤奋，笔耕不辍，常有所悟，也常付诸笔下，涓涓细流，现终又汇成江海。

这本书又有些不一样。我想福阵初衷，是要写一本公司法的科普读本。

做企业，《公司法》对我们意味着什么？公司法是规范公司的根本大法。2010年，央视推出一套重磅纪录片《公司的力量》，片中称公司为近代以来最伟大的组织创新。片中同时也说，公司是天使与魔鬼的“结合体”。今天，正如福阵书中所言，公司早已升级换代到N.0版本，复杂程度无以复加。经营公司，不了解公司法如何得了？然而对于读者来说，读懂公司法，未必轻松。除了严谨的法律条文令人却步外，若是缺乏对商业活动的近距离感受，要理解法律的意义并不容易。所幸，我们有这本书。

福阵这本书充分体现了他的写作风格，读下来酣畅淋漓，潜移默化间又容易会心一笑，掩卷之余，恍然大悟。福阵在厦大商学院求学这几年，我们交集颇多，书中他亲历的许多事，见过的许多人，我们也都颇有共通之处，所以读完全书，感觉特别亲切。更重要的是，书中的文字，秉承福阵微信公众号“公司管控号”上文章的文风：通俗易懂深入浅出，法商结合，法经跨界，即使非法律人都能轻易读懂，简单明了，又触及企业主痛点，读之让人醍醐灌顶的文章。

这本书，也许就是你掌握《公司法》精髓的一件利器，故乐为之序。

厦门大学 EMBA 中心原主任、副教授

陈守德

2018.11.9

分享一本好书

有幸与陈福阵律师相知相识，事业上作为公司的法律顾问，一直帮助企业健康有序发展；生活中更是惺惺相惜，他的才气及渊博的知识，更是让我欣赏，他的微信公众号“公司管控号”，也是我一直关注并点赞的对象，听说他要集文出版，我乐见其成。应邀作序，深感荣幸。

作为一名创业老兵，遇见过太多中小企业因不了解公司法，草率开设公司，最终因经营争议、产权不清等而造成企业分崩离析的案例，着实令人惋惜。追其原因，除了有企业主自身不重视之外，更多的是其枯燥无味的法律条文，让人敬而远之。

而陈福阵律师的这本《公司管控》一书，循序渐进、通俗易懂深入浅出，通过大量的精典案例，用非法律人都能轻易读懂的方式，解剖了公司经营过程中的所需的法学问题，这对于中小企业主来着无疑是一个福音。创业除了需要优质的项目和经营外，更需要有完美的顶层设计支撑，而顶层设计的根基就是“法”，了解公司法，方能在源头解决问题，进而让在企业在经营中游刃有余。

好东西要与好朋友分享！《公司管控》这本书，便是我认为的好东西！

淘鞋网董事长、福建省电子商务协会副会长

2018.11.8

写在出版之前的话

自序

写书，不是笔者的本职工作，之所以要费劲地写这本书，主要动机在于：

一方面，世界各国的实践表明，无论是市场经济还是法治经济，只有法治真正完善的经济，才是成熟的、有持续发展可能的市场经济。随着市场经济在我国不断向纵深方向发展，大量残酷而客观的事实，迫使"法商经济""法商思维"这种跨界交叉的新概念、新内容、新提法，逐步成为包括所有企业主在内的市场主体日益关注和思考的重要课题。这些残酷而客观的事实，是在我国改革向深水区挺进的过程中，在"大众创新，万众创业"的热潮下，在经济转型升级的倒逼式变更中，以持续井喷的方式涌现的，表现为草率设立瞬间快闪的"短命公司"、内斗不断僵局瘫痪的"股东冲突"、管理混乱治理无序的"家企不分"、无章可循账目混乱的"个体实质"、内控失效无力自救的"跑路老板"、触碰红线身陷囹圄的"走险分子"……太多太多的令人惋惜的负面现象，根本不是"交交学费"四个字所能解释清楚的。

另一方面，自 2009 年起至今，笔者一直在厦门大学的管理学院、经济学院，进行经济学方面工商管理专业的进修。在与来自各行各业的企业主或高管频繁互动的过程中，笔者发现，绝大多数的同学，都是所在行业的佼佼者或杰出代表，但对于我国的《公司法》，无论是在认识还是实践层面，都存在相当大的空白或短板。大家对于高度概括抽象的法条，对于晦涩难懂的法言法语，骨子里的态度是"很不感冒"——要么是云里雾里看不懂绕不出来的"烦不胜烦",要么是干脆敬而远之反正有问题再说的"简单拒绝"。在很多人的眼里,法律是一个很不好玩的东西,枯燥无味面目可憎,跟能不能赚到钱似乎关系不大,一点都不像经济学那样的生动活泼精彩无限,而且直接涉及能否赚钱以及赚多少钱的问题。

简言之,一边是实践层面问题丛生乱象不止,另一边则是解决问题的葵花宝典因曲高和寡被束之高阁。这不科学啊！笔者从事公司律师实践多年,时常真真切切地感受到企业主的难受和需求,总想着如何才能尽一己微薄之力,为他们做点什么。于是,在工作之余,我就尽量挤出时间,见缝插针地写点,用通俗易懂的语言,依据成文法在法律解释方面的精神和标准,用符合企业主经济思维的表述方式,综合法律和经济两个角度,对《公司法》这一规范市场活动主体的圭臬,进行简单易懂的解读,希望对企业主在活学活用公司法时,能够起到一丁点的启发作用。

一篇篇大白话式的、初中生都能看得懂的、理论联系实际有感而发的小文章,整理汇集起来,便有了本书的诞生。在安排本书的结构时,笔者参照我国立法成文在结构布局上的习惯做法,分成四个部分对我国公司法进行如下的解读:

第一部分是"公司"通则,用比较形象生动的语言,对"公司"这个"舶来品",这个当下经济活动的最重要主体,所表现出来的方方面面的主要特征,深入探析解说,然后是跳出来站在门外,以一个围观者的角度,对其在制度设计上的考虑和用意,进行概括点评,帮助读者对"公司"形成一个总体概念。在此静态基础上,立体剖析"有限责任"作为责任防火墙的性能和演变,并延伸到法律制度的执行实践当中出现的各种实际情况,尤其是对"PPP"语境下公司制度的变形、公司生命力的问题等,进行有针对性的动态分析。

后三个部分对应设立阶段、存续经营、终止退出三个阶段,按照一个公司作为拟制的"人",如何出生落地、长大长壮,直至死亡消失的客观演变过程,从静态和动态两个分析角度,从需要事先注意的问题入手,到实践过程中的突出问题,乃至相应的解决办法,分层分类进行由外到里的层层剖析。

在设立阶段，从创始人讲起，由“人员选择”“股比分配”，讲到包括“隐名股东”“风投股东”等特殊股东，再上升到一个公司的股权架构如何优化的问题。在此基础上，引申出创始股东如何控制公司的问题，概括出一个公司必须面对的几个主要法律关系问题。叙述的过程是由点到面递层推进。

在存续阶段，一个公司所要面对的问题，则是点多线长面广，仅是一本薄书，根本无法面面俱到，只能择重讲解。从“忠诚义务”这一话题，对“董、监、高”、员工期权激励、企业家修养提升等问题展开讲解。从“股东干架”讲到“股权转让”，再到“并购重组”“加盟连锁”“资本市场”，乃至“纠纷解决”“危机处理”，均有涉及。

在退出阶段，主要是从普法的角度，讲解了一个公司如何正常有序地退出市场，而不是选择老板跑路甚至跳楼一类的极端方式，尤其是对正在我国逐步推广的企业依法破产这一实务问题，从制度设计和司法实践，乃至律师服务，一一分别进行介绍。

客观而言，法律是一门实践性很强的学科，经济是一个活跃程度特别高的社会领域，任何有关这两个分析标的的观点，都容易受限于时效和地域。囿于此，加上笔者水平相当有限，本书里的很多观点、提法、说辞，难免粗糙乃至幼稚，恳请读者朋友们给予批评和指正！

衷心感谢法律出版社的垂爱，尤其是来自朱海波等老师们的鼓励和支持！

衷心感谢在写作过程中，给予帮助和支持的笔者的家人，以及笔者的朋友和同事陈津琳、刘孙斌、郑珊、郑晨希、陈泽坤等。

为便于读者阅读和理解，从网络公开渠道，本书摘录和引用了不少的案例，在此向所有发布案例的单位和个人，致以真诚的谢意！

是为序！

陈福阵

2018.6.14 于厦门

CONTENT

目录

1 “公司”通则

2 设立阶段

3 经营过程

4 退出江湖

“公司”通则 一

1. “公司”，到底为何物?

众筹、创客的热潮，商事制度的改革，尤其是中国股市20多年来潜移默化的“熏陶”，“公司”如今已然成为许多人生活的一部分。不少年轻的创业者，在没有真正弄明白“公司”为何物时就创设公司，而股东的组成几乎是乱点鸳鸯谱或随意拉郎配。匆匆闪婚，婚后闹腾就不足为怪了。为了不折腾、少折腾，结合学习所得和些许思考，特作此文，从出身、颜值、性格、修炼、成长代价等角度，跟大家聊聊“公司”这个“怪物”，权当换个角度，以“智力”的方式，支持新锐们创业。

外来和尚!

对国人而言，公司绝对是个舶来品，其源于资本主义早期的投资冲动、冒险冲动。哥伦布航海冒险带来巨大的经济利益，刺激着欧洲有权又有钱的富贵阶层内心深处的贪婪，合伙牟利的根基从而夯实。自1600年英国的东印度公司设立，至今已有400多年的历史。演变至今，公司早已升级换代到N.0版本：一是规模扩大，形式增多，从最初的无限公司、股份公司发展到今天的各种形态，内部结构复杂化，层级结构多元化，高管人员、独立董事、职业经理人队伍日益完善。二是设立目的在于利用公司制度，节约交易成本，提高经济效率。公司既传承竞争逐利的血统，也强调社会责任的承担、文化品牌的构建,甚至是充当政府的代言人、影子。

1993 年配合国企改制,我国《公司法》正式出台,现代企业制度的"产权清晰、权责明确、政企分开、管理科学"四大特征,令国人眼前一亮。时至今日,从生产、贸易、服务的营生,到个人的日常生活起居,公司的影响力无处不在。这是因为,公司作为一种商业组织形式,在满足社会复杂需求、获取投资收益、限制投资风险、募集经营资金、实现科学管理等方面,已经并正在发挥着其他企业形式无法替代的效用。

作为一个组织,公司是怎么运作的呢?一个国家,如大家比较熟悉的我们国家,有全国人民代表大会作为最高权力机关,决定国家的大政方针,人大常委会作为其常设机构;由人大任命的国务院总理,负责统领政务;政协则是发挥监督作用。

"治大国如烹小鲜",公司呢?

公司内部主要按照权力的分配建构其运行机制,这种机制是由公司法和公司章程共同决定的。在权力的分配方面,公司内部设立各个组织机构,行使不同的职权。其中,股东会由全体股东组成,作为公司的最高权力机关,享有公司重大事项的决定权;而股东会并非常设机构,为了保证公司事务的及时决策和执行,在股东会之下设董事会,由股东会选出的多名董事构成,对外代表公司,对内享有公司日常经营管理事项的决策权和执行权。作为依据多数决原则议事的集体机构,董事会再将所决议的事项委托给(总)经理去执行,于是(总)经理享有公司日常的经营管理权。监事会(实行单层董事会的模式,则由独立董事行使)行使对董事、高管人员的专门监督权。

两相比较,公司,是不是很像个小小国家?正因如此,本科就读政治的我,没事时就喜欢琢磨点公司管理控制方面的政治学内容,并不知天高地厚地为其取了个"公司管控政治学"的大名,自娱自乐。

颜值几何!

既然是外来的,它总得有点特色,区别于土生土长的票号、镖局、武馆、

饭店、钱庄、旅社、合作社、工厂等。现在流行"指标量化考核",咱们也来试着揭开它的神秘面纱:

第1项:

公司由股东投资设立,是股东资本联合的产物,是多元产权主体、多种利益主体的统一体,它承载了公司自身、股东、董事、高管人员、清算组、债权人和政府等众多的社会关系和利益主体,是联结各个利益主体之间法律关系的纽带。

第2项:

公司是被广泛应用的一种投资工具,最早是作为自然人追求经济利益的工具而出现的。因此,关于公司的性质,存在"拟制说""实在说""特许说"等诸多理论,但最重要的是所有权与经营权的分离,"代理""授权"是其运作过程中至关重要的"任督二脉"。

第3项:

公司是一系列合同的联结,包括投资合同、聘用合同、保密合同、买卖合同等。"公司法"实际上就是一个开放式的标准合同、默认语境,自动地补充着公司所签订合同上的种种缺漏。

第4项:

公司不仅是公司股东的公司,也是公司利益关系人的公司。公司的财产(也叫"法人财产"或"法人名下财产"),是公司债权人权利得以实现的保证,其每一分的减少,痛苦的不仅是股东,公司之外的债权人的权利实现也有受损的可能。一旦"遇人不淑",债权人经常是"血本无归""欲哭无泪"。

第5项:

公司具备独立主体的身份,和其他民事主体一样,具有自己的意思能力、行为能力和责任能力,是人为创设、拟制的"人",只是不用吃饭睡觉,但同样有出生(设立)、成长(存续发展)、正常死亡(注销),有自杀(提前注销)、他杀(被吊销)。公司也会长大(设立分公司)、结婚(合并、并购)、生子(设立子公司)。

第6项：

公司的标准五官，分别为"独立人格""股东的有限责任""公司权力制衡体系""专业经营管理队伍""灵活方便的股份转让规则"。其有法定代表人代言，用公章说话。

第7项：

有限责任公司也好，股份有限公司也罢，所有的有限责任都是有条件的。一旦股东或实际控制人心怀叵测，利用公司胡作非为，"有限"的保护面纱是可以被强制揭开的，股东的"有限责任"可能变成"无限责任"。

性格怎样?

1. 伤心总是难免的

公司是诸多意思自治的利害关系人所形成的复杂关系的共同体，是一个涉及多方利益主体的团体，是承载所有利益主体的枢纽。一个人的牙齿都会上下打架，何况这些利益主体、利害关系人，具有独立人格和自身利益，意思高度自治，相互之间产生对立和冲突，总是在所难免。换言之，公司是各个利益主体之间博弈的平台，可以是表面和谐团结，暗地勾心斗角，以致股东常常会感叹"合作这件事，说起来都是泪"。典型的例子有国美电器的黄陈之明争暗斗，"真功夫"的郎舅之反目成仇。

2. 打不死的小强

伤心归伤心，日子还得照样过。公司通过内部法人治理结构，实施人员分工与权力制约的相关机制，即投资者、经营者、监督者之间通过公司的权力机关、执行机关和监督机关而形成各自独立、相互制约的关系(有否联想到美国的三权分立?)。公司的治理结构，可以在最大限度上保证任何公司的利益主体不得以牺牲其他主体的利益为代价而任意扩大自己的利益范围，从而达到一种角力均衡。

3. 贵族血统造就清高孤傲

公司特讲究，凡事不含糊，偏好特供。除了《民法总则》《公司法》《证券法》《外资企业法》《中外合资经营企业法》之外，还有《公司登记管理条例》等一系列的配套法规、规章，以及最高人民法院的一系列司法解释加以规范。特殊行业，敏感地带，还得前置审批、行政许可，不是你有钱就可以玩的。即使是这样，还显得装备不足。举个例子，就“公司诉讼”一项，连“立案事由”这一最基本的内容，至今都没真正整明白。偏偏是这一项，成了法院的工作新压力。厦门市思明区法院，公司诉讼案件数的年增长率超过40%。

修炼几成？

我国的现有公司，按世界通行的评判标准，夸张武断一点说，照搬境外经验的外资企业除外，取得真经的乏善可陈，国有成分主导的企业大多是长不大的孩子，年纪轻轻的民企私企则是还在摸着石头过河。任正非先生领导的华为公司，是屈指可数的少数派。大多数的公司之现状、品格、素质、追求、价值观等，都不容乐观，急需调整转型和提升。中国民企与世界500强之间，距离不只是太平洋一般的远。

1. 天生短命

全世界的公司平均存续时间为33年，百年老店很少，主要分布在欧洲，千年则更稀缺，大多在日本。中国的公司平均寿命为2.8～2.9年，可谓是“其兴也勃焉，其亡也忽焉”。尤其是这几年，“僵尸企业”遍布各行各业，“老板跑路”事件频发。随便一家公司，无论规模大与小，谁也不敢确定，它真的不是在“裸泳”，老板不会哪一天玩“突然失踪”。

2. 承受力低

有限责任公司股权封闭，囿于“人合”加“资合”的基础要求，且“人合”重于“资合”的天赋特点，碰巧又是生长在“一人成龙、三人成虫”的中国土壤上，尤其显得“合”字难写，分崩离析是家常便饭。

股份有限公司，则是股东的投机成分明显大于投资成分，在急功近利的高压之下，大量短期行为的后果，是一个又一个的公司惨遭退市淘汰。

3. 盲目扩张

说不清是贪婪驱动，还是控制欲使然，中国的公司安于现状稳扎稳打的少之又少，绝大多数都是在“做大做强”的精神指引下，高负债经营，多元化扩张，甚至是做假账融资，“扮虎吃猪”自欺欺人。一旦资金链断裂，其只能自食恶果。

4. 粗放经营

出口、投资导向型的发展模式，加上物质供应由“长期紧缺”向“宽松充裕”的转型、城镇化的快速扩张、人力成本与治污成本低下，市场竞争程度整体偏低，中国的公司们享受了近30年的“时代福利”——哪怕是粗放式的生产经营，也可以生存甚至发展，导致缺乏技术升级、改造、创新的动力，长期徘徊在产业利益链的最末端，与此相适应的是，公司的治理水平低下，“土拳打天下”的商业模式大行其道。

5. 战略缺失

一个点子就可以开公司，什么赚钱做什么，这样的股东利益偏好，直接模糊了“赚到钱”和“做企业”的界限。大家都去关注当下的利润率，鲜有人考虑“长远规划、行业周期、文化传承、百年老店”这样的战略问题。更为夸张的是房地产行业中常见的“项目公司”，不亚于聚啸山林的江湖帮派，快闪得让人眼花缭乱。

成长代价！

隔三差五，公司就会耍点小脾气，患些大毛病，主要表现在：

1. 股东内讧

内讧分为“冷战”和“热战”两种。“冷战”是指非暴力不合作，股东会、董事会无法正常召开更甭谈什么重大决策，公司陷入瘫痪僵局；“热战”则是指你抢公章我占办公室,你抢客户我占工厂,你侵占财产我举报税务。内讧的结果,是公司的苟延残喘,员工饭碗的朝不保夕。合作至此,当事各方才幡然醒悟,原来“信任”是需要经受考验和挑战的。君可见,一部《中国合伙人》,引来多少泪!令世人惊叹不已的是,任何场合,谈及公司,股神巴菲特言必称“芒格和我”。芒格则称,这辈子最正确的事,是选择终生追随巴菲特。

2. 高管腐败

按照代理法则,“董(事)、监(事)、高(管人员)”虽不能如同股东那样分得公司的收益,却可按劳取酬,本应履行忠实、勤勉义务,实际情况却差强人意。股东之间像是夫妻,高管则像小三。小三当久了,有几个不想正位?于是乎,东家和掌柜之间,自然演绎太多的利益争夺战。MBO 的精彩连场,反收购的“毒丸计划”,掌柜的功高盖主,打工皇帝的顺手牵羊,哪一出不让身为东家的股东们胆战心惊?中国缺乏职业经理人的生长土壤,委代成本、授权风险居高不下,逼得股东只好“打虎捉贼靠亲兄弟”,家族企业遍地开花。

3. 权利滥用

人性的弱点决定了,权利的滥用是不可避免的事:利用公司外壳逃避责任,甚至是从事诈骗、涉黑行为;家企不分,把公司财务当成提款机,连卫生巾都拿到公司报销;虚假出资、虚报注册资金或抽逃出资,大玩“空手道”“空手套白狼”;侵占资产,转移利益,恶意关联交易、非法集资;恶意欠薪,侵害员工利益等。“我的地盘我做主”,怎么利己怎么来。

话说回来,罗马不是一天建成的。虽然起步偏晚了些,中国的公司,毕竟已经上路了。

成长是一种过程,更是一种代价。中国的公司,今天的每一次探索、每一回试错,都会为后续接力者,提供模拟复盘时的大数据,提供可资研究的经验和教训。

对于这一点,我们理应深信不疑!

案例延伸：①

要求确立公司设立无效，应通过向登记机关申请或行政诉讼的方式

公司就设立新公司已经形成合法有效的董事会决议，公司登记机关亦有备案。而后公司再以民事诉讼的方式主张新设立公司行为无效的，没有法律依据。如果要求确认设立无效，应通过申请公司登记机关撤销设立登记，或者通过行政诉讼要求判令公司登记机关撤销设立登记的途径寻求救济。

案例裁判文书全文

2011 年 7 月 30 日，金厦公司设立新企业南京康厚置业有限公司（以下简称康厚公司），而后股东成享公司将金厦公司诉至法院，请求法院判令康厚公司设立无效。

结合成享公司与金厦公司提供的证据，可以明确以下内容：金厦公司系香港与境内合资企业，股东为成亨公司、田园公司、金智公司。金厦公司章程第二十一条规定："合营公司设董事会，董事会是合营公司的最高权力机构"……第二十九条规定："董事长应在董事会开会前十天书面通知各董事，写明会议内容、时间和地点。……"第三十条规定："董事会会议应有过半数的董事出席方可举行。董事会就下述事项作出的决议，必须经全体董事的 2/3 以上通过方为有效：……"第三十二条规定："董事会每次会议，须作详细的书面记录，并由全体出席董事签字，代理人出席时，由代理人签字……"2011 年 7 月 30 日，康厚公司在江宁工商局登记设立，金厦公司是其唯一股东。

---

① 成亨投资有限公司与南京金厦实业有限公司公司设立纠纷申诉、申请民事裁定书，载中国裁判文书网：http://wenshu.court.gov.cn/content/content? DocID = 4d2543cb - fb38 - 40f3 - 9174 - 91087367c9f4&KeyWord = %EF%BC%882016%EF%BC%89%E6%9C%80%E9%AB%98%E6%B3%95%E6%B0%91%E7%94%B3586%E5%8F%B7，最后访问日期：2017 年 9 月 1 日。

2012年6月11日，成亨公司将江宁工商局作为被告、金厦公司和康厚公司作为第三人，向法院提起行政诉讼，要求判令撤销康厚公司的工商设立登记。该案审理过程中，江宁工商局向法院提交了2011年6月15日金厦公司董事会工作决议一份，该决议载明了设立康厚公司的内容，并有马建设、丁小异、李进坤、王天寿、吴根全、徐兵六人的签字，且印有“仅限办理接受江宁工商局调查康厚设立询问使用”的字样。后成亨公司申请撤诉，2012年7月18日，法院出具（2012）宁行初字第34号行政裁定书，准予成亨公司撤回起诉。

金厦公司辩称，根据《中华人民共和国行政许可法》第十二条规定，公司主体资格的取得属于行政许可的范畴。该行政许可行为一经作出，对外具有公示的效力，且和其他具体行政行为一样，具有公定力，非经公司登记机关或司法审查机关以司法审查即行政诉讼的方式予以撤销，任何人均不得否定其效力。康厚公司已经公司登记机关依法登记，领取营业执照取得企业法人资格，目前成亨公司要求确认康厚公司设立无效，只能通过行政诉讼。事实上成亨公司针对康厚公司的设立提起过行政诉讼并撤诉，至今早已超过行政案件的诉讼时效。且康厚公司的设立已依法经金厦公司的董事会决议，合法有效，成亨公司在明知金厦公司已通过有效的董事会决议、依法设立康厚公司的情况下，仍提起本次诉讼，属恶意诉讼。故请求法院依法驳回成亨公司的起诉。

法院认为：关于此案的法律适用问题。此案系涉港民商事纠纷，应当比照涉外案件处理。《中华人民共和国涉外民事法律关系法律适用法》第四十一条规定，当事人可以协议选择合同适用的法律。当事人没有选择的，适用履行义务最能体现该合同特征的一方当事人经常居所地法律或者其他与该合同有最密切联系的法律。

金厦公司就设立康厚公司已经形成董事会决议，公司登记机关亦有备案。成亨公司以此案民事诉讼的方式主张金厦公司对康厚公司的设立行为无效，没有法律依据。成亨公司要求确认康厚公司设立无效，应通过申请公司登记机关撤销设立登记，或者通过行政诉讼要求判令公司登记机关撤销设立登记的途径寻求救济。此案并非属于人民法院受理民事诉讼的范围，不符合民事诉讼案件的起诉条件，依法应当不予受理；已经受理的，应当予以驳回。

综上，一审法院裁定驳回成亨投资有限公司的起诉。后成亨投资有限公司提出上诉，二审法院裁定驳回上诉，维持原裁定。

法条再现

《公司法》第二十二条:公司股东会或者股东大会、董事会的决议内容违反法律、行政法规的无效。

股东会或者股东大会、董事会的会议召集程序、表决方式违反法律、行政法规或者公司章程,或者决议内容违反公司章程的,股东可以自决议作出之日起六十日内,请求人民法院撤销。

股东依照前款规定提起诉讼的,人民法院可以应公司的请求,要求股东提供相应担保。

公司根据股东会或者股东大会、董事会决议已办理变更登记的,人民法院宣告该决议无效或者撤销该决议后,公司应当向公司登记机关申请撤销变更登记。

2. 公司的制度设计，到底有多牛×？

战略，是基于未来的思考！

制度，是基于未来的设计！

世界各国的公司制度的设计，无一不是结构复杂、系统庞大、头绪繁多、诉求多元，无一不是凝聚了无数人的心血汗水，更展现了人类思辨与实证的智慧。难得听会闲暇，撷取我国公司法的几朵小花，品味把玩一番，倒也其乐无穷。

一、天下没有免费的午餐

1.“有舍”才能“有得”

股东放弃对其出资的直接控制权，并让渡出经营权给公司的经营者，以此换来的是债权人对其只承担有限责任的容忍，从而实现一种特殊的平衡——公司股东和债权人之间的利益平衡，建立起一种基本的社会秩序——股东拥有“有限责任”这一无形屏障、防火墙，不必为公司的债务或不法行为承担无限责任，从而确保自家后院安全。

2. 低风险对应低收益

非股东的董（事）、监（事）、高（管）等公司经营核心成员，是打工的“职业经理人”，不用承担公司经营的风险，不必为公司经营的失败终极负责，自然也不能享受公司经营的收益——无论这收益如何巨大，只能按劳动力市场的当下通行标准，凭自身劳动、付出，合理地取得一份相应的有限的薪酬。与此正相反的，是高风险、高收益的出资人、股东。

二、复杂问题简单化、表征化

1. 证券也是一种合同

证券是一种私人合同，代表了上市公司对证券持有人的隐性负债，隐藏于标准化的、可转让的股票中。当然，债权人的权利请求，明显弱于正式而详细地列明权利义务内容的一般合同、契约，所以需要有证券法律体系和政府监管条例来保障。

2. 章程就是一种宪法

没有规矩，不成方圆。一个团体要有一个章程，国家的章程是宪法，公司的宪法是章程。公司章程是规范公司组织和活动的基本规则，是设立公司的基本条件，规定了公司的权力(利)架构和基本制度。换个角度说，公司章程是股东之间通过意思自治，达成的一种基本契约，约定股东、董事和公司的最关键的权利义务内容。许多人对此认识不足，只想偷懒省事，拿来示范文本或者格式文件，进行简单的填空便形成“傻瓜章程”。一旦出现股东纠纷，纠偏调控缺乏明确依据时，才悔之晚矣。

三、把权力关进笼子里

1. 特殊的“三权分立”版

通过内部法人治理结构的安排，公司构建了一个“三权分立”的游戏模式——投资者、经营者、监督者之间，通过公司的权力机关(股东会)、执行机关(董事会及其聘任的经理)、监督机关(监事会)实现了分工与制约的有机统一，形成了各自独立、相互制约的关系。

2. 议事规则中的“利益回避”

公司为公司股东或实际控制人提供担保的，必须经股东会决议。股东或实际控制人支配的股东，不得参加表决。并且，该项表决还得由出席会议的其他股东所持表决权的过半数通过才行。

四、利益博弈时的“数字决”

1. 共益权中的多数决

股东对公司既有“自益权”，也有参与管理的“共益权”。当意见相左时，股东会以过2/3、1/2为标准，来议决公司的大政方针、重要事项。因而，根据持股比例的不同，股东的话语权，分为“参股”“控股”，甚至是“绝对控股”。在股东会闭会期间，董事会、监事会则以少数服从多数的“多数决”，达成机构的共同意志。正因如此，董事会、监事会的席位，自然成为兵家必争之地。有时只是为了一个席位，股东之间就会争得头破血流。

2. 权利行使的数字门槛

有限公司拥有10%以上股权的股东，才有权提起公司解散之诉；股份有限公司连续180日以上单独或者合计持有公司1%以上股份的股东，可以书面请求监事会向人民法院提起诉讼；对股东会的决议有异议，提起撤销之诉须在60日内行权，否则，权利过期作废，等都具体量化到数字。

案例延伸：①

提起股东代表诉讼须履行前置程序

股东的财产权与公司的财产权相互分离，股东对公司的财产并不享有直接请求权。在公司利益遭受损害时，股东只能按照公司法第一百五十二条规定，在满足法律规定的前置条件的前提下，要求公司监事会或监事、董事会或执行董事提起诉讼，在前述人员怠于提起诉讼时，股东才能提起公司代表诉讼。

案例裁判文书全文

上诉人谭某某与上诉人黎甲、黎乙、香河彩星经纬家居城有限公司（以下简称彩星公司）和一审被告刘某因董事、高级管理人员损害股东利益赔偿纠纷一案，河北省高级人民法院于 2012 年 12 月 10 日作出（2009）冀民二初字第 12 号民事判决。谭某某、黎甲、黎乙及彩星公司对该判决不服，向最高人民法院提起上诉。

在谭某某提起此案诉讼之前，曾形成与此案相关联的四个诉讼，分别为：第一个诉讼：谭某某作为经纬公司股东，以该公司及该公司其他 5 名股东、彩星公司为被告提起诉讼，河北省高级人民法院于 2008 年 4 月 9 日作出（2006）冀民二初字第 00029 号民事判决，驳回谭某某上述第一项诉讼请求，认定谭某某的第二项诉讼请求不应与此案合并审理。谭某某提起上诉，最高人民法院驳回谭某某的上诉，维持原判。谭某某不服向最高人民法院申请再审，最高人民法院于 2010 年 11 月 15 日作出（2009）民申字第 1781 号民事裁定，驳回谭某某的再审申请；第二个诉讼：谭某某致函经纬公司执行董事黎甲向人民法院提起诉讼，经纬公司

---

① 谭某某与黎甲、黎乙、香河彩星经纬家居城有限公司，刘某董事、高级管理人员损害股东利益赔偿纠纷二审民事判决书，载中国裁判文书网：http://wenshu.court.gov.cn/content/content?DocID=6b3bc084-b7ea-4654-821c-7b63576502ff&KeyWord=%EF%BC%882013%EF%BC%89%E6%B0%91%E4%B8%80%E7%BB%88%E5%AD%97%E7%AC%AC126%E5%8F%B7，最后访问日期：2017 年 9 月 1 日。

据此以彩星公司为被告提起诉讼，请求判令彩星公司返还《资产转让合同》项下约定的资产。河北省高级人民法院于2009年3月18日作出（2008）冀民二初字第21号民事判决，认定《资产转让合同》有效，判决驳回经纬公司的诉讼请求。该判决双方当事人均未提起上诉，已生效；第三个诉讼：谭某某以经纬公司黎甲等5名股东以及彩星公司为被告提起诉讼，请求确认该5名股东利用关联关系与彩星公司恶意串通，共同实施侵权行为，损害谭某某利益。河北省高级人民法院认为谭某某是为维护经纬公司利益提起股东代表诉讼，但未履行股东代表诉讼的前置程序，原告不适格，故裁定驳回谭某某的起诉。谭某某提起上诉，最高人民法院驳回上诉，维持原裁定；第四个诉讼：谭某某以经纬公司监事身份，以经纬公司黎甲等5名股东、彩星公司为被告、以经纬公司为第三人提起诉讼，请求确认《资产转让合同》无效，判令彩星公司向经纬公司返还受让的全部资产。河北省高级人民法院此案与河北省高级人民法院（2008）冀民二初字第21号案、最高人民法院（2008）民一终字第66号案构成重复起诉，故裁定驳回谭某某的起诉。谭某某提起上诉后申请撤回上诉，最高人民法院于2010年11月19日作出（2010）民一终字第36号民事裁定，准许其撤回上诉。上述四个案件所涉判决、裁定均已发生法律效力，谭某某在此案对另案生效判决、裁定提出质疑，没有法律依据。

谭某某提起此案诉讼，谭某某在此案中的诉求，实质是在主张黎甲、黎乙、彩星公司低价转让案涉资产侵害了经纬公司的财产权益，并进而侵害其股权所代表的财产权益。而股东的财产权与公司的财产权相互分离，股东对公司的财产并不享有直接请求权。谭某某只能按照公司法第一百五十二条规定，要求公司监事、执行董事提起诉讼，在公司怠于提起诉讼时，才能提起公司代表诉讼。而事实上，经纬公司已经根据谭某某的通知向彩星公司提起诉讼，谭某某依据公司法第一百五十二条所享有的权利已经行使。公司法第一百五十三条关于“董事、高级管理人员违反法律、行政法规或者公司章程的规定，损害股东利益的，股东可以向人民法院提起诉讼”的规定，规范的是直接侵害股东权益的行为，如上所述，谭某某提起此案诉讼的事实依据和理由即为黎甲、黎乙、彩星公司低价转让案涉资产侵害了经纬公司的利益进而侵害其股东利益，谭某某所诉不符合公司法第一百五十三条规定的情形。谭某某主张其请求由黎甲、黎乙、彩星公司赔偿被低价转让的经纬公司的资产中属于自己的40%的份额，属于股东直接诉讼，此案应当适用公司法第一百五十三条规定，理由不成立。原审判决认定“谭某某对其主张的权益不享有依据公司法第一百五十三条规定的权利，无权请求黎甲、彩星公司及黎乙承担赔偿责任”，判决驳回谭某某的诉讼请求，不存在谭某某所称适用法律错误的问题。

综上所述，最高人民法院再审裁定驳回谭某某的再审申请。

法条再现

《公司法》第二十条：公司股东应当遵守法律、行政法规和公司章程，依法行使股东权利，不得滥用股东权利损害公司或者其他股东的利益；不得滥用公司法人独立地位和股东有限责任损害公司债权人的利益。

公司股东滥用股东权利给公司或者其他股东造成损失的，应当依法承担赔偿责任。

公司股东滥用公司法人独立地位和股东有限责任，逃避债务，严重损害公司债权人利益的，应当对公司债务承担连带责任。

《公司法》第一百五十一条：董事、高级管理人员有本法第一百四十九条规定的情形的，有限责任公司的股东、股份有限公司连续一百八十日以上单独或者合计持有公司百分之一以上股份的股东，可以书面请求监事会或者不设监事会的有限责任公司的监事向人民法院提起诉讼；监事有本法第一百四十九条规定的情形的，前述股东可以书面请求董事会或者不设董事会的有限责任公司的执行董事向人民法院提起诉讼。

监事会、不设监事会的有限责任公司的监事,或者董事会、执行董事收到前款规定的股东书面请求后拒绝提起诉讼,或者自收到请求之日起三十日内未提起诉讼,或者情况紧急、不立即提起诉讼将会使公司利益受到难以弥补的损害的,前款规定的股东有权为了公司的利益以自己的名义直接向人民法院提起诉讼。

他人侵犯公司合法权益,给公司造成损失的,本条第一款规定的股东可以依照前两款的规定向人民法院提起诉讼。

《公司法》第一百五十二条:董事、高级管理人员违反法律、行政法规或者公司章程的规定,损害股东利益的,股东可以向人民法院提起诉讼。

3. 有限责任，是一堵什么样的“防火墙”？

公司做好了，股东分钱回家。万一做败了，股东家里的老底会不会被连锅端了，人会不会被抓？兹事体大，关乎身家性命，马虎不得。创业之前，这是一个必须认真考虑清楚的问题。

那么，无论是有限责任公司，还是股份有限公司，法律规定的这个“有限责任”的防火墙，到底是怎么一回事呢？这堵墙，是坚不可摧、牢不可破，还是一捅就破、形同虚设？是漏洞百出、漏船载酒，还是严丝合缝、密不透风呢？

一、防火墙，哪家造？

凡投资兴业，一看风险，二看收益。区别于个体户、普通合伙企业的“无限责任”，“有限责任”明显在风险控制上优越许多——任凭火势再猛，“防火墙”可以避免殃及池鱼，最大限度上确保投资之外的财产安然无恙，让最大损失额可预测、可控制。公司，也因此成为现代社会经济最重要的企业形式、最广泛应用的投资工具。

我国现行《公司法》，对“有限责任”进行如下两种解读、确立：一种是有限责任公司中的“有限责任”——股东以其出资额为限对公司承担责任，公司以其全部资产对公司的债务承担责任；另一种则是股份有限公司中的“有限责任”——公司全部的资产分为等额股份，股东以其所持股份为限对公司承担责任，公司以其全部资产对公司的债务承担责任。

因应投行业务的蓬勃兴起，《合伙企业法》重新修订，合伙企业大家庭中增添了“有限合伙企业”这一新成员，“GP”（普通合伙人）和“LP”（有限合伙人）泾渭分明，“LP”的“有限责任”与公司股东的“有限责任”，颇为相似，但法理不同。囿于篇幅，在此不表。

二、防火墙，为哪家建？

作为一项制度设计，“有限责任”并不是一种消除公司失败风险的手段，它只是将风险从个人投资者（股东）身上，转移到了公司的自愿或者非自愿的债权人身上，也就是说，让债权人承担了公司违约的风险。

这样公平吗？这是为了鼓励投资、发展经济，是经济学促进经济发展原理，在法学领域的运用，具体是：

一方面，“有限责任”制度，可以将股东的投资风险，随机分配给与其交易的债权人，从而通过减少投资者的风险，达到鼓励社会公众的投资兴业热情、实现公司规模不断扩大、社会财富持续增长的目的，进而促进社会的经济发展。

另一方面，只有人人乐于投资兴业，增加就业创造财富，社会的经济才有可能发展。所以，政府要鼓励万众创业创新，要鼓励储蓄资金尽量流入生产经营领域。

一句话，“有限责任”制度的设立，反映了一种社会价值观，一种“两利相权取其重、两害相权取其轻”的哲学选择。

三、防火墙，什么型号，品质怎样？

“无限责任”，顾名思义，债权人可以无限制地追究到底，让公司股东的

财产无处可藏。而“有限责任”,则是一整套的制度安排、设计:

1. 角色定位:公司的独立人格和股东的有限责任,是现代公司法人制度的核心和基石。

2. 本质与作用:有限责任是公司法人制度的基础,实际上是一种在股东与债权人之间分配风险的机制。其既能使股东在生意兴隆时坐享其成,又能使股东在经营失败时安全脱身。

3. 存在依赖:基于公司独立人格而存在。公司与其背后的股东各自拥有各自独立的人格,公司可以其自己名义对外开展业务活动,用其独立财产承担责任。公司股东与公司债权人之间的联系人为切断,从而避免股东受到债权人的直接追索。

4. 合理性:股东付出的代价是放弃对其出资的直接使用权,且将其经营权让渡给公司的实际经营者,以此取得债权人对其只承担有限责任的一种容忍、接受,有舍有得,从而在股东与债权人之间,建立起一种微妙的利益平衡体系。

5. 主要内容:虽然公司对外独立承担责任的财产是由股东投入的,但是股东仅以其出资额为限对公司负责,并不对公司的债权人直接负责。公司将其运营所获收益以股息和其他法定形式在股东中分配。等到公司最终解散清算时,股东再分配依法清偿后的剩余财产。

6. 功能限制:虽然可以分散和减少股东的投资风险,却并不具有化解或消除投资风险的功能。

7. 前提条件:要求股东在遵守股东财产与公司财产两相分离的前提下,才可以将投资风险合理地转移给公司的债权人。禁止股东出资不实、虚报出资、中途抽逃出资,也不允许家企不分。

四、防火墙,永远牢不可破吗?

任何事物都有两面性,“有限责任”制度也概莫能外。我国《公司法》实行了12年，“有限责任”的缺陷日益增多。究其本质，是人性中与生俱来的“道德风险”，暴露了“有限责任”的隐患。

公司股东在利益驱动下，迅速膨胀内心的无穷贪婪与欲望，利用“有限责任”的保护伞，把公司的主体资格，用作欺骗交易相对人的法人外壳，从事出资不足、虚报注册资金、抽逃出资、欺诈债权人、逃避法律义务或者逃避契约义务等滥用控制权的行为，从而侵害到债权人和社会公众利益。

魔高一尺道高一丈！为衡平各方利益，完善公司制度，各国司法实践中，逐步创新出了“公司人格否认”制度，如德国发展了“责任直索理论”，日本提出了“透视理论”，英美法系国家则创新了“刺破公司面纱”“揭开公司面纱”。

“面壁”12年，我国也找到了破除防火墙被恶意使用的“破壁”办法。2005年修订的《公司法》，确立了公司人格否认制度。该制度基于诚实信用、权利滥用禁止的原则，允许在特定的案件中，对特定的法律关系和特定的当事人，个别、相对、暂时地否认公司法人资格，刺破“有限责任”这一屏障，让滥用权利的股东承担应有的法律责任。

法律不是万能的，但市场经济没有法律是万万不能的！审时度势，与时俱进，法律自当常变常新！

案例延伸：①

公司的不当减资行为可比照公司法对于股东抽逃出资的相关规定进行处理

公司的注册资本金对公司的债权具有担保作用，公司的不当减资行为实质是股东不适当地收回出资，若公司的减资行为损害了公司债权人的利益，可比照公司法对于股东抽逃出资的相关规定进行处理，公司的股东应在减资的范围内对公司债务不能清偿的部分对债权人承担补充赔偿责任。

案例裁判文书全文

上诉人湖北银行南湖支行因与被上诉人吴某、郭某、刘某、肖某、张某甲公司减资纠纷一案，不服湖北省宜昌市中级人民法院（2010）宜中民二初字第00005号民事判决，向湖北省高级人民法院提起上诉，湖北省高级人民法院判决驳回宜昌市商业银行股份有限公司南湖支行的诉讼请求。

湖北银行南湖支行上诉称：（1）原审判决适用法律错误。该案所有被上诉人应对减资前的全部债务承担清偿责任。（2）公司股东对公司资产的请求权不能优先于债权人。

湖北省高级人民法院经审理认为湖北银行南湖支行提交的宜昌市同升置业有限公司的变更登记申请书和股东会决议与该案无关联性，依法应不予采纳。宜昌市中级人民法院（2005）宜执字第00102-3号通知是人民法院的生效法律文书，应予采纳。郭某提交的人民法院受理案件通知书来源合法，对其真实性应予确认，但郭某是否是大三峡市场的股

---

① 湖北银行宜昌南湖支行诉吴某等公司减资纠纷案二审判决书，载中国裁判文书网：http://wenshu. court. gov. cn/content/content? DocID = fe562244 - 8d09 - 4385 - a98f - 94b6c19b5ce3&KeyWord = % EF% BC% 882012% EF% BC% 89% E9% 84% 82% E6% B0% 91% E4% BA% 8C% E7% BB% 88% E5% AD% 97% E7% AC% AC00084% E5% 8F% B7，最后访问日期：2017年9月1日。

东，与该案的实体处理结果不存在必然联系。

在大三峡市场将注册资本由500万元减为50万元时，大三峡市场的股东为张某乙和福达公司。张某乙和福达公司在减资时已在股东会会议上承诺，对于减资前已存在的债务继续由大三峡市场承担，并由股东按其减资额450万元占原注册资本500万元的比例90%提供担保。张某乙和福达公司作出该承诺的股东会决议作为公司变更注册资本的相关材料已交工商登记部门留存，应具有对外公示的效力，应视为对大三峡市场不能偿还的债务承担偿还责任的意思表示。在大三峡市场不能清偿债务时，张某乙和福达公司应按其减资时的承诺和法律规定向债权人承担相应责任。

明某、吴某、童某、张某甲、郭某、肖某2003年4月9日在与张某乙和福达公司签订股权转让协议时，明确约定明某、吴某、童某、张某甲、郭某、肖某六名股东负担持有大三峡市场该50万元股份所应承担的相应责任。明某等六名股东对大三峡市场2003年5月12日注册资本变更前的债务所应承担的责任应以50万元的出资额为限。在湖北银行南湖支行向明某等股东主张还款时，大三峡市场通过增资和减资，注册资本已为30万元。公司的注册资本金对公司的债权具有担保作用，公司的不当减资行为实质是股东不适当地收回出资，若公司的减资行为损害了公司债权人的利益，可比照公司法对于股东抽逃出资的相关规定进行处理，公司的股东应在减资的范围内对公司债务不能清偿的部分对债权人承担补充赔偿责任。与明某等人受让股权时相比，大三峡市场的注册资本减少了20万元，明某等股东应在减少的20万元范围内对公司债权人湖北银行南湖支行承担责任。因湖北银行南湖支行就该案债权债务于2009年起诉明某等股东时，明某已向湖北银行南湖支行支付了33万元，应认定为明某等股东已在减少出资的范围内承担了相应责任，吴某、郭某、肖某、张某甲、童某不应再对湖北银行南湖支行承担责任。

综上所述，湖北省高级人民法院判决驳回上诉。

法条再现

《公司法》第四十三条：股东会的议事方式和表决程序，除本法有规定的外，由公司章程规定。

股东会会议作出修改公司章程、增加或者减少注册资本的决议，以及公司合并、分立、解散或者变更公司形式的决议，必须经代表三分之二以上表决权的股东通过。

《公司法》第一百七十七条：公司需要减少注册资本时，必须编制资产负债表及财产清单。

公司应当自作出减少注册资本决议之日起十日内通知债权人，并于三十日内在报纸上公告。债权人自接到通知书之日起三十日内，未接到通知书的自公告之日起四十五日内，有权要求公司清偿债务或者提供相应的担保。

4.“PPP”新语境，公司如何面对？

做企业，真心不容易！不是你不明白，而是世界变化快。当自上而下的“混合所有制”的发展大计，咱们还没真正整明白时，“PPP”的大风，已经铺天盖地席卷而来，各种喉舌、官媒、自媒，主流舆论、民间话题，让你应接不暇。

做事业，讲究顺势而为。巨浪面前，作为企业或企业主的你，还能做到淡定如初，熟视无睹或充耳不闻吗？除非拔着自己的头发可以离开地球。所以，来吧，咱们不妨聊聊。

一、“PPP”是什么？

说白了，就是政府和社会资本合作，一起做点符合社会公共需求的事，如修地铁、建公园、办学校、开医院等。原来是政府从公共财政中掏钱自己干，现在释放投资机会，邀请社会资本方一起干。政府领舞，企业随动，大家一起嗨！

它不是中国的创新。早在1984年，老牌的资本主义国家——英国、法国，就开始在英吉利海峡隧道开始玩了（时称PPI），而后逐步推广至全球，成为一种发展社会公共事业的普遍模式，深受欢迎，并历经了一个与时俱进不断演变的过程，从O&M、MC、LOT，到BOT、BOO、TOT、ROT、BBO、RC，直到现在的PPP。这么多豆芽菜一般的英文字母组合,各自代表什么意思?看着挺复杂的,其实问一下度娘就清楚了。

对大陆而言,其实也不算新鲜事。2015年9月9日,广西来宾B电厂,结束18年的特许经营期,成功破题又完美收官,走过全生命周期,移交当地政府接管,中方与法方实现合作共赢的初衷。泉州刺桐大桥,北京地铁四号线,厦大体育场,远的、近的项目,都在路上走着,只是颜值、姿势、速度、苦乐不同而已。

一句话,从某种角度上说,PPP接近是升级版的、大众相对熟悉的BOT。

BOT:即英文“建设—经营—转让”的简称,是指政府部门就某个基础设施项目与私人企业签订特许权协议,由私人企业(包括外国企业)来承担该项目的投资、融资、建设和维护,并通过向用户收取费用或出售产品以清偿贷款,回收投资并赚取利润。特许期满,私人企业将该基础设施无偿或有偿移交给政府部门。

PPP:即英文“政府与社会资本合作”的简称,广义上是指公私合作模式,是公共基础设施中的一种项目融资模式。在该模式下,鼓励私营企业、民营资本与政府进行合作,参与公共基础设施的建设。狭义的PPP不仅是一种融资机制,是政府与私营投资机构长期合作关系,公营和私营部门之间的合作贯穿于项目的全过程,更是一种管理机制、合作机制。

这是从百度上搜索到的通说,理论和实务界的解释、不同国家的定义,还有无数种的变形、异样,但基本要义,是比较一致的。有一个不容忽视的关键问题是,社会制度上私有化程度的不同。

二、为什么会出现“中国版的PPP”?

西方哲学上有句名言叫:“存在即是合理”。PPP在中国的风起云涌,自然也有它的道理。

这是发展阶段的需求。改革开放深化,市场经济发展,政府职能转变,种种因素综合累加,奠定了推行 PPP 的土壤和气候,因此有人说这是大势所趋、水到渠成。

这是指挥棒的令旗所向。当下的中国,一方面,政府在经济发展中一直扮演着一言九鼎的关键角色,另一方面,基础设施建设任务繁重,而地方政府负债压力明显过大。中央政府经过深思熟虑后,结合地方经济的实际情况,下大力气强势推行,发改委、财政部积极响应。

这是投资领域的理性回归。2009 年至今的过山车体验、教训,社会公众终于接受了一个现实——超过 20% 的年化投资收益,大都背离实际。投资者开始理性回归,不求暴利,追求安全第一、收益第二。长期投资项目,安全可靠的年化 8% 左右收益,已经是人见人爱的香饽饽。

至于为什么叫"中国版的 PPP"?因为中国特色社会主义初级阶段下,我们是公有制为主体,其他所有制为补充,这跟西方国家的所有制形态很不一样。这种差异,直接决定了我们所实施的"PPP",跟西方欧美国家实施的"PPP",由里到外的种种不同。

三、怎么关注"PPP"?

既要脚踏实地低头走好每一步,不能好高骛远,更要抬头看天确定好前行的方向,避免南辕北辙。

宏观层面:一眼盯紧上头的红头文件(尤其是示范项目、重点推进项目、阶段性的调控鼓励思路等),一眼看清现阶段的特点(一头热还是两头都热;央地两方的认识和步调的协同性;进入门槛的高低设置);一手调查好各个区域市场、地市发展的特征,一手把握好行业的发展周期前景、项目的推进速度、介入的最佳时机。

微观层面:参与主体;游戏规则;进退机制;权利保障;风险控制;生命周期;收益评估;操作流程;动态调整;联动各方。

在这其中,有一个比较关键的问题是,代表政府的这一方,往往是以诚投公司、政府融资平台公司的名义出现。这样的主体,在主合约中作出的承诺,是否等同于一级政府的信用?对社会资本方来说,能否是一个长期而有效的未来权利保障?这是必须加以重视的问题。

四、“PPP”语境下的项目公司

股东组成,既不像一般国企那样的一纸公文定大局,又不像一般民企那样的志同道合投名状,而是政府的邀约在先,社会资本方的承诺在后,整个过程下来,按图索骥对号入座的特征相当明显。股东与股东之间的结合,不是“自由恋爱的结果”,更像是比武招亲或红楼抛绣球的结果。

周期是硬性大限,一开始即进入倒计时。主合约定下的期限,是各方必须遵守的天花板,投资的规模、利益的分配、回收的预计、物质的调配、前后的衔接等一系列的问题,都要紧紧围绕这个大限来倒推设计。15 年、20 年、30 年之后,“江山易主”,再怎么痛怎么不舍,社会资本方也必须退出手上的项目,交还政府。

话语权、分配权、控制权……一系列作为股东一定会十分看重的权力、利益方面的问题,在这样的语境下,也发生了很大的调整。典型的两个例子,一是欧洲国家已经十分成熟的“黄金一股”制度:代表政府的一方,虽然只拥有 1% 的股份,却可以拥有对公司所有决策的完全否决权,即以否定来行使决定的话语权;二是股权占比与分红比例的不一致,即哪怕是拥有公司 20% 的股东,可以在 10 年内分文不取得公司红利,或者只按 1% 的比例参与分红。

此外,当下的“PPP”,还因自身存在的种种问题,诸如参与主体理解认识上的差距、伪 PPP 大行其道、异化成施工单位承揽工程的主要手段、央企唱主角民企在观望、中介机构服务跟不上社会需求等,对项目公司产生着各种各样的影响。

5. 公司，如何走出“短命的怪圈”？

平均寿命不到3年，这么触目惊心的数字，却是残酷的现实，更是公司设立者们，谁也不想看到的结果。

中国的公司、企业，尤其是民营企业，这是怎么了？

长期亚健康，带病硬扛着前行，表面光鲜，体质脆弱，公司面对莫名其妙的气候突变、无处不在的病菌入侵、无孔不入的恶意打击等环境、条件，自然是举步维艰、随时倒下。每一家被迫关闭的企业背后，每一个无奈逃亡的老板背后，都有许多不为人知的伤心血泪。

“幸福的家庭都是相似的，不幸的家庭各有各的不幸。”

通过公司短命的种种复杂表象，探究内在原因，不难发现，归根结底，一切都是公司内因、外因综合作用的结果，而且往往是多因一果的对应关系。这个“多因”，在不同的阶段，具体呈现的内容，各有不同。

一、起点：先天不足，种下祸根

“交友不慎”：要么是股东、合伙人的人选有问题，在价值观、利益诉求、个性风格上彼此间冲突太大无法调处，终日战争不断、冲突不止、内讧不停；要么是股比安排上不够科学，比如重感情好面子的“5∶5、3∶3∶3”，比如同学、师生、亲朋、好友的随意拉郎配；要么是“城门失火殃及池鱼”，实际控制人或一方股东的事业遭遇滑铁卢，连累公司。

“找错行业”：有些行业，是有准入门槛的，对非国有、外资是“非请勿入”的，如关系国计民生的行业；有些行业，是需要一定层级的行政许可的，如金融业、网约车、特种行业；有些行业，是“三分天下大局已定”，蚍蜉撼树，难上加难，比如当下的“BAT”；有些行业，是码头太大水太深，一般人最好是“小心慎入”；有些行业，是门槛太高难度太大，没有金刚钻，最好别揽那瓷器活。

“踩错风口”：虽然风力过大，真有可能把猪给吹上天，但是这种概率实在是小之又小微乎其微。神话终归只是神话，不能真当实话听。行业的周期规律、市场的热点转换、竞争的你死我活、环境的重大变更，都是让风口显得扑朔迷离的成因。找风口作投资，碰上“雾里看花”情形的还好点，尚可全身而退；如是“火中取栗”的，那就危险了，容易玩火自焚。

这种带有初始特点的隐形地雷，有如源代码的失误、隐患，还有，其他的其他，很多的很多。

二、过程：十面埋伏，生死一线

盲目扩张：在某些市场因素的刺激下，以皆大欢喜热血沸腾为开篇，以后悔莫及哀鸿遍野为结局而撑死的企业不计其数。遗憾的是，在做大自身利益、做强江湖地位的主观认识、本能驱动之下，“撑死胆大的饿死胆小”的理念指挥之下，“前赴后继”者依然络绎不绝。

蚁穴溃堤：有些问题，因为初始时显得小，就容易成为被忽视的对象，尤其对于一时还能够盈利的企业而言。主营业务上的硬伤，流程设计上的病灶，规章制度上的缺位，员工思想上的溃散，正如一个个小小的震源。它们短时间内不会产生严重后果，长期以往则会积重难返。在某一个谁也不知道的时点上，它们会突然“共震”，会有“摧枯拉朽”的神力。

危机灭顶：市场重大逆转、治理僵局、“三会”失灵、竞争对方恶意举报、内部人故意捅破天、高管集体闪辞走人、行政违章处罚课责、企业或个人涉税涉刑、大股东后院起火，甚至是某一个媒体舆论的负面报道，某一个国家工作人员的落马，随便哪一个“祸起萧墙”，都足以让一个原本生龙活虎的公司瞬间呆若木鸡甚至是崩塌离析。如果应对无方处置不当，公司容易陷入泥沼越滑越深直至完全沉没。

供血不足：资金链断裂，现金流不足，有如一个人生存所必需的血液不足。往往这个时候，喜欢“锦上添花”而不是“雪中送炭”的银行，变起脸来比翻书还快，“釜底抽薪”是他们的拿手好戏。当然，这也怪不得他们，毕竟在商言商。紧接着，债权人、供应商、合作商、员工、税务部门等会轮番敲打老板的办公室大门，怀疑、审视的目光，像一把把闪着寒光的剑，铺天盖地而来。

还有“想入非非”的无视法律法规的铤而走险，还有痛彻心扉人情冷漠的“高管背叛”，还有……

企业，尤其是裸奔的民营、私营小微企业，前行的每一步，都是在走钢丝。一不小心，小命难保，短命难逃。

三、对策：正面问题，优胜劣汰

面对这样的现状、问题，怎么办，才可以勇敢地活下去？

1.法人像自然人一样，是人就得这样做：

(1)思想重视，防微杜渐，注意养生，小心防护，是强身健体抵御风寒的最佳办法。

(2)经常地望闻问切、检查检测，是诊断症状、认定病情，是调查了解、发现问题阶段的活儿。

(3)正面问题，科室讨论、专家会诊，是找出病灶、成因，分析问题、确定治疗解决方案的阶段任务。有的放矢，对症下药，施加手术，是解决问题的王道。

(4)亡羊补牢，吸取教训，及时整改，是基业常青的必修功课。

2. 凡事预则立，不预则废。

正因如此，国务院于 2016 年 8 月发布《关于建立国有企业违规经营投资责任追究制度的意见》，要求所有国有企业，必须建立健全法律风险管理制度，必须把类似上面的四个步骤，经常性地操练熟悉，否则问责追责。

如果，连备受呵护、万千宠爱于一身的国有企业、强大无比的共和国的长子，都已经这么做了，爹妈少疼、爷奶不爱的民营、私营企业，还有什么理由，不真正重视法律风险管理，不花费成本避免堕入怪圈。

法律风险之外，还有政策风险、商业风险，还有行业周期风险、黑天鹅风险，还有天灾人祸、战争政变等一个又一个的风险。

直面惨淡的现实，直面艰巨的挑战，在预防、应对、考验中学会自我成长。除此之外，要想走出短命怪圈，你还能有什么好招？

延伸阅读：

万里石，每一步都踏踏实实

11 月 12 日下午，厦大 EMBA 春华会在管院院长叶建明老师的带领下，应邀走进万里石公司位于翔安的厂区，我们得以有幸既现场参观了“万里石家”事业部的一线车间、大板展区，又听取了上至董事长胡精沛先生，下至家装事业部总经理王天萍女士、技术总监及工厂长松本伸悟先生，以石头“片片构筑世界的美好”之心路历程、独特情怀。

天上不会掉馅饼！一家企业，之所以成功，自有其过人之处！

作为石头行业的中国 A 股第一股，万里石公司（以下简称万里石）的成功密码是什么呢？它又能带给企业界，带给市场什么样的启发呢？

我的现场体会是，只要走进万里石，哪怕只是一个下午，哪怕只是冰山一角，所有人眼之所及、耳之所闻、心之所想，收获的、感悟的肯定都会有很多很多。

篇幅所限，笔者略记一二，以此作为“厦门公司法学研究会”关于企业案例研究分享的开篇。

一、领头雁——务实稳重的湖南汉子

董事长胡精沛先生是我EMBA班的同学。1991年就已经研究生毕业的他，是我们班上少有的几位，手持硕士学位多年再来进修高级工商管理硕士的同学。低调、务实、稳重、优雅、睿智，是他给我们的主要印象。平日里，对老师同学，他总是微笑谦让礼节周到，一点上市公司大老板的架子都没有。课堂内外，一旦交流起来，则是胸有成竹侃侃而谈，有料有货又有趣。文韬武略的精英表征下，“儒商＋大帅”，似乎都不足于概括其形象。

这么说，难免有吹捧的嫌疑，却都是“眼见之实”。胡精沛有一个习惯，一节课下来，从头到尾，都不停地记录，课件、笔记本上，密密麻麻的都是字，恨不得把老师、同学讲的一切都记下来。偶尔上课迟到了，来不及喘口气，他坐下来第一件事，就是把邻座同学的笔记赶紧拿来全部看上一遍。这是装吗？不！这次的企业经营心得分享，他一会儿提到这位老师的哪句话、哪个观点，一会儿引用那位老师的哪个词、哪个判断，一字不差活学活用，可见其课上课下学习之认真。

企业上市成功后，隆重的庆典会是什么？

没有胡吃海喝，没有明星助阵，没有讲排场摆阔气，而是低调务实地，邀请好友们走进厦门影剧院，一起观看芭蕾舞表演，每人一份刻有上市纪念文字的走心小礼物。这就是万里石表达感恩的方式。

至今我还记得，那是一个冬意渐浓、冷风拂面的夜晚，胡精沛先生带着高管，满脸笑容地站在剧院门口迎接每一位客人。舞台上表演的，则是胡先生为促进厦门本地芭蕾舞这一高雅艺术的发展，牵头引进、投资的“晴娜芭蕾艺术中心”的学员、家长和老师们。尽管舞技水平不算非常高（老师除外，他们是来自俄罗斯的高手），每个人却都发自内心的倾情演绎，演绎一份对生活的热爱，演绎一份对美好的追求，演绎一份阳春白雪走入寻常百姓的传奇。要不是与胡精沛并排紧挨坐着，我都忘了是在参加一个关于石头的盛典。

当刚硬的大理石，遭遇柔软的芭蕾舞，万里石的世界，领头雁的情怀，耐人寻味。

二、抓质量——立足市场的生存之道

同样是做石材的企业，竞争对手多如牛毛，为什么深圳湾1号开发商，为什么马云等人会选择万里石做家装服务？

一餐日本料理的故事。1999年屡屡在日本市场闯荡受挫后，勒紧裤腰带，重金请来日本石材大师吉布先生指导工艺提升，解决中国石材工艺长期难以克服的“磨烧”和“水波纹”两大顽症。半个月的中餐下来，实在忍无可忍的吉布先生提出吃一餐日本料理的要求。那可是所有人员半个月的伙食费！办公室主任一听，急得在桌子底下轻踢示意胡精沛，千万别答应。结果呢，为了有效激发吉布的积极性，为了达成提高质量的初衷，胡精沛咬牙同意了。结果呢，大家更加捉襟见肘换来的，是顽症的克服，工艺的飞跃，是日本市场的通行卡。

聆听分享的我，很容易地注意到，当回忆到这一细节时，胡精沛有些动容眼里晶亮。人同此心，心同此理，换谁都会感慨当时的艰辛和不易。

“工匠精神”到“工程师文化”。“工匠精神”，是制造业的标杆，是赋予产品生命的温度传递，更是多少人一生孜孜以求的境界。然而，万里石已经不仅仅满足于此，他们往更高的“工程师文化”方向在努力。“真正发自内心，尊重大自然的馈赠，对品质的执着和信仰，用一个匠人的心，向另一个匠人致敬，没有什么比这更美好，更真诚的事了。”所以，低于1.8cm厚度的成品面板定做业务绝不承接，所以宁可贵上一倍至二倍，也要用上质量有保障的扣件，所以坚持客观规律绝不妥协，生产周期制度保证……

情怀，文化，都不能当饭吃！对企业来说，利润永远排在第一位。然而，少了情怀没了文化，企业还能走多远呢？相反，有文化的石头产品，才可能传承！“传世精品，万里雕琢”。

鹭岛的海岸逶迤秀丽，天风海涛温柔多情，浪漫舒适的一派天地中，却有一块石头面向全球傲然屹立，它的名字叫“万里石”！

法条再现

最高人民法院《关于适用〈中华人民共和国公司法〉若干问题的规定(三)》

第十二条:公司成立后,公司、股东或者公司债权人以相关股东的行为符合下列情形之一且损害公司权益为由,请求认定该股东抽逃出资的,人民法院应予支持:

(一)制作虚假财务会计报表虚增利润进行分配;

(二)通过虚构债权债务关系将其出资转出;

(三)利用关联交易将出资转出;

(四)其他未经法定程序将出资抽回的行为。

6. 公司实践，何以笙箫默？

1993 年的《公司法》实施至今,20 多年公司的中国实践成绩,可圈可点不少,但总体是差强人意。一个“宝万之争”,揭示了多少短板、多少缺陷。一个董事会的表决结果是否有效,居然动用到法学泰斗江平老师等出场还争论不休,可见在公司的“认知”与“实践”两个方面,我们还存在太多的待补课程。

除了实践经历的时间较短、现代经济的后发优势体现不足之外,还有什么原因,让公司的中国实践,整体表现得如此的“笙箫默”呢?

积重难返的历史沉疴

以前的工商营业执照,潜在交易对象注意查看的内容,一是“注册资本”有多少,二是“企业性质”这一栏,是国营(全民)还是集体、私营。对其他内容,则关注不多。当然了,即使你想关注,工商部门的窗口也不让你查内档,理由是,涉及企业秘密,除非你是司法机关或有特殊用途。这既不是笑话,更不是遥远的传说。虽然现在名称改为“市场监督管理局”了,但你想随便查阅一家企业的内档,免谈！哪怕你是律师调查取证,照样可能被随意拒查。至于注册登记方面一系列莫名其妙的规定、禁止、不许,则是不止于“狗血”层面了。所谓的“公示主义、公信原则”,至今似乎还只是画在墙上的饼。

企业和公司，本是具有明显区别的两种市场主体，但能够区分清楚的又有几人。集体企业，这个伴随“40后”至“60后”成长记忆的主体，至今还没全部“改制”完成。收归政府管辖遗留的一堆集体企业，成了谁也说不清楚的“异类”。说是“集体所有”吧，理不清这“集体”是哪些人组成的；说是“国家所有”吧，却又理不直、气不壮。

遗憾的是，旧问题还没解决干净，新问题又层出不穷。一部分执掌农村基层政权的人，利益追逐下招数百出。伴随城镇化的进程，一大堆被少数人操纵的所谓的“农村集体企业”，再次雨后春笋般地冒出来。《乡村集体所有制企业条例》这一国务院颁布的行政法规，依然在《公司法》照耀不周的地方，熠熠生辉。“村改居”以后，外来新成员涌入，参与分享利益的“集体成员”——村民、居民的成分不断在变化，如何真正实现利益分配上的“集体所有”，面临着一大堆的新型挑战，却鲜有人去认真关注、深入研究。

特殊时期的特殊遗产

20世纪90年代初，机关事业单位乃至军队，都在大力兴办“三产”。一时之间，政企、军企不分。坐在你面前的人，明明是穿着整齐的军装，掏出来的名片，却是某某公司的总经理。这时该称呼其为某长官还是某总，经常让人颇费心思。因为，搞不清楚，哪一个更合适，哪一种够尊重。地方车辆挂军队牌，部队营房挂公司牌，工、青、团、妇组织热衷经营管理的现象，举国上下随处可见，全民经商不亦乐乎。国有的资产，私人的收益，彼此间没有界线，缺乏监督，更甭谈什么“法人治理”。靠山吃山靠水吃水，办个公司易如反掌，只要领导一句话。同样地，长官意志，而不是法律规范或议决机制，在决定着公司的生死存亡和重大事项。

当年我也在厦门市政府机关工作。记得有一段时间，财务处、同宿舍的张帅哥心事重重。因为根据顶头上司的指令，单身汉的他，要被派到龙岩某一个鸟不拉屎的地方，去驻点至少一个月以上，清算我们单位兴办的某一水泥厂的遗留事务。“晚上买一包方便面，都要翻山越岭几公里，你能想象吗?”那一个无奈自嘲的苦笑，至今未忘。当时，时不时的工会分红，一次200元、300元，则是单身汉们牙祭的经费来源。“签名领钱啰!”工会干部走廊上的吆喝声，是全世界最动听的音符。

这一段“一切向钱看”的特殊的历史时期，公司设立满天飞，市场监管形同虚设。混杂着部门权力的部门利益，再掺和进长官意志的颐指气使，少数人的利益诉求，自然是怎么方便怎么变通，怎么好赚怎么来，哪有什么规范、法规、原则可言，简直就是一场国家利益、公有权益被极少数人自由分享的海天盛筵。

集资、代持、“三产”，这些特殊遗产变成“遗毒”，至今未清理干净。资本市场中，在一个个上市公司发布的公告文书中，时不时就会冒出来，更成了投行在处理公司的“历史沿革”中，必须小心防范的一个个可怕的“地雷”。

不求甚解的冒险实践

投资公司，本是一项高度冒险的经济活动，是逮个难得的商业机会，拿自家的真金白银去市场上博弈，去追求更大利益的一种大胆假设小心求证。成则盆满钵盈，亏则血本无归，成王败寇铁面无情。无论是谁，都得谋定而后动，投资之前思虑再思虑。毕竟，谁都不会跟自己的钱过不去!

然而，实际情况却并非都是如此。保守估计，至少一半以上的股东，是在没有搞清楚“公司”为何物的情形下，就一头猛扎进去，等到呛水呛得不行了，才想起要上岸补课。家庭与公司如何划清界线，公司与合伙企业有何差别，有限责任与无限责任怎么转化，这一系列的A、B、C级别问题，一系列入门须知的常识，至少要有个概念才行，不然，低级错误，甚至是灭顶之灾、无休止的内讧缠斗，就会成为企业主挥之不去的噩梦。

业界，经常有类似这样的传说：有一家拟上市的企业，支付了一大笔的“额外成本”来包装后，业绩漂亮喜人，眼看着几年的煎熬马上到头了。偏偏这时，审计人员竟然发现，老板家的卫生巾、物业管理费、学费、菜金，都在公司报销。公司财务室，成了老板家的提款机。家企不分的结果，是企业成了投行的弃儿，谁也不敢碰。

更为糟糕的是，屋漏偏逢连夜雨。公司还没整明白，一地鸡毛乱哄哄的时候，资本市场早已风起云涌，种子、天使、风险、产业投资等一大堆的“野蛮人”不断来敲门。金手铐、降落伞、毒丸、对赌、赎回、优先股，国外直接舶来的一大堆新玩具，直接把大部分的企业主砸晕倒地。幸福来得太突然，小学没毕业，中学课程只会更难适应，磕头流血交学费，就在所难免了。于是，初创者含辛茹苦几十年，却一朝被迫净身出户的苦情；股东持续内斗，一方身陷囹圄家破人亡的悲剧；航空母舰般的大企业，大起大落坐过山车的疼痛，就轮番上演了。

当下，出现的创业热潮下的一窝蜂上马的现象，正是这种冒险实践的新版本。历史的经验告诉我们，在中国，凡是运动式的做法，尤其是自上而下的运动，其结果往往都不是很理想。从众心理下的非理智群体行为，真正笑到最后的，往往是少之又少。

有待精准提升的普法运动

生活消费的“法”，普及得多了；生产经营的“法”，鲜有人顾及。

明星王宝强的离婚案，直接触动家庭财产保卫战的敏感神经，各路法律大咖小虾争相出马，大谈特谈婚姻、家事法律问题，却很少有人去关注，跟王宝强与马蓉相关的公司，一开始的控制权安排、法人治理结构设计内容，以及当情路生变裂痕初显的时候，各方如何未雨绸缪的问题，直至矛盾公开化时，股东、高管及主要利益相关方（重大客户等）如何自我维权八仙过海各显神通的招数。当然，信息严重不对称，明星的世界，凡人无法明白，是客观背景。

“宝万之争”，媒体和老百姓喜闻乐见的，并不是契约精神如何维护、游戏规则如何确立、企业家精神市场经济规律这些问题,而是王石的出身背景奋斗过程、宝能系潮汕帮的江湖传奇,是各方主体宫廷内斗的情节,是“红烧肉”“自强女”的八卦新闻,是道德评价粉丝口水的内容。本是一场非常难得的公司法案例课程,却似乎要变成江湖恩怨情仇的现代企业版演义。一直有人建议我写文章,从公司管控角度,对“宝万之争”点评个一二,我却不敢下笔,因为了解的相关资讯不仅少得可怜,而且真假难辨。

为了开拓自己的思维,拆除这个无形的围墙、那个潜在的篱笆,笔者自2009年起至今,拿出部分上班时间和周末时间,特地到厦门大学管理学院和经济学院,进修经济学方面的知识。虽然跨专业的学习,一开始比较吃力,但是一旦学习进去了,醍醐灌顶脑洞大开的感觉,令人感觉获益非浅。有意思的是,每一个给我们上过课的老师,无一例外地在讲解过程中,一定会提及律师、法律,一定会强调合规性审查的重要性。即便如此,一方面,两个EDP班(投融资、文创与资本运营)、一个EMBA班,没有任何一门商法的课程。另一方面,每一次上课的课间休息时间,都会有同学主动与我讨论他们在经营企业过程中,遭遇的法律问题。

知耻而后勇!

公司实践,路漫漫其修远兮。虽然与发达国家距离遥远,但脚踏实地的每一步,都是可贵的探索和追赶!

快百年了,徐志摩的“再别康桥”“悄悄是别离的笙箫”,令人,回味无穷。

23年了,中国的公司实践,“既然琴瑟起,何以笙箫默”?给人,无尽期待。

案例延伸：①

公司章程的重要性

公司章程是关于公司的组织结构、内部关系和开展公司业务活动的基本规则和依据，亦是股东自治意思规则的载体，具有公司自治特点，只要股东达成合意，且不违背法律的强制性规范，公司章程即为有效，股东均应受到公司章程的约束，公司章程有规定的按其规定。

案例裁判文书全文

上诉人河南天海电器有限公司（以下简称天海公司）与被上诉人董某某股东权确认纠纷一案，董某某于 2008 年 6 月 3 日向河南省鹤壁市中级人民法院（以下简称原审法院）提起诉讼，原审法院于 2013 年 8 月 12 日再作出（2013）鹤民二初字第 13 号民事判决，宣判后，天海公司仍不服原审判决，再次向河南省高级人民法院提起上诉。

河南省高级人民法院经审理得出以下结论：依据《中华人民共和国公司法》的相关规定，公司章程是关于公司的组织结构、内部关系和开展公司业务活动的基本规则和依据，亦是股东自治意思规则的载体，具有公司自治特点，只要股东达成合意，且不违背法律的强制性规范，公司章程即为有效。该案中天海集团公司在改制过程中形成的《河南天海电器集团有限公司章程》（成立章程）和河南天海电器有限公司章程（备案章程）均为有效章程，两个章程是并行存在的关系，但各自存在的价值和目的以及适用范围是不同的。具体分析如下：

一、具备天海集团公司在职职工身份，是获得该案股权的前提条

① 河南天海电器有限公司与董某某股东权确认纠纷二审判决书，载中国裁判文书网：http://wenshu.court.gov.cn/content/content?DocID=22b46d23-6df2-4faa-932d-4ae87fa484f8&KeyWord=%EF%BC%882013%EF%BC%89%E8%B1%AB%E6%B3%95%E6%B0%91%E4%BA%8C%E7%BB%88%E5%AD%97%E7%AC%AC188%E5%8F%B7，最后访问日期：2017 年 9 月 1 日。

件。该案隐名职工股东是新注册成立天海公司注册资本金实际出资人，为规范隐名职工股东所持股权的权利义务关系，保证公司资产安全，天海集团公司在改制过程中，在“成立章程”中对具有职工身份的隐名股东的相关行为进行约束，这是“成立章程”中第十二条、第十四条有关“在职持股，退职转股、退股”约定产生的直接原因。董某某在职时作为公司的隐名股东，其股东权利应受“成立章程”的约束。

因此，天海公司关于职工身份是股东身份的前提和基础的上诉理由成立，河南省高级人民法院予以支持。

二、天海集团公司“成立章程”是天海公司股东的真实意思表示，董某某对该章程内容明知。“成立章程”于 2006 年 9 月 9 日通过，董某某于 2006 年 9 月 13 日第二次缴款后以缴纳股金款 36 万元的方式完成了对股金的认购。通过以上事实可以确认，董某某作为公司副总经理事前从改制文件中以及其通过所在质量部被推举的股东代表传达，事后通过章程公示其应知道改制的具体内容和自己的权利义务，其选择缴纳股金的行为表明其愿意接受“成立章程”的约束。

三、“成立章程”中有关“在职持股，退职转股、退股”的约定具有公司自治的特点，不违反法律的强制性规定。“成立章程”中“在职持股，退职转股、退股”的约定是公司自治的结果，且不违反法律强制性规定，应为有效条款。天海公司关于“在职持股，退职转股、退股”的约定不违背法律、行政法规的强制性、禁止性规定，系全体股东意思自治结果的上诉理由成立，河南省高级人民法院予以支持。董某某认为“在职持股，退职转股、退股”的约定违背《中华人民共和国公司法》的规定，应为无效条款的理由不能成立，河南省高级人民法院不予支持。原审法院处理该案时没有考虑到有关章程自治特点的《中华人民共和国公司法》的规定，致实体处理不当，应予纠正。

四、“成立章程”与“备案章程”约定不一致时的适用范围问题。在“成立章程”与“备案章程”对于股东股权转让条件约定不一致时，对于规范天海公司内部职工（自然人）股权份额及其股份转让时，应适用“成立章程”的约定；对于规范天海公司法人股东的股权份额及其股份转让时，应适用“备案章程”的约定。

五、该案中“退股通知”有效，此后董某某对天海公司不具有股东权利。结合该案，在董某某与天海公司不存在劳动关系，其在新公司工作又不满三年，董某某认缴现金 36 万元获得的股权不符合转让条件的情况下，董某某持有的 36 万元股权应由天海公司董事长代持，36 万元认缴现金由工会借支给董事长，再由董事长退还给董某某。因此，天海公司董事会作出的退还董某某 36 万元认缴现金的内容有效，应予确认。

综上，河南省高级人民法院判决：一、撤销河南省鹤壁市中级人民法院（2013）鹤民二初字第 13 号民事判决；二、董某某自河南天海电器有限公司成立之日起至 2007 年 7 月 16 日天海公司董事会发出“退股通知”之日止的股东权益，董某某可另行主张；三、驳回董某某的其他诉讼请求。

法条再现

《公司法》第三十八条：首次股东会会议由出资最多的股东召集和主持，依照本法规定行使职权。

《公司法》第一百七十六条：公司分立前的债务由分立后的公司承担连带责任。但是，公司在分立前与债权人就债务清偿达成的书面协议另有约定的除外。

最高人民法院《关于适用〈中华人民共和国公司法〉若干问题的规定（三）》第二十四条：有限责任公司的实际出资人与名义出资人订立合同，约定由实际出资人出资并享有投资权益，以名义出资人为名义股东，实际出资人与名义股东对该合同效力发生争议的，如无合同法第五十二条规定的情形，人民法院应当认定该合同有效。

前款规定的实际出资人与名义股东因投资权益的归属发生争议，

实际出资人以其实际履行了出资义务为由向名义股东主张权利的，人民法院应予支持。名义股东以公司股东名册记载、公司登记机关登记为由否认实际出资人权利的，人民法院不予支持。

实际出资人未经公司其他股东半数以上同意，请求公司变更股东、签发出资证明书、记载于股东名册、记载于公司章程并办理公司登记机关登记的，人民法院不予支持。

7. 公司管控里的“政治学”

公司的管理控制，不是纯粹的技术活吗，还要讲究“政治学”？乍一听，是有点怪怪的。

其实，公司也是一种社会组织，一种根据公司法组建而成的组织。有道是，治大国如烹小鲜，治理一个公司，与治理一座城市、一个国家，有异曲同工之妙。在这里，不妨打开思维的翅膀，联想一下，“总理与总经理”“人民代表大会与股东大会”“人大常委会与董事会”“国家主席与董事局主席”，是不是会脑洞大开恍然大悟。

一、有章可循——没有规矩不成方圆

现代化的国家，讲究一个宪法体制，宪法作为最高法，是统帅一切的灵魂，更是安国定邦之神器。

公司，就是一种社会组织、一个社会团体，是围绕着追求各自经济利益的最大化这一中心任务而组建起来的一种集合体。这一集体要正常运转，必须先有一个共同的游戏规则——章程，凡事有章可循，遵守程序，才能平衡各方利益，协调各方行动。

国家的章程是宪法，公司的宪法是章程。

二、决策机制——公司意志表示中的"资本多数决"原则

现代民主政治推崇多数决——少数服从多数,选票决定一个政治家的成败。泰国的红衫军、蓝衫军,英拉的出庭受审,香港发生的政治冲突,都与此有关。多数决的原则,也延伸运用至公司法领域,将多数股份的意思视为公司的意思,并且多数股东的意思对少数股东具有拘束力。

一方面,"资本多数决"实现了形式上的股东平等,也符合经济学上的风险理论(持有公司多数股份的股东所需承担的风险较大,同时也应享有更大的权利);另一方面,实践中被控股股东滥用的"道德风险"现象极为常见。控股股东有机会扩大对公司资本的控制权,以较少的资本投入获得公司全部财产的支配权,达到"四两拨千斤"的目的。作为股东权利中心、意志表示的股东大会,无法真正体现中小股东的真实意愿,流于形式,最终沦为控股股东牟利的工具。

如何对"资本多数决"原则加以合理的限制,强制控股股东在行使"资本多数决"原则时,需要对公司和中小股东承担诚实信用义务,防止权利滥利,从而实现实质意义上的股权平等,成为中小股东急切关注的问题。代表诉讼、股份回购、监事行权等制度的设立,让中小股东维权手段有所加强。但在成文法的司法实践背景下,相关制度仍需在实务方面进一步细化,否则容易流于形式。

三、商业模式——维持机体的自我造血功能

商业模式怎么整?我一宗亲、老农在儿媳妇的策划下,稍事修整把养鱼塘整成垂钓场(门票40元/人·天,钓得均归钓客),兼做餐饮,媳妇互联网上吸粉,艳羡村民。谁知道引来专业钓家,使用巨资购买的独特配方,特制

饵料能让已被喂饱的鱼儿飞蛾扑火，一天可以钓到600～700斤（市场价5元/斤），批发贩子一旁专车候收。当商业创新遭遇创新老千，老农只有长叹：没法度，伤不起啊！

四、权利救济——打造凝聚力的途径

当权利被侵害时，股东（投资人）可寻求救济（纠正、矫正或改正已发生或业已造成伤害、危害、损失或损害的不正当行为），即通过排除权利行使的障碍，促使冲突主体继续履行应当履行的义务，以使权利的原有状态得以恢复。不能恢复时，则通过强制方式如司法干预得到合理补偿。公司法为不同的主体设置了不同的权利（静态），司法机关则提供着权利救济的最后保障（动态）。法官，应该是投资人顶天立地的保护神！美国经济之所以生机勃勃且无比强大的主要原因之一，就是对投资人的保护强大有力到位。

五、高管队伍——尺有所短寸有所长

在一个公司中，大股东最在意包括总经理在内的所有高管的任免、监督。因为物色考察人选和监督，都是需要花费很大的精力和很多的时间去收集信息并作出分析的，成本耗费高。而大小股东由此获得的收益大小又明显不一。“智猪博弈”的结果，往往是大股东充当大猪角色，积极作为并拥有任免权；小股东则扮演小猪角色，搭便车。公司如是，新产品的营销也是，小企业往往会尾随作为“大猪”的大企业坐享其成，这也是为什么占有更多资源者要承担更多义务的原因所在。公司政治如此，国际政治也一样。

价值观对于队伍建设至关重要。每个人在加入一个组织之前，早已形成自己的一套关于是非好坏的判断标准，并直接影响其在认识和对待组织的任务、规范、要求、待遇时所持有的基础态度。公司老板在选贤任能时，只有了解对方的价值观，才能找到真正对的人。这个，真的忽略不起啊！

现代化的大型公司治理,讲究分工协作。董事会管脖子以上务虚的东西,如经营战略选择、企业文化或价值观、社会形象、公共关系;总经理则负责脖子以下的事,如供销、产品升级、生产进度、员工进出等一线实务。各司其职、协调合作,公司就能既低头拉车,又抬头看天,方向、速度两者兼顾。

六、信任成本——商业判断原则

发生在国美电器的黄光裕与陈晓之间的故事,告诉我们:东家与掌柜,哪怕是拥有相对小股份的掌柜之间,信任的基础、代理的成本,多么难于准确评估!当公司因经营失误而遭受损失时,如何评判作为决策机构和执行机构的管理者的功过?有一个商事活动历经几千年而沉淀下来的行为原则(规则)——商业判断原则。

美国《布莱克法律词典》将商业判断原则界定为一种推定,即凡在不涉及自我利益或者自我交易的情况下,公司董事所做的经营决策都是在掌握了相关信息的基础上善意为之,并且真诚地认为该决策是为了公司的最佳利益而做出的。言下之意,只要董事或者经理秉承善意,进行了适当的注意,并在其职责范围内行事,那么即使他们所为商业活动最后未使公司盈利或者有损于公司的利益,也无须承担法律责任。

与此同时,在美国法律学会起草的《公司治理计划》中,董事或者其他职员的行为适用商业判断原则的条件是:(1)他与该决策对象无利害关系;(2)他对决策对象的知悉达到了在当时情形下他有理由相信为适当的程度;(3)合理地认为该决策符合公司的最大利益。

同多数成文法国家一样,我国的公司法也未规定商业判断原则的适用,目前尚停留在专家的理论范畴。但是,在经营实践中,我们不妨好好借鉴、参考该原则。

延伸阅读：

企业做大做强的"套路"

或许，真有一只无形的手，在为我巧妙安排。从机关辞职下海，专职从律16年，各种阴错阳差，各种十字路口衡量选择的结果是，走过4个所，竟然个个都不同。从"个人所"，到"一股独大所"，再到"完全AA制所"，最后走到"公司制所"；规模从十来人，到二十来人，再到三十来人，最后是百来人；自己从助理，到执业律师，再到合伙人，最后是管委会主任。

一个律所，如何走向大所，看到的听到的，经历的思考的，在岁月流逝中，总会沉淀下来一点体会。工商管理硕士(EMBA)的课堂上，经常会联想到律所管理的系列问题。

一、必须分层分类管理

虽然同样是服务行业，律所经营，却不同于诸如餐饮、酒店等，一般来说，对资金的需求并不大，相反是现金流充裕的行业，除非是不切实际的讲排场，办公成本在全部成本中占比过大，空置率过高的所。律所，是一个高度依赖人力资源的经营实体。人才，是所有经营要素中最为关键的内容。离开了"人"，什么都不是！

这些跨过全国统一的严格准入门槛的人才，彼此之间的差异相当巨大。新手、老手、高手，青年、中年、老年，拮据、宽松、富裕，对经营成本的承受程度、业务机会的拒绝能力、机会成本的把握水准、规章制度的服从程度，开拓市场的创收业绩、管理自身的自律表现、擅长领域人格优势等，都千差万别。如果凡事都按照唯一的标准去规范去管控，效果与预期往往会大相径庭，甚至是适得其反。

按照执业年限、年创收额、平时表现等，将律师分成几个层级，并时刻跟踪其自身变化及在全部人员结构中的占比变化。然后，是制定规章制度和实施动态调整时，有所区别对待。比如，要一个入行不满3年的年轻律师，拿钱参与律所出资当合伙人，会比较勉强，因为这个时候，一方面是他(她)的创收能力比较有限，另一方面往往又是他(她)最急需用钱的时候，结婚、住房、交通工具等。但是，如果他（她）偏偏又明显是“一只潜力股”，可以当接班人培养时，咱们就得适当地灵活对待，如借钱给他（她）过渡、“期权股份”安排等。

管理层走心做事，换位思考，重服务轻管理，给予每位律师真正的尊重和关爱，是聚拢不同层次律师之人心的唯一法宝。坚持原则与策略灵活，统分结合、有统有分，差异化管理，人性化服务，因人施“服”。

划线走路，按章办事，轻而易举，却往往效果欠佳，对立、冲突、矛盾、纠纷不断，人和不够，气场过于紧张；注重实际，情境管理，适当调整，动态思考，则难上加难，需要额外付出几倍的努力，却能收获出彩的效果。

只有大家好，才是真的好！

二、当下实况与未来预测，如何有机结合

律所经营，其实就是一种商业经营，投资、收益、风险，是必须要考虑清楚的问题。律所如此，律师（工薪律师除外）亦然，哪怕不是真金白银的投到所里，一年的时间、交通通信费用、业务开拓支出，也是投资，收益几何、风险多大，也是必须要斟酌再斟酌的内容，尤其是要支付卡座费、办公室费用时，心里更要多盘算上几回。

麻烦就在于，“投资多少”，是初始就可以相对准确量化的东西，倒是这“收益多少”“风险多大”，是谁也讲不清楚的问题。去年创收到账 100 万元，今年能做多少，谁都不知道。在这个所一年做 50 万元，换一个新所，会做得更多还是更少，又是一个只有上帝才清楚的未知数。偏偏是品牌化的大所，有一个共同特点，那就是办公场所的档次高、租金贵，分摊到每个人头上的品牌推广费用（使用费）高，跟地方小所比起来，律师实际到手的收益百分比，反而更低。与此同时，同一个律师，在地方小所和品牌所，与客户的沟通成本、营销成功率、知名度、美誉度、收费标准、服务口径等，都存在很大的区别。用得好，在品牌所做一年的效益，可能是在地方所时的几倍。用得不好，持平甚至更低，也是大概率的事。

当下与愿景，这是一个商业判断课题，是一次前途未卜的赌博，是摆在律所与律师面前的一个共同的难题。租多大、多好的办公场所，房间、卡座的空置率会有多高，人员规模增长的速度能有多快，是律所管理层面永远的纠结。

风险预测、承受能力、信心把握、达成办法、任务分解、财务预算、市场评估、个体情况等一系列问题，都得有人去琢磨清楚。4A、5A级写字楼，看着高大上、有面子、形象佳，但每天的租金、物业管理费等成本也会很高。没有金刚钻，真别揽那瓷器活。

坐公交车去办案，还是开奔驰去办案，都是去办案，都没有对和错、好与坏之分，但每个人的选择，还真的就是不一样！

三、想要吸引哪类人，分配机制就要倾斜哪

律师行业，是一个高度自由的职业群体，个人与单位之间的隶属依附关系，少得可怜。除了多一个执业证的转移登记，律所与单个律师之间的选择与被选择的关系，跟人才市场上的劳动者与用人单位，几乎一模一样。今天，他或她还是这个律所的律师，明天一言不合，他或她就转到另一个所了。

既然是双向选择，双方自然是选择最适合自己的了。但是，这事得两厢情愿才成，一厢情愿没有用。在用脚投票的当下，光靠嘴上生花，终究解决不了问题。哪怕是一时被忽悠来了，他或她也会很快就离开。只有实实在在的福利、好处，才能拴住他或她的心。

除以事业吸引人、以感情留住人、以文化整合人之外，分配机制的设计，尤其举足轻重。天天都在为客户争取利益、维护权益，当关乎自己的切身利益时，相信每个律师都不会含糊。辛苦一年到头，同样的创收额，最终收归自己口袋的，在这个所是多少，在那个所是多少，谁都会在心底好好掂量一下。

制度是人设计的，是基于未来的设计，是围绕经营方向的安排。如果想要鼓励人人做多，就得在不同的创收量上实施不同的奖励措施，而不是“一刀切”。事先可以进行类似“对赌”的约定，比如当一个所的整体营收达到一定数额时，也就是说收入足以覆盖全部硬性成本时（这时的边际效益最大），律师的办公分摊如何降低、提成比例如何拔高，年终结算时律所如何反馈律师个人等内容。

当然，针对执业时间较久的老律师、外向型国际化人才、政法系统工作多年刚刚下海的律师，可以设置一定的特殊政策、优惠过渡期。这就好比，为了抢夺人才，各地政府纷纷出台吸引人才奖励引进政策，像“双百计划”

"千人计划"之类的。

必须承认,"二八定律",在任何行业,都神一样地存在!律师业,概莫能外。

四、共同成本如何科学分摊

出于形象、品牌的需要,大所往往在办公租赁、市场推广、社会公益等方面投入较多的共同成本,以此提高自身的知名度、美誉度,赢得更多客户的认可,为每位律师的拓业提供较好的支持。可以说,任何一个律师,只要是某个大所的一员,自然就可以享有这个大所的一切品牌优势、形象优势。这一点,对刚入行的年轻人,或初到一个新地方执业的律师,至关重要。客户可能不认识你,也可以看低你,但一般不会不认识你背后的那个大所,也绝不敢轻易地看低那个大所。

关键是,这一类的共同成本,如何分摊才是科学合理呢?

传统地方小所的做法是,办公室尽量找便宜的,甚至是在居民家中,租金最低。一年到头,从不进行任何品牌推广,连组织个员工假日活动,合伙人也思虑再三,更谈不上什么经费保障、专人负责。因为每一分钱,都得合伙人从自己口袋里掏出来的。偏偏合伙人自身执业时间相对较长,个人品牌已经树立起来了,并不怎么需要借助律所来加分。我曾在某地方所做过八年半的合伙人,从来没接过一个所里提供的案源。

在大所,碰到的问题,不是要不要花这笔钱、那笔钱的问题,而是花了之后,怎么分摊才是合适的。老板和员工,合伙人与聘用律师,往往各执一词。不少大所,实行的是强制性规定,比如新晋合伙人,必须在统一安排的办公室办公,没得商量;普通律师即使不使用卡座或办公室,也必须每年交纳一定的专项费用,以分担全所公共的办公成本;在计算、确定律师的提成比例时,把"公共成本分摊"这一项,综合考虑进去。

从个体利益最大化的角度考虑,选择在自己家里办公或在所外另行解决办公场所,律师的个人收益可能最大。因为,在使用后勤保障、会客场所、形象道具、无形资源等方面,大家的权利是同等的。但是,如果大家都这么算计、都这么选择,偌大的办公场所,宽敞明亮的会客厅,谁来埋单?

个人和集体,局部与整体,孰轻孰重,真不是简单的算术题!

五、秩序规矩必须确立清晰

实行社会化之前，律所都是公办所，实行“事业单位”编制管理，有一整套比较成熟有效的机制在规范着律所的方方面面。碰到什么事，该怎么处理，明规则也好，潜规则也罢，大家都心知肚明，不必再费什么口舌，反正一切照规矩来就是。当事人也反弹不大，因为大家都一样。

社会化之后的律所，说是合伙制企业，其实更像是个体户的简单加大变形，“名为合伙实为单干”的色彩，至今依然非常浓厚。规章制度的约束力不强，谁也不会真服谁，合不来就散，谁也不会依赖谁才能生存。没有真正的上下隶属关系，大家都是彼此平等的一方。可以说，民主的实践，在律所体现得相当的充分。

问题是，在强化民主、个性自由的同时，是弱化集中，是意志难于统一，是决策效率低下，是执行力偏弱的问题。如果缺乏权威，十个脑袋十种想法，相持不下，还有什么事能办成？所以，民主之上的集中，还是必须的。集中，是一种妥协，是一种退让，是一种牺牲，是一种放弃小我成就大我，是把每个人的想法、意志、诉求、利益、愿望集合到中间来，统筹兼顾、合理调配之后，形成一个有利全体人利益的共同主张。

有道是，有人的地方，就有江湖。人多，自然事情就多，矛盾就多，问题就多。如果没有规矩，不求秩序，一个大所，岂不是整天都会陷入无休止的争吵之中？遵循职业规律，建章立制，依章办事，讲求伦理，强调操守，是保证一个大所稳定发展的生命线。

老祖宗说得好，没有规矩，不成方圆！

我总是这样的自我阿 Q：无论正误、深浅、左倾右倾，大到一个行业，小到一个单位，总要有人“咸吃萝卜淡操心”，思考一点务虚的东西，这个行业、这个单位，才可能赢得未来。

因为选择，所以在意；因为在意，所以思考。我是律师队伍中的一员，并自己选择成为盈科这样大所的一员，所以我在意，我思考。

我始终相信，用心思考，是人类进步的开始！

法条再现

《公司法》第二十五条:有限责任公司章程应当载明下列事项:

(一)公司名称和住所;

(二)公司经营范围;

(三)公司注册资本;

(四)股东的姓名或者名称;

(五)股东的出资方式、出资额和出资时间;

(六)公司的机构及其产生办法、职权、议事规则;

(七)公司法定代表人;

(八)股东会会议认为需要规定的其他事项。

股东应当在公司章程上签名、盖章。

《公司法》第二十七条:股东可以用货币出资,也可以用实物、知识产权、土地使用权等可以用货币估价并可以依法转让的非货币财产作价出资;但是,法律、行政法规规定不得作为出资的财产除外。

对作为出资的非货币财产应当评估作价,核实财产,不得高估或者低估作价。法律、行政法规对评估作价有规定的,从其规定。

《公司法》第三十六条:有限责任公司股东会由全体股东组成。股东会是公司的权力机构,依照本法行使职权。

《公司法》第七十二条:人民法院依照法律规定的强制执行程序转让股东的股权时,应当通知公司及全体股东,其他股东在同等条件下有优先购买权。其他股东自人民法院通知之日起满二十日不行使优先购买权的,视为放弃优先购买权。

《公司法》第七十三条:依照本法第七十一条、第七十二条转让股权后,公司应当注销原股东的出资证明书,向新股东签发出资证明书,并相应修改公司章程和股东名册中有关股东及其出资额的记载。对公司章程的该项修改不需再由股东会表决。

《公司法》第七十五条:自然人股东死亡后,其合法继承人可以继承股东资格;但是,公司章程另有规定的除外。

最高人民法院《关于适用〈中华人民共和国公司法〉若干问题的规定(三)》第二十二条:当事人之间对股权归属发生争议,一方请求人民法院确认其享有股权的,应当证明以下事实之一:

(一)已经依法向公司出资或者认缴出资,且不违反法律法规强制性规定;

(二)已经受让或者以其他形式继受公司股权,且不违反法律法规强制性规定。

最高人民法院《关于适用〈中华人民共和国公司法〉若干问题的规定(三)》第二十三条:当事人依法履行出资义务或者依法继受取得股权后,公司未根据公司法第三十一条、第三十二条的规定签发出资证明书、记载于股东名册并办理公司登记机关登记,当事人请求公司履行上述义务的,人民法院应予支持。

8. 当“经济”遭遇“法律”

公正与效率,法学研究与经济学研究,各有分工和侧重,但对于企业家来说,却是手心手背都是肉。

经常听到企业家类似这般的抱怨,比如“这官司我打不起啊！还没打完,企业已经倒下了!”再如“那些人,整天坐在办公室里吹着空调,他们懂得什么叫‘企业经营’吗?”还有“按照这样的《劳动合同法》,企业还有活路吗?干脆大家都关门算了。”

到底哪个环节、哪个部分出现问题了?不是说市场经济就是法治经济吗?不是说中国法治的春天,就是中国经济发展的春天吗?立法、司法、执法,不是服务经济发展大局吗?这是怎么了?

带着这样的疑问,2009年开始,我先后走入厦门大学管理学院、经济学院,自费进修经济学相关知识至今。无论是EDP还是EMBA,可能有的同学是为了多结交朋友或寻找商业机会去的,所以对上课出勤率不以为然、想来才来,我却是一门心思求取真经去的,专心听讲仔细感悟,除了极个别烂得不堪的内容。

必须承认,不同的学科、专业、行业之间,确实存在巨大的鸿沟隔阂。向老师学、向同学学,前后八年下来,我最大的收获,是学会了对话企业家的语言,开启了经济学思维的窗口,领悟到了这一层意思:法律学,是基于人性的规范;经济学,是基于利益的设计。

我想:法律人,要想提升工作的社会价值,真的很需要强化自身的经济思维。活生生的繁杂多变的经济状态、商业活动,真的不是法学院的生产流水线上下来的法律人才,不是坐办公室里摆弄笔头电脑的机关干部或律师,脑袋转转就想理解的那么简单。

一、因应变化,与时俱进,法律的社会价值才能最大化

法律的起源和发展,与经济的发展,互为骨肉、共生共荣。这一点无须再行赘述。历史长河浩如烟海,我们比较关心的,只能是生活的当下、动态发展中的当下,所谓的“极其复杂的国内国际环境”。作为上层建筑的一个组成部分,法律,必须重视经济基础的每一次骚动,才不会脱节。

不经意间,社会形态每天都在悄悄地发生着巨大的改变。计划经济向市场经济转变,30 年大幅腾飞发展的同时,从体量规模到参与主体,从活动内容到复杂程度,从影响范围到环境变化,从物质紧缺到产能过剩,从实体经济到虚拟经济,从经济活动到意识形态,从生活形态到价值观念,中国大地上的经济活动,天翻地覆。法律人所面对的一切,都已经发生并正在发生着痛彻心扉的变革。

变化,是永远的不变!不是我不明白,而是世界变化快。法律人不可能拉着自己的头发离开地球,实际情况却是,相对于社会的大跨度发展,法律明显表现出严重的滞后。民法典千呼万唤出不来,物权法与担保法的冲突,让审判法官左右为难,让司法解释穷于应对。众筹、P2P 已经铺天盖地席卷全国的时候,如何评价却是至今无法可依。

最为人诟病的,是规范经济活动的重中之重的大法——《公司法》。一方面,域外舶来的诸多投资银行、私募基金的成熟做法,如优先股、对赌等,在经济活动的实务层面大受欢迎,有力地促进了投融资交易的实际成交,但是,法律层面的规定却还是严防死守,“非法、无效”的评价,让当事人忐忑不安胆颤心惊。另一方面,发生在初设层面的,发生在控制权争夺方面的,发

生在法人治理结构上的一系列的问题，至今缺乏相对统一的认知。前不久围绕万科公司控制权争夺的“宝万之争”，相信大家还记忆犹新。董事会的决议，是否存在程序上的不正当性，居然动用法学泰斗江平老师出场发声，却至今还莫衷一是，留给社会大众无尽的失望。

“法律，就是专门为坏人服务的，其实没有什么用！”当听到企业主当面这么嘲弄时，法律人，您作何感想？法律职业的社会价值，到底在哪里？

二、短板：教育经历与工作环境

法学专业博士生，看不懂企业财务报表，再平常不过。这不怪他（她）。从中学到本科、硕士再到博士，所有的必修课程内容，都没有涉及。应付学分要求，拿个文凭学位，是学生的首要任务，怎能苛求他（她）在指挥棒之外，未雨绸缪到财税方面的经济学知识。从这种标准模式走出来的法律后备人才，从校门到机关或律所，一旦接触到内容复杂的经济活动时，知识储备上捉襟见肘的现象，自然是在所难免。

于是乎，我们经常看到，一个经济纠纷的民事案件，在法庭上双方律师争辩半天，却始终说不到点子上，急得当事人直跺脚，逼得法官为一个标的不足百万的案件，开过一次又一次庭的现象，比比皆是。因为，法官也一样的满头雾水，不知该如何评判才妥。一个经济犯罪案件，在侦查的警察手里，在审查的检察官手里，在审判的法官手里，捏来捏去，几个月下来，就是出不了评判意见，当事人急，家属急，律师急，相关部门也很急，却又无可奈何。

有一个名词叫“重大情形变更”，虽然尚无明确的法律条款规定，却是实务中调整双方权利义务的重要变数。问题在于，如何界定适用范围，如何判断幅度大小、影响多少，如何认定是属于签约时应该预见的还是不可预见的。往往在这个时候，双方是公说公有理、婆说婆有理，因为太多的判断，是基于主观认识、过往经验、定性分析，并非量化分析，没有数字佐证。偏偏认定与否，对双方的利益调整，是至关要害的。司法的天秤，每晃动一下，都会让当事人纠结不已。

我的一个客户，是从事声频连接输送技术的企业，股东之一、总工程师来自著名的贝尔实验室。在公司与我签订常年法律顾问合同之前，该总工专门约见我，说了他的顾虑。他说此前为他提供服务的某知识产权事务所，经办的律师基本上听不懂也看不懂他的技术介绍，写出来的用于申报专利的材料，牛头不对马嘴，总工只好自己动手写了一遍又一遍。在我国台湾地区，不是这样的，有家律师事务所提供全程服务，对技术的理解和把握游刃有余。两相比较，差距好大。所以，无论收费怎么定，他只要求执行董事一定要找一个综合性的大所，一定要有能够听得懂科学技术，并能辅助技术向生产转化运用的知识产权律师。

这就是企业的需求，社会的期待！法律人，要证明存在的价值，真心不容易。

三、法律评判：层出不穷的新课题

雪上加霜的是，老问题还没解决清楚，新课题已经扑面而来。

1. 新的经济形态，典型代表是“互联网 +”。新经济就是与投入高、消耗大、污染重、利润低的传统工业相对应的投入低、消耗少、无污染、利润高的经济。它是知识经济、信息经济、服务经济、总部经济、创意经济、网络经济、循环经济、会展经济、休闲经济等的总称。

有一天，同事卢玉琼律师在分所微信群里询问大家，“亲们，如果进入执行程序，能查封微信和支付宝账户吗?”顿时引发大家热烈讨论。

2. 新的商业模式，如分享经济，如直销、传销，如众筹，如理财平台。商业模式是企业市场价值的实现模式。随着全球化、信息化、市场化不断深入，传统商业模式受到了前所未有的挑战，创新商业模式势在必行。裂变模式 BNC、B2C、C2C、O2O，还有资金规模超过 5000 亿元的 P2P，可谓是乱花渐欲迷人眼。好不容易把这些刚整明白,那边又冒出一大堆新玩法,什么免费消费模式,什么第三方支付……

怎么甄别是民事责任还是刑事责任?怎么界定参与游戏主体各自的权利义务?怎么判断谁是谁非厘清过错责任?怎么计算损失情况违约金额?而且,这类案件往往是涉及面广参与者众,动不动就涉及社会稳定问题。一个E租宝、一个水果营行,动用多少司法资源,至今还是一团浆糊。至于上访的举报的集资诈骗案件,则是多如牛毛到大家已经麻木。

还有新的经济行为,宏观的微观的,政府的百姓的,国内的国外的,层出不穷,如团购(曾经多达上千家)、海外投资、国际贸易的新操作;新的经济产品,如金融工程产品中的股指期货、委托贷款,如股票二级市场的炒股配资,如雨后春笋的私募基金几号几号,如从比特币为代表的虚拟货币,如流量、数据、人头账户的明码标价。

四、法律人才培养模式的调整

根据现有的条件,可以考虑从如下几个方面,进行调整和优化:

1. 课程的内容设计,在选修课里适当地增加一些纯经济学科的课程,如最基本的"企业经营管理""财务税务""人力资源"等。请来自商学院的师资来授课,或开辟法学院的学生到商学院进修基础课程的通道。

2. 专业培养方向上的特色要夯实做足。分层分类管理,对经济法专业的学生,有针对性地开设经济学方面的课程,作为学生必修的内容。在条件允许的情况下,最好的是两个专业同时修,即双学位的培养方式。千万要避免经济法专业的学生毕业后,对企业经营管理的ABC一窍不通的尴尬状况。

3. 岗前的培训很重要。法律实务课程,应该是在校期间学习的内容,而不是岗前培训的主要内容。经济学、社会学、管理学、组织行为学的基础知识,这些才是法学院的学生走上工作岗位之前,应该具备的知识储备。缺乏规矩、不懂程序、没有概念、章法混乱、做事无头苍蝇似的,是用人单位对新招的法学院毕业生常见的抱怨。

4. 在职进修很有必要。同法律规定常变常新一样,无论是实践还是理论,经济学、经营管理、商业实战一线的相关资讯,也都在分秒更新中。三年不进修,知识已过时,“一招鲜吃遍天”的时代已经过去。在职学习、后续教育中,法律人有针对性地充电经济学方面的知识、资讯,系统地研究一段时期以来发生在经济领域的热点、焦点和难点问题,听取专家、学者的分析、归纳、总结及预测,对理解当下的经济活动、现象,把握矛盾纠纷冲突的起源和要点,是很有帮助的。

5. 企业的实习经历。法律人的实习,大都把主要注意力放在公、检、法、司,很少有人会到企业去实习。其实,作为自负盈亏的企业,无论是国有还是私营,其单位文化、思维方式、处事习惯、关注要点、取舍标准,其主营业务、成本核算、人力资源、治理结构,都与机关单位相差迥异。小到下班后的熄灯关空调,甚至是一张 A4 纸,大到全年经营业绩利润考核指标,每个企业都精打细算,都相当务实。机关则不同,工作之外的评价元素多如牛毛,人际关系、职务晋升、规矩框框是大家比较关心的内容。有一个典型的例子是,企业往往有好几套账,尤其是民营企业,对此在企业中生存的大家都很是习以为常,机关干部就比较难于理解,“违法、乱来”的简单否定评价占据主流,少有人去关心分析,企业何苦要这么做。

问渠哪得清如许,为有源头活水来。思维的改变,是行动提升的前奏。在经济类案件统计数字每年呈现直线上升的今天,法律人的经济思维之转变之提升,任重而道远。

案例延伸：①

股东知情权应受保护

股东知情权与股东权益息息相关，但为了防止股东滥用权利，法律设置了一道权利屏障。公司股东有权要求查阅公司会计账簿，但如果公司有合理依据认为股东查阅会计账簿有不正当目的，可能损害公司合法利益的，可以拒绝提供查阅，公司拒绝股东查阅会计账簿的，股东可以请求人民法院要求公司提供查阅。即保护股东知情权设有前置条件，需在股东遭到公司拒绝提供会计账簿之后，才能请求法院帮助。

案例裁判文书全文

上诉人刘某某因与被上诉人临沧星美置业有限公司（以下简称星美公司）、闫某某股东知情权纠纷、公司盈余分配纠纷一案，不服云南省临沧市中级人民法院（2017）云09民初26号民事判决，向云南省高级人民法院提出上诉。云南省高级人民法院于2017年7月25日立案后，依法组成合议庭，公开开庭进行了审理。

二审中，刘某某提交了一份《公证书》，欲证明刘某某已经书面向星美公司提出了实现其股东知情权的申请。

云南省高级人民法院认为，《公证书》真实合法，对其真实性合法性云南省高级人民法院予以确认。但该《公证书》是在2017年6月22日作出，公证内容为刘某某于2017年6月22日向星美公司的法定代表人闫某某邮寄送达《行使股东知情权请求书》等文书，而一审判决于2017年5月17日作出，5月18日送达刘某某，即刘某某公证邮寄相关

① 刘某某、临沧星美置业有限公司股东知情权纠纷二审民事判决书，载无讼案例：https://m.itslaw.com/mobile/judgements/judgement?id=d57feb0f-0e13-41f2-bde9-6d5169e4a72e&conditions=searchWord%2B!%E8%82%A1%E4%B8%9C%E7%9F%A5%E6%83%85%E6%9D%83%2B1%2B!%E8%82%A1%E4%B8%9C%E7%9F%A5%E6%83%85%E6%9D%83&sortType=1&area=1&pageIndex=24&totalCount=4164，最后访问日期：2017年12月1日。

文书给星美公司是在其收到一审判决书以后，该《公证书》不能证明刘某某在该案诉讼之前一直在向星美公司主张实现其股东知情权的事实，对刘某某的证明目的云南省高级人民法院不予确认。

云南省高级人民法院认为，第一，公司有合理根据认为股东查阅会计账簿有不正当目的，可能损害公司合法利益的，可以拒绝提供查阅，并应当自股东提出书面请求之日起十五日内书面答复股东并说明理由。公司拒绝提供查阅的，股东可以请求人民法院要求公司提供查阅。股东请求查阅公司会计账簿的，法律设有前置条件，即只有当股东向公司提出了查阅的书面请求且公司拒绝提供查阅的，股东才可以提起诉讼。该案中，现有证据不能证明刘某某的股东知情权受到损害，其诉请要求实现其股东知情权的诉讼请求无事实依据，云南省高级人民法院不予支持，其上诉认为其股东知情权受到损害应由星美公司承担举证责任的主张无法律依据，云南省高级人民法院亦不予支持。

第二，刘某某的一审诉讼请求第 3 项为：两被告向刘某某分配公司利润 3440 万元，而一审法院归纳的一审争议焦点之一便是刘某某主张分配公司利润 3440 万元应否得到支持，在一审判决书说理部分，一审法院对刘某某的该项诉讼请求进行了详细评述，认为刘某某的该项诉讼请求缺乏事实和法律依据，不能成立，据此，一审法院并非对刘某某的该项诉讼请求未进行审理，只是未予以支持。刘某某上诉认为一审法院对该项诉讼请求未予审理，应退还其诉讼费的上诉主张不能成立，云南省高级人民法院不予支持。

第三，根据最高人民法院《关于适用〈中华人民共和国民事诉讼法〉的解释》第二百四十六条的规定："裁定中止诉讼的原因消除，恢复诉讼程序时，不必撤销原裁定，从人民法院通知或者准许当事人双方继续进行诉讼时起，中止诉讼的裁定即失去效力。"一审法院于 2017 年 4 月 7 日作出（2017）云 09 民初 26 号之一民事裁定，裁定该案中止诉讼，之后认为该案中止诉讼的原因消除，于 2017 年 5 月 2 日作出（2017）云 09 民初 26 号案件恢复诉讼通知书，通知该案恢复诉讼，一审法院的上述司法行为符合法律规定，并不存在违反法定程序的情形，刘某某上诉认为一审法院程序违法的上诉主张不能成立，云南省高级人民法院不予支持。

第四，2015 年 12 月 21 日，刘某某成为星美公司的股东，该事实各方当事人均予以认可，虽然刘某某与星美公司原股东红凯公司的股权转让纠纷一案正在审理过程中，但刘某某基于股东身份提起该案诉讼，而星美公司和闫某某对刘某某的股东身份也无异议，因此，股权转让纠纷一案的诉讼结果并不影响该案的处理，该案无需以股权转让纠纷一案的结果作为定案依据，对于刘某某在二审期间提出的中止该案审理的申请云南省高级人民法院不予批准。

第五，刘某某在上诉请求中要求对星美公司进行会计审计，但因其在一审的诉讼请求中并未提出，且该案并不需要进行会计审计，云南省高级人民法院对此不予支持。

综上所述，刘某某的上诉理由均不能成立，云南省高级人民法院予以驳回；一审判决认定事实清楚，适用法律正确，应予维持。云南省高级人民法院判决如下：

驳回上诉，维持原判。

法条再现

《公司法》第三十三条：股东有权查阅、复制公司章程、股东会会议记录、董事会会议决议、监事会会议决议和财务会计报告。

股东可以要求查阅公司会计账簿。股东要求查阅公司会计账簿的，应当向公司提出书面请求，说明目的。公司有合理根据认为股东查阅会计账簿有不正当目的，可能损害公司合法利益的，可以拒绝提供查阅，并应当自股东提出书面请求之日起十五日内书面答复股东并说明理由。公司拒绝提供查阅的，股东可以请求人民法院要求公司提供查阅。

《公司法》第三十七条:股东会行使下列职权:

(一)决定公司的经营方针和投资计划;

(二)选举和更换非由职工代表担任的董事、监事,决定有关董事、监事的报酬事项;

(三)审议批准董事会的报告;

(四)审议批准监事会或者监事的报告;

(五)审议批准公司的年度财务预算方案、决算方案;

(六)审议批准公司的利润分配方案和弥补亏损方案;

(七)对公司增加或者减少注册资本作出决议;

(八)对发行公司债券作出决议;

(九)对公司合并、分立、解散、清算或者变更公司形式作出决议;

(十)修改公司章程;

(十一)公司章程规定的其他职权。

对前款所列事项股东以书面形式一致表示同意的,可以不召开股东会会议,直接作出决定,并由全体股东在决定文件上签名、盖章。

《公司法》第三十八条:首次股东会会议由出资最多的股东召集和主持,依照本法规定行使职权。

9. 一带四，《公司法》及其四个司法解释

提到“一带四、一拖四”，大家容易联想到中央空调，一台外机供应 4 台内机，科学分布互通有无地工作，或清凉或温暖着某一个空间的人类体感。

无独有偶！走过厦门大学校园的人，一定对嘉庚建筑的“一带四”，即一座主楼，旁边 4 个副楼的建筑布局，印象深刻。有趣的是，我国现行的规范公司行为的法律，也出现了“一带四”的格局，即一部《公司法》，4 个司法解释。

在律师实践中，我们发现，总体而言，企业主对于《公司法》，比较有感觉，毕竟人家好歹有个“法”字。而对于司法解释，大家则普遍是云里雾里不明所以，乃至闻所未闻。

司法解释是个什么梗？已经有了法，还要司法解释作什么用？

比较通行的主流观点认为，在我国当代法学理论上，法律有广、狭两层含义。广义的法律，是指法的整体，包括法律、有法律效力的解释，以及行政机关为执行法律而制定的规范性文件。狭义的法律，则专门指拥有立法权的国家机关依照立法程序制定的规范性文件。

因此，司法解释，便是广义概念上的法律之一。在司法实践中，奉行大陆法系理念的国家，包括中国，不管是法官还是律师，都相当重视司法解释的每一个字。究其原因，是相对于狭义上的法律，司法解释是对大量的实务问题，焦点、热点、难点、疑点问题，在狭义的法律框架内，进行了更为细致、

可行的操作指引，对大量的在理解上容易产生分歧的，似是而非的实务问题，进行了便于有效处理的统一规范。一句话，司法解释，显得似乎更实用、更好用。

法律是相当严谨的，任何规范性文件的出台，都要经历一番的深思熟虑，甚至是广泛征求社会各界的意见，如"婚姻法的司法解释"。《公司法》旗下的这 4 个司法解释，绝对不是简单的重复迭代，它们各自对应解决的问题，是什么呢？

解释一主要解决的，是司法实践中新、旧两部法律如何衔接过渡的问题。由于修订后的《公司法》，对原《公司法》作了较大幅度的修改。新法颁布后，不可避免地遭遇新旧法在适用上的衔接问题。为此，出台公司法司法"解释一"，对修订后的《公司法》，和原《公司法》在适用衔接上作出了三个方面的统一规定：(1)明确《公司法》不具有溯及既往的效力；(2)因《公司法》实施前有关民事行为或者事件发生纠纷起诉到人民法院的，如当时的法律法规和司法解释没有明确规定时，可参照适用《公司法》的有关规定；(3)对《公司法》实施前人民法院已经终审的案件依法进行再审时，适用当时的法律法规和司法解释，不适用修订后的《公司法》的规定。如此一来，分水岭清晰可见，就便于辨别区分。

与此同时，还附带明确两个程序上的问题，第一个是对以《公司法》第 22 条第 2 款和第 75 条第 2 款规定的事由起诉时超过期限的，人民法院不予受理；第二个是关于《公司法》第 152 条直接涉及原告资格的问题。

解释二主要规范的，是关于公司如何结束退出的问题。它专门针对公司的司法解散和非破产清算问题，从以下几个方面进行了规范：(1)作为公司诉讼中特殊类型的案件，人民法院受理股东请求解散公司诉讼案件，除要审查是否符合《民事诉讼法》第 108 条的规定，还需从股东据以提起解散公司诉讼的事由、股东的资格，以及是否满足前置性程序三个方面进行考虑。(2)人民法院在股东提起解散公司诉讼情形下进行财产保全，应当要求股东提供相应的担保，且以不影响公司正常经营为前提。(3)明确股东请求解散公司诉讼的被告，应当是公司。(4)人民法院就是否解散公司作出的生效判决，对公司全体股东具有法律约束力。

同时，它还对清算问题作出了三个规定：(1)将清算组故意拖延清算，以及有其他违法清算、可能严重损害公司股东或者债权人利益的行为这两种情形，均作为申请强制清算的事由，解决了自行清算如何向强制清算转化的法定条件问题；(2)将强制清算的申请主体，扩大到股东；(3)明确了清算义务人的民事责任。

解释三就公司设立过程中的问题，进行规范。它对以下问题进行了规范：(1)落实公司成立前债务的责任主体；(2)确立典型非货币出资到位与否的判断标准及救济方式；(3)界定非自有财产出资行为的效力；(4)明确未尽出资义务(包括未履行出资义务或未全面履行出资义务)和抽逃出资的认定、诉讼救济的方式以及民事责任；(5)规范限制股东权利的条件和方式；(6)妥善平衡名义股东、股权权属的实际享有者以及公司债权人间的利益。

解释四解决的问题比较多元化，它从以下五个方面，规范了案件审理中的法律适用问题：(1)完善决议效力瑕疵诉讼制度；(2)依法强化对股东法定知情权的保护；(3)积极探索完善对股东利润分配权的司法救济；(4)规范股东优先购买权的行使和损害救济；(5)完善股东代表诉讼机制。

《公司法》顶天立地，4 个解释四方立柱，共同撑起公司治理的一方天地。

设立阶段 二

1. 合开公司，怎能不关注这“三个3”！

合伙开个公司，真不容易！中国人“合”字难写，不合吧又孤掌难鸣、独木难撑。也许正是如此，在公司队伍中，“把所有问题都自己扛”的一人有限责任公司，凤毛麟角，个中滋味，不言而喻。

一年到头，每周我至少都要为不同的老板客户，以图表加讲解的方式专题指导五到六次，针对如何设计、架构公司，尤其是如何甄别确定股东人选、规模，如何组织、运作公司的最高权力机构，如何调处股东间的纠纷矛盾等问题。这是一个公司至关重要的人力资源和组织发展战略之顶级课题。归纳起来，主要有如下三个方面的内容：定位(3)、忌宜(3)、厘清(3)。

“定位”篇

第一是定门槛，股东就是老板，老是板着脸，不是谁都能做得到的

入门标准：(1)具备老板素质，如担当、坚忍、事业心、领导力、投资意识、成熟心态(愿赌服输、能够合作、宽容信任)；(2)满足延迟——可以等待投资回报周期，而不是急着套现回家，不是每月都指望多领钱回家供房、供车或用于家庭开支；(3)共同梦想、一致理念、相容秉性，签投名状，风险共担；(4)个体的作用不可替代，如可替代或替代成本较低，应将其定位为职业经理人，尽量以分红股、期权股、代持股方式实现激励即可，不要轻易给予“现股、实股”分配。

第二是定主次，江湖讲地位摆座次，没有老大会乱套

(1)组织需要统一意志才能行动一致，需要领导者与被领导者的角色分配，股东要分出主次；(2)股份占比安排要有主次，要有核心层、紧密层、松散层的区分，要有"一致行动人"安排，甚至是必要的表决权让渡、授权安排，可以设"黄金股""一票否决"等，科学处理好民主与集中的辩证关系；(3)不同发展阶段，公司的主要任务不同。创业初期是强化董事会弱化股东会，即主要解决公司的领导力、决策力和执行力问题，保证再疯狂的天才想法，也能贯彻实施而不是中途夭折。走上正轨后是强化股东会弱化董事会，即主要是讲究集思广益、民主决策，保证公司稳步向前，少瞎折腾，少犯大错误，少冒大风险。

第三是定分工，1+1不大于2，至少也要等于2

一方面，公司麻雀虽小，五脏俱全，有法定代表人及董、监、高，有人力、财务、业务、行政后勤等部门，有权利、责任、利益的结构。运作这样一台复杂机器，分工协作、科学统筹必不可少。另一方面，当股东就是当家做主，谁都想掌控话语权、管理权，如何分权与集权，如何厘清每位股东的角色、作用，至关重要。实践中，往往是单纯当股东不参与日常经营管理的少，既投资当股东老板又参与管理，亲力亲为，即集"老板"与"打工者"身份为一体的多。如何明确任务、合理分工、科学匹配人和事，如何摆正心态、位置，扮好角色，对组织和个人，都是很大的挑战。公司不同，情况各异，背景、情境、条件、人选等都相距甚远，但都可以考虑"成本最优、内耗最小、效率最高、利益最大"这四大评估择优原则。

"宜忌"篇

一忌"孔融让梨"，宜"当仁不让"

合作伊始，彼此客客气气的互相礼让，谁也不想破坏团结一致的大好氛围，哪怕是心里有一万个不同的想法。于是乎，在股份安排时，羞于主张自我要求，往往表态"都可以了""随便啦"，结果就是5∶5、33∶33∶34，大锅饭平

均分配。一旦股东之间产生隔阂或意见不一时，则股东会在大是大非问题上，无法形成有效的“多数决”，公司管理瘫痪，经营陷入僵局的概率居高不下。

对所投资的公司，股东不仅拥有自益权，还有共益权，个人利益与整体利益相互依存。为自己也为大家，有能力有想法、愿意投入时间和精力的股东，应当勇于担当比较优势之权重角色，在股比、责任、话语权、决策权，甚至在法定代表人、（总）经理等重要岗位上当仁不让，提高股东会的议决效率、各职能门的执行力，以此确保公司各项战略、意图、计划的顺利贯彻实施。

公司治理，讲究一个因时因地制宜的“情形理论”、辩证思维，没有放之四海而皆准的绝对真理。作为终极追求目标，“广泛民主、人人自由”固然很好，但从某种意义上说，有时候适当的、阶段性的稍为“专制”“集权”“独裁”一点，也是很有必要的。新加坡的社会治理模式，李光耀先生的理念，在现代政治学领域就别具一格。华为公司的巨大成功，任正非先生的独到做法，也成为众多企业主顶礼膜拜的对象。

二忌“有啥是啥”，宜“缺啥找啥”

中国是人情社会，熟人关系在提高沟通效率、节约沟通成本上作用显著，遇事先找熟人、通关系的思维习惯，也影响着股东人员的形成。比较常见的弊端是，一旦有个商业机会、点子、创意，我们通常会先找亲戚、同学、朋友、熟人谈。大家聊着聊着，认同感逐步形成后，就凑出了一个公司，而且大多数都是有限责任公司。

这是典型的“有啥是啥”，没有考虑优势互补、专业组合、资源优化，更不会去认真思考股东规模大小、合作期限长短、如何合理进退、怎么分配公司治理权限等重要问题。“先天不足、营养不良”，决定了公司难于枝繁叶茂。正确的做法，应该是“缺啥找啥”，综合考虑公司的不同发展阶段、主营业务、经营重心、经营环境、市场条件，以及对专业、人才和资金的需求等各种情况，以“不可或缺、不可替代、优化组合、协同提高”为原则，确定股东的规模、人选。

实践中还有一个比较常见的现象，就是“夫妻店”，而且往往是一个担任总经理，一个担任财务总监，夫妻联袂、同台演出，绝对的“肥水不流外人田”。100%持股,人权、事权、财权全掌控,夫妻俩可以随时召开股东会,安全又高效。然而,看上去很美、听起来很好、做起来很难、走下去很烦,“夫妻店”几年下来往往是“公司吵架、家里没话”,家企不分、财务混乱,“有限责任”沦为“无限责任”。这种股权高度集中的做法,有悖公司的社会化属性,更是规范制度、股权激励、上市融资、资本市场运作方面难以治愈的硬伤。

三忌“因人设岗”,宜“因岗定人”

被“封建色彩”“人治习惯”“中庸之道”长年熏陶下的国人,利益也好,权力也罢,在分配时倾向于搞平衡、玩跷跷板,见者有份、皆大欢喜,忽略的是自然规律、客观标准。这体现在公司的权力分配上,就是小公司也设董事会、董事一大堆、副总一箩筐、部门一长溜,人浮于事、成本畸高,官僚习气浓厚,职责不清,义务不明,推诿、内耗严重,“大锅饭”“办公室政治”现象随处可见。

一方面,股东的人员组成,是一个公司最为关键、纲举目张的人力资源管理问题,更是组织战略发展的核心问题,是万丈高楼平地起的地基,直接关系到公司的生命周期、稳定程度、发展态势、成长空间。另一方面,公司存在的一个最基本逻辑,就是所有权与经营权、使用权的两相分离,是基于共同愿景、彼此信任的代理、授权。因此,凡事回归原理、起点,公司必须按照“人和事相匹配”的原则,围绕中心任务,明确岗位层级、数量、职责、要求,再以此考虑参与实际经营管理的股东规模、人选,避免分蛋糕、摊大饼式的平均主义、人情主义。一句话,考虑问题的出发点,应该是“对事不对人”。

“厘清”篇

一要厘清角色分工,明确彼此的界限

大小股东之间、实际控制人与普通股东之间,风险与收益不同,权、责、利自然就不同,在日常经营管控的话语权上,泾渭分明是有必要的,这是保证动作效率与提升整体利益的要求。与此同时,大股东欺负小股东,甚至是利用把持公司之便,自肥腰包、利益输送等,则是不允许的。

股东与高管之间，那是典型的东家与掌柜的关系，是所有权与经营权的关系，是基于信任而产生的授权、委托关系。再厉害的掌柜，再会创造效益的职业经理人，永远都不是公司所有人，除非持股。“经营层控制、毒丸计划、高管腐败”等，都是利益驱动之下角色混淆的表现，最终会被社会公众唾弃。

公司不同于个体户、合伙企业，是一个维系并保障多方利益的共同体，在社会的经济活动中扮演着完全不同于个体户、合伙企业的角色，在设立门槛、财税准则、监管措施等方面，都有一套自己的游戏规则。把企业当作自家的小金库，家企不分混为一体的做法，既会直接破坏公司规章制度，让财务报表严重失真，经营效益考核形同虚设，更容易埋下税务隐患，让潜在投资人望而却步，自我隔绝于资本市场。

二要厘清战略设计与战术安排、整体与局部的区别

战略与战术的区别，相信绝大多数人都能说出个一二三来。问题是，具体到实务层面上，这二者经常会混成一团粥，比较典型的是在财税、成本的管理上。举例来说，科技类公司办公用品的采购。现在的市场上，同一件商品，出具发票与不出具发票，卖家收取的对价是不一样的。在能省则省的观念指导下，作为买家的公司领导或一线经办人员，往往会选择不要发票、比较便宜的方案。这似乎是非常符合情理的战术选择。只是如此一来，体现在财务资料上，是收据、白条，一旦接触到风险投资方、资本市场，这就成为一大问题。如何列明历史成本，如何经得起投资方的财务尽调，便成为股东们无解的难题。

整体与局部的问题，主要在于如何妥当处理个体利益与公司整体利益的冲突问题，尤其是牵扯裙带关系的人员聘用如何把关，关联交易的对象选择与具体定价如何保证公允公正，即时兑现经营成果与利润转投延迟回收如何合理安排等。

三要厘清利益归属，亲兄弟明算账

道理很浅显，无须再赘述。实践中常见的是，合作初始，大伙儿碍于面子，一团和气你好我好大家好，不愿在利益分配上“先小人后君子”，往往是心有想法嘴上不说，太多的问题一团模糊。等到公司准备要分红了，等到公

司上规模了，等到投资商来敲门了，股东利益分配上的内部冲突才开始浮出水面。解决得好，就是成长过程的一段小插曲；解决得不好，则内讧不断冲突不止，公司这条大船岌岌可危。

这几年，在笔者经办的股东冲突案件中，当事的亲人之间，为了争取公司控制权而不惜明争暗斗，甚至是阴招损招直至毫无顾虑丧失底线的做法，屡见不鲜，令人扼腕叹息。究其成因，除了人性的丑恶之外，公司成立伊始，缺乏利益厘清方面的安排和设计，是比较共性的问题。在公司前行的过程中，时间可以造就一切，时间也可以改变一切，直至完全颠覆当事方对公司的设立初衷，更不用说是利益格局。初始的契约，白纸黑字的书面记载，是抗拒时光变化的最好良药。

想清楚、弄明白了以上这“三个3”，创业团队、合作伙伴、轻舟快艇基本造就，可以海阔凭鱼跃、天高任鸟飞了。

案例延伸：①

不合理的关联交易违背忠实义务

董事、监事、高级管理人员应当遵守法律、行政法规和公司章程，对公

① 昆明云南红酒业发展有限公司、吴某某公司关联交易损害责任纠纷二审民事判决书，载无讼案例：https://www.itslaw.com/detail?judgementId=9332b843-c640-44ee-9fe3-745a8502bdab&area=1&index=9&sortType=1&count=79&conditions=reason%2B2458%2B1%2B%E5%85%AC%E5%8F%B8%E5%85%B3%E8%81%94%E4%BA%A4%E6%98%93%E6%8D%9F%E5%AE%B3%E8%B4%A3%E4%BB%BB%E7%BA%A0%E7%BA%B7，最后访问日期：2017年12月1日。

司负有忠实义务和勤勉义务，上述人员在公司经营管理过程中与其他公司恶意串通进行关联交易，违反了其应对公司负有的忠实义务，若因该关联交易致使公司财产损失，应对该损失承担赔偿责任。

案例裁判文书全文

上诉人昆明云南红酒业发展有限公司（以下简称云南红公司）因与被上诉人吴某某、福州飞燕贸易有限公司（以下简称飞燕公司）公司关联交易损害责任纠纷一案，不服福州市中级人民法院（2013）榕民初字第1113号民事判决，向福建省高级人民法院提起上诉。

福建省高级人民法院认为：一、关于该案案由应定为“公司关联交易损害责任纠纷”还是“损害公司利益责任纠纷”的问题。

吴某某兼具德太公司法定代表人、执行董事、总经理以及飞燕公司监事的双重身份，其代表德太公司与飞燕公司签订《经销商合同书》的行为符合关联交易的法律特征。鉴于该案云南红公司所诉称的公司高级职员违背忠实义务损害公司利益的行为主要是通过关联交易形式来体现，故一审法院将该案定性为公司关联交易损害责任纠纷，并无不当。

二、关于吴某某代表德太公司与飞燕公司签订及履行讼争合同过程中是否损害德太公司的利益问题。

《中华人民共和国公司法》第一百四十八条规定，董事、监事、高级管理人员应当遵守法律、行政法规和公司章程，对公司负有忠实义务和勤勉义务。《中华人民共和国公司法》第一百五十条规定，董事、监事、高级管理人员执行公司职务时违反法律、行政法规或者公司章程的规定，给公司造成损失的，应当承担赔偿责任。吴某某作为德太公司法定代表人、执行董事、总经理，代表德太公司与其作为监事的飞燕公司进行关联交易，违反了其应对公司负有的忠实义务，损害了德太公司的利益并给公司造成了损失，应对该损失承担赔偿责任。但云南红公司主张吴某某与飞燕公司存在恶意串通，缺乏证据证明。故云南红公司诉请飞燕公司对吴某某上述损失赔偿承担连带责任，依据不足，福建省高级人民法院不予支持。

三、关于德太公司与飞燕公司签订的《经销商合同书》和《补充协议》是否有效的问题。如前所述，云南红公司主张吴某某与飞燕公司恶意串通，缺乏证据证明，不符合《中华人民共和国合同法》第五十二条规定的情形。故云南红公司提出吴某某与飞燕公司所签订的《经销商合同书》及其补充协议无效的主张不能成立。

综上，福建省高级人民法院判决：

一、撤销福建省福州市中级人民法院（2013）榕民初字第1113号民事判决；

二、吴某某于本判决生效之日起十日内向福州德太恒发贸易有限公司赔偿经济损失3496460.18元；

三、驳回昆明云南红酒业发展有限公司的其他诉讼请求。

法条再现

《公司法》

第二十一条：公司的控股股东、实际控制人、董事、监事、高级管理人员不得利用其关联关系损害公司利益。

违反前款规定，给公司造成损失的，应当承担赔偿责任。

第一百四十八条：董事、高级管理人员不得有下列行为：

（一）挪用公司资金；

（二）将公司资金以其个人名义或者以其他个人名义开立账户存储；

（三）违反公司章程的规定，未经股东会、股东大会或者董事会同意，将公司资金借贷给他人或者以公司财产为他人提供担保；

（四）违反公司章程的规定或者未经股东会、股东大会同意，与本公司订立合同或者进行交易；

（五）未经股东会或者股东大会同意，利用职务便利为自己或者他人谋取属于公司的商业机会，自营或者为他人经营与所任职公司同类

的业务;

(六)接受他人与公司交易的佣金归为己有;

(七)擅自披露公司秘密;

(八)违反对公司忠实义务的其他行为。

董事、高级管理人员违反前款规定所得的收入应当归公司所有。

第一百五十条:股东会或者股东大会要求董事、监事、高级管理人员列席会议的,董事、监事、高级管理人员应当列席并接受股东的质询。

董事、高级管理人员应当如实向监事会或者不设监事会的有限责任公司的监事提供有关情况和资料,不得妨碍监事会或者监事行使职权。

《公司法》第二百一十七条:外商投资的有限责任公司和股份有限公司适用本法;有关外商投资的法律另有规定的,适用其规定。

2. 公司的“骨架”，可以这么变变变?

医学认为,骨骼对人体有支持作用、保护作用,发挥着运动功能、代谢功能、造血功能。公司作为虚拟的“人”——法人,其骨骼架构是什么?是股东会的架构,只是此“股架”非彼“骨架”。同一部《公司法》的标准下生产出来的公司,却千人有千面,不同的公司,骨架就不同。即使是同一个公司,不同的时候,也不尽相同。

这到底是怎么回事呢?

问题的由来

顶层设计,本是一个工程学术语,却正在成为中国新的政治名词。在工程学中,它的本义是指“统筹考虑项目各层次和各要素,追根溯源,统览全局,在最高层次上寻求问题的解决之道”,其在中共中央关于“十二五”规划的建议中首次出现。这一新名词进入国家新五年规划,预示着中国改革事业进入了新的征程。

国家治理如此,公司治理亦然!

公司治理领域,股东会作为公司的最高权力机构,同样涉及一个“对公司如何进行顶级设计”的问题。其中,顶级中的顶级问题,则是股东会自身的组建、架构、设计问题。

股权架构，有如公司的“骨架”，直接决定着公司的天赋、命运、气质，更决定着公司的造化、作为、前景，正所谓的“骨子里的东西”，难以改变。正因如此，“张某与俏江南的秋风瑟瑟”“王某与宝能系的深冬恩怨”，才会引发社会各界如此巨大的关注。

偏偏是这个要命的东西，在中国当下的公司制度实践活动中，在推崇成文法的背景下，正在上演着“关公战秦琼”的好戏——天生不良、明显粗糙、有待完善的法律条文，遭遇着凡事喜欢实用变通、注重眼前利益、投机取巧的东方惯性思维。于是乎，便有了种种的无奈与精彩。

现实的纠结

法无明文禁止即可行！自由的空间，一下子显得如此的宽阔。然而，且慢！禁止合法形式掩盖非法目的、禁止侵犯社会公共利益和他人正当利益的种种紧箍咒，时时提醒着，自由永远是有限的，怎能让你肆意妄为？

两利相权取其重，两害相权取其轻！一张一弛、有松有紧，设计公司“骨架”，有如在“可能、可为”与“不可能、不可为”中解数学两元方程式，考验着你“理论联系实际”的能力，验证着“实践是检验真理的唯一标准”。

干股、分红股、隐名股、代持股、期权股，名为公司实为合伙，家庭企业界限不明，集团公司满天飞……林林总总的因应变异，形形色色的解决方案，正所谓“乱花渐欲迷人眼”。在“大众创业，万众创新”的浪潮下，随便一个初创公司的股东，信口说来，也能这个股、那个股的，似乎专业的名词一大串。

经济利益是最深层的动机，屁股往往决定脑袋！行为主体、企业主关心的是，能否真正解决当下面临的实际问题。2005 年版的《公司法》，松绑了“股东协议”“公司章程”身上许多原有的条条框框，“骨架”设计师的灵感，从此便有了更多自由发挥的空间。

私募股权投资背景下，国际投行成熟的做法一直在强力抢滩，寻求基于中国法的本土化路径，从“优先分红权”“清算优先权”“优先认购权”“优先购买权”，到“回赎权”“共同出售权”“强制随售权”“反稀释保护”“保护性条款”“信息权”“购股权”，再到“对赌协议”“股权激励”“创始人股锁定”“可转换债”“股权质押”“托管”“投票权代理”，花样层出不穷，目的只有一个，尽力维护投资人的利益，把控和降低投资的或有风险。

举例来说，在“同股同权”的既有法定背景下，基于《公司法》第三十四条的规定（全体股东可以约定不按照出资比例而是按照其他另行约定的比例分取红利），全体股东在章程中约定，在公司宣告分配的股息数额达到注册资本额（或投资额）的 N% 时，甲方（投资人）的分红权比例是 N%，而乙方（公司原有股东）的比例为零，以此变相地实现权利的先后。

PPP 语境下的项目公司，代表政府一方的股东，可以最大限度地弱化自身参与决策的权利、日常经营管理的权利，可以最大限度地让渡分红权利直至零取得，但要行使特殊的“一票否决权”（俗称“黄金一股”），要完整取得公司经营期限满后的法人财产权。

一旦涉及境外、域外因素，则要另当别论，外商独资、中外合资、中外合作经营，开曼、维京、红筹、纳斯达克、港交所、德交所、KSE、LSE，玩法就更复杂，花样、招式、手段、难度、水准都与纯内资的情况不一样，可谓“像雾像雨又像风”，只能“寂寞夜里无助地寻找”。

更加难以把握的是，以上内容，无论是私募、PPP，还是涉外，还只是静态意义上的理论模型。在不同的时空下，这模型还必须得有一个相应的动态调整、矫正甚至是推倒重来的问题，难度指数可能瞬间上升直到爆表。

这样的“公司骨架设计师”或“公司骨架制造者”，你造吗？

案例延伸：①

有限责任公司应及时将股东登记在公司股东名册

隐名股东主张其为公司的实际出资人，须证明其与代持方之间存在关于其实际出资并享有投资权益、代持方为名义股东的约定，并根据约定向公司实际履行了出资义务。哪怕隐名股东主张其是公司的实际出资人，即使该项主张成立，公司的实际出资人也并不当然具备股东资格，法院有必要查明公司股东名册和章程记载及公司登记机关登记的股东情况。

案例裁判文书全文

郑某某因与被申请人和静县备战矿业有限责任公司（以下简称备战公司）、中建东方控股有限公司（以下简称中建东方）股东资格确认纠纷一案，不服新疆维吾尔自治区高级人民法院（2014）新民二终字155号民事判决，向最高人民法院申请再审。

最高人民法院经审理，明确以下内容：一、郑某某主张其为备战公司的实际出资人，须证明其与中建东方之间存在关于郑某某实际出资并享有投资权益、中建东方为名义股东的约定，并根据约定向备战公司实际履行了出资义务。郑某某提供的其与中建东方签订的《协议书》可以看出双方计划成立一家新公司，由新公司持有备战公司股权，该《协议书》并未约定中建东方持有备战公司股权中的20%属于郑某某所有。

郑某某在再审申请中主张《协议书》已得到实际履行，双方仅是对履行方式作了变更，但郑某某并未举证证明双方曾就变更《协议书》的履行方式达成一致，郑某某也没有举证证明其与中建东方就持有备战公

① 郑某某与和静县备战矿业有限责任公司、中建东方控股有限公司股东资格确认纠纷申请再审民事裁定书，载中国裁判文书网：http://wenshu.court.gov.cn/content/content? DocID = ad22649c－58e0－425f－8b6d－1a0597be3ef0&KeyWord = %EF%BC%882015%EF%BC%89%E6%B0%91%E7%94%B3%E5%AD%97%E7%AC%AC1671%E5%8F%B7，最后访问日期：2017年9月1日。

司股权达成其他协议，因此，郑某某关于其与中建东方约定中建东方所持备战公司股权的 20% 归其所有的主张不能成立。

二、根据该案证据及一审法院的调查，郑某某曾给马军农行卡上汇款 50 万元，之后马军账户的 50 万元转账到备战公司账上，转账原因记载为“中建东方公司李文胜投资款注册资金”。郑某某提供的备战公司筹建时的《洽谈记要》《新疆和静县备战铁矿风险勘查开发合作协议书》等均显示，郑某某系作为中建东方的代表在文件上签字，上述郑某某给马军汇款的事实不能说明是郑某某的个人行为还是代表中建东方的行为。另据一审法院查明，在郑某某向马军汇款前后，中建东方向郑某某银行卡上有过数次打款，因此，郑某某提供的证据不足以证明其向马军汇款的 50 万元是其本人向备战公司的出资。

三、郑某某提供了其与中建东方股东李文峰于 2014 年 7 月 1 日签订的《协议书》，证明郑某某与中建东方在 2014 年就有过共同开发矿产资源的合作关系。该证据与该案事实没有关联，郑某某与中建东方之前有过合作关系不能证明双方在成立备战公司一事中仍是相同的关系。郑某某提供了一枚“中建东方控股有限公司”印章，在二审期间向法院申请对该印章进行鉴定。但郑某某申请的鉴定与其主张的双方是借名和委托代持股关系并无关联。并且，根据郑某某的陈述，该印章是中建东方的股东、法定代表人交给其使用，说明郑某某是受中建东方委派、代表中建东方行事。郑某某提供的其他证据也证明郑某某是代表中建东方而不是借中建东方之名。

上述证据证明中建东方作为备战公司的股东实质性地参与了备战公司的设立和运营。郑某某主张中建东方没有介入备战公司前期筹建、前期经营，双方是借名关系和委托代持股关系没有依据。

四、郑某某主张其是备战公司的实际出资人，即使该项主张成立，公司的实际出资人也并不当然具备股东资格，法院有必要查明备战公司股东名册和章程记载及公司登记机关登记的股东情况，一审、二审法院适用《中华人民共和国公司法》第二十三条、第二十五条、第三十二条判断备战公司股东并无不当。

一审、二审判决虽未直接援引最高人民法院《关于适用〈中华人民共和国公司法〉若干问题的规定（三）》第二十二条和第二十四条，但在其说理中对于郑某某是否实际出资、郑某某能否根据《协议书》享有备战公司的投资权益进行了论述，符合最高人民法院《关于适用〈中华人民共和国公司法〉若干问题的规定（三）》第二十二条和第二十四条的规定。

五、即使经鉴定证实郑某某提供的印章与中建东方在工商登记机关备案的印章并非同一枚印章，也不能证明双方是借名关系或委托代持股关系，郑某某提出的鉴定申请与该案事实的查明无关，二审法院对该申请不予准许不构成程序错误。

综上所述，最高人民法院裁定：驳回郑某某的再审申请。

法条再现

《公司法》

第二十三条:设立有限责任公司,应当具备下列条件:

(一)股东符合法定人数;

(二)有符合公司章程规定的全体股东认缴的出资额;

(三)股东共同制定公司章程;

(四)有公司名称,建立符合有限责任公司要求的组织机构;

(五)有公司住所。

第二十五条:有限责任公司章程应当载明下列事项:

(一)公司名称和住所;

(二)公司经营范围;

(三)公司注册资本;

(四)股东的姓名或者名称;

(五)股东的出资方式、出资额和出资时间;

（六）公司的机构及其产生办法、职权、议事规则；

（七）公司法定代表人；

（八）股东会会议认为需要规定的其他事项。

股东应当在公司章程上签名、盖章。

第三十二条：有限责任公司应当置备股东名册，记载下列事项：

（一）股东的姓名或者名称及住所；

（二）股东的出资额；

（三）出资证明书编号。

记载于股东名册的股东，可以依股东名册主张行使股东权利。

公司应当将股东的姓名或者名称向公司登记机关登记；登记事项发生变更的，应当办理变更登记。未经登记或者变更登记的，不得对抗第三人。

3. 当隐名股东，您真得悠着点！

在市场经济的大环境下，投资兴业当老板，本是再正常不过的事，像堂堂的美国国务卿，据说还在中国西藏投资呢。遗憾的是，很多在老外看来很平常的事儿，到了咱们这，它就会变个样。明明是自己投资的事业，却偏偏不明目张胆地当老板，而是故意地隐名起来当股东这样的事儿、现象、做法，大家似乎都习以为常了。

法律服务工作中，经常被客户、朋友问及这样的法律问题，干脆写这篇短文，一并相对系统地说明下。

一、产生原因

归纳起来，大致可以分为两种：一是“相对正常点的”；二是“刻意逃避监督的”。前者的表现五花八门，如公司实际股东人数较多，意见比较分散的，为了提高股东会的召集效率和议决效率，就安排一部分人的股权，登记在比较适合出席股东会参与议决的那部分人名下；后者的名堂，同样是千奇百怪，如夫妻关系已经出现明显嫌隙时，一方（有时是双方都各自这么悄悄地干）存心故意的未雨绸缪，把本是属于自己的股权，登记在其信赖的、夫妻之外的他人名下，以便进可攻退可守的“狡兔三窟”。

一百个人，可能就会有一百个不同的原因、想法，但是，不管花样、表现如何，所有当事人心里却往往都是认为，这么做，要么“理所当然”，要么“情有可原”。至于具体的个中原委，只有自己人“心知肚明”，外人都是“雾里看花”。

当事人是省事了，苦的是司法人员，一旦要查清事实解决纠纷，没个“国情意识”、接着地气、火眼金睛，还真搞不定。

二、合法合规

我国1993年《公司法》，出台的背景、立法的目的相对特殊，主要服务于朱镕基总理力推的全民所有制、集体所有制企业的改制，总体架构、法条安排略显粗糙简单，与实务问题脱节较为严重，空白地带、争议空间很多、很大，隐名股东问题只是其中一例，而且是其中引发纠纷较多的一例。实务中，“见钱眼开”下的“反目成仇”“各为其主”的“明争暗斗”，主角不同，剧情相仿。与此同时，工商局的注册登记所信奉的公示主义，屡遭挑战。

2005年修订后的《公司法》，以及随后陆续出台的最高人民法院的三个相对应的“司法解释”，有条件地认可了隐名股东的合规性。当然，以合法形式掩盖非法目的者，不在认可之列，如恶意转移财产逃避监管的，为违法犯罪目的(如洗钱)的。

一般情形下，形式是内容的外在表现，两者高度统一。对登记在册的股东，总是先默认为实际股东，当且仅当，实际股东有证据证明，登记股东只是名义股东时，“内容”才否定“形式”。如此立法，凸显了法条严谨与灵活的有机结合，符合了我国市场经济发展到当下阶段的实际特征，对于司法实践中的定分止争，作用明显。

三、实务操作

一句话，中国人的聪明才智、变通本事，在这问题上，表现得淋漓尽致，可谓是“八仙过海各显神通”。囿于篇幅，无法一一列举，也无须一一列举。因为，此道彼道，只有得到司法确认有效，才是王道。

为减少日后不必要的纠纷，保证从良好的初衷出发，能够收获良好的结局，在实务操作中，最好成就这么几个方面。当然，是否面面俱到，还得根据实际情况实际分析，当事人自个儿看着办。

一是隐名股东与名义股东之间，有个书面的“代持协议”，名义股东的配偶（如有）在上面签字认可。

二是用于注资的钱，有一个经由隐名股东（或隐名股东明文授意的其他出处）转给名义股东的转账凭据。如注册资本是实物的，则以此原理类推。

三是股份所对应的公司，对此情况，有个备案的材料待查。如果能出个证明，或是在相关文书，如“代持协议”上盖章确认，那就最好了。

四、隐患局限

法律行业里摸爬滚打了20年左右，加上在厦门大学商学院进修了7年，笔者得出了这么个结论——法律，是基于人性的约束；经济，是基于利益的设计。上帝造物时，就是这么玩的，甘蔗，它就不能两头甜，一头甜有甜的道理；一头不甜，自有不甜的原委。

放着通天大道，你不走；山路捷径却崎岖，你偏走，那就得事先准备好应对攀爬时的种种危险。既然选择要享受隐名股东的种种便利、变通、好处，就得事先做好承受相关风险、或有风险的准备。

风险种种，比如：

当名义股东涉及诉讼，甚至被强制执行时，登记在其名下的股份，就可能会成为执行标的；

当名义股东阳奉阴违时，隐名股东的表决权、知情权、参与分红权等一系列的股东权利，可能被大打折扣甚至是名存实亡；

当隐名股东自身需要融资时，由名义股东代为持有的这部分股份，不能作为质押物，更不能向银行申请经营性贷款时，无法证明隐名股东的经营者身份；

当名义股东翻脸不认人，当公司或其他股东不认可隐名股东的股权时，隐名股东还得苦哈哈地通过一系列的努力，如出示相关证据，甚至是通过诉讼、仲裁，以确认原本就属于自己的权利。

讲到风险，总有人会说，撑死胆大的，饿死胆小的。

那么好吧，自己选择的路，自己走。

案例延伸：①

主张存在隐名投资关系一方负有举证责任

现隐名股东与名义股东矛盾频发，在司法实践中主张存在隐名投资关系的一方需要承担举证责任，提供双方书面协议或其他有关证据，同时证明其已实际履行投资义务，若举证不能则应承担因此产生的不利后果。

案例裁判文书全文

2012 年 9 月 16 日，案外人朱某某与被告曾某决定共同出资成立华通公司，注册资本为 100 万元人民币，其中朱某某出资 55 万元，占 55%，曾某出资 45 万元，占 45%。2012 年 10 月 7 日，被告曾某分别收取了原告肖某、周某某各 6 万元，周某某 2 万元资金，并出具了收款

① 肖某、周某某合伙协议纠纷再审审查与审判监督民事裁定书，载中国裁判文书网：http://wenshu. court. gov. cn/content/content? DocID = 3f9e85f2 - 0d0f - 4f5a - af5b - a7e500342383&KeyWord = % E8% 82% 96% E5% 9D% 9A% E3% 80% 81% E5% 91% A8% E9% 9C% 86% E9% 9B% A8，最后访问日期：2017 年 9 月 1 日。

收据，载明为入股金，另外被告曾某还收取了原告肖某、周某某两张各5万元票据。被告收取的三原告的现金和票据后和自有资金存入华通公司的验资账户。2012年10月8日，吉安君山联合会计师事务所出具验资报告，确定华通公司收到股东朱某某、曾某缴纳的注册资本100万元，均系货币出资，其中朱某某认缴55万元，占注册资本的55%，曾某认缴45万元，占注册资本的45%，2012年10月9日，华通公司注册成立。因华通公司需有专用车辆10辆以上，三原告遂将原在国泰公司名下的车辆挂靠在华通公司名下。2012年11月起，华通公司在扣除相应费用后，将注册资金陆续退回给了被告曾某，被告曾某也陆续退回给了三原告。2014年9月17日，三原告等人向法院起诉，要求确认其为华通公司的股东资格，未获得法院及吉安市中院的支持，现三原告又以与被告曾某存在隐名投资关系为由诉至法院。

被告曾某答辩称，原、被告双方不存在合伙关系，曾某2012年10月7日确实是收到原告的入股金，当时约定是三原告直接成为华东公司的股东，不是隐名股东。但没有得到大股东的同意，该款也陆续退回给原告了，故请求法庭依法驳回原告的诉讼请求。

综合上述，可以得出：三原告请求法院确认其与被告存在隐名投资关系负有举证责任。由于原、被告双方没有书面协议，三原告又无其他证据证明，故无法认定为双方存在隐名投资关系。虽然被告事先收取了三原告的股金，但根据三原告在2014年9月17日向法院起诉的事实及其请求，三原告的真实意思表示是请求确认其为华通公司的股东。同时根据被告在前后两案的答辩意见，也表明原、被告双方的合意是要三原告成为华通公司股东，而非隐名股东，只是因另一股东朱某某不同意而作罢。三原告通过诉讼要求确认其为华通公司的股东未得到法院支持，现退而要求确认其与被告属系隐名投资关系，其前后诉请的意思表示矛盾，也与事实不符，故依法不能获得支持。被告事先收取三原告的股金虽用于其缴纳股本金，但验资后已退回给了三原告，如因此造成其损失可另行诉讼。

最终一审、二审法院均判决驳回。

法条再现

最高人民法院《关于适用〈中华人民共和国公司法〉若干问题的规定(三)》第二十四条:有限责任公司的实际出资人与名义出资人订立合同,约定由实际出资人出资并享有投资权益,以名义出资人为名义股东,实际出资人与名义股东对该合同效力发生争议的,如无合同法第五十二条规定的情形,人民法院应当认定该合同有效。

前款规定的实际出资人与名义股东因投资权益的归属发生争议,实际出资人以其实际履行了出资义务为由向名义股东主张权利的,人民法院应予支持。名义股东以公司股东名册记载、公司登记机关登记为由否认实际出资人权利的,人民法院不予支持。

实际出资人未经公司其他股东半数以上同意,请求公司变更股东、签发出资证明书、记载于股东名册、记载于公司章程并办理公司登记机关登记的,人民法院不予支持。

4. 创始企业怎么联姻风险投资?

创业遇上风投,天雷勾动地火。彼此是擦肩而过,还是喜结良缘,是缘分天定顺其自然,还是事在人为自求多福,这是一次相当虐心的过程,有人欢喜有人忧。至于谁主动、谁被动,关键在于谁能走俏风骚当头。投行市场欠缺发达的当下,相对于旺盛的企业渴求,资金投放明显是僧多粥少,风投一方可以任性很久。

创始企业对接风险投资,犹如一段婚姻的缔造,惊险刺激又乐趣无穷。总体而言,有如下四部进行曲,能否全部走完,全看造化。

找对象营销自己

无论是自己认识,还是媒婆介绍,初始接触,男、女双方都要推销自己,展示颜值、学识、能力、涵养,展示事业发展状况、价值观、家庭构想、人生规划等,有的还要问生辰、测八字、看属相。孔雀开屏,丹顶鹤起舞,为的都是与心仪的异性对上眼。《非诚勿扰》上的帅哥靓妹,就是这么表演的。

这个阶段,企业总是努力地推销自己:讲故事——讲一个符合当下经济形势、商业逻辑客观规律、企业实际情况的故事,讲一个动人心弦,愿景喜人又似乎触手可及的故事;写计划——告诉风投,你准备上什么项目,干什么事,是结构调整存量盘活,还是开疆拓土增大份额;谈理想——关于行业发展周期、核心竞争力、市场份额及自身占比(现在及未来计划),关于资金需求及使用安排,关于经营团队组建及后续完善,关于目标市场及主要客户,关于盈利预测和风险评估等。

风投则是展示投资经历、品牌价值、资金实力、配套服务、增值力度、资源人脉、成功案例、协作机构、专业程度、团队组合,往往是亮瞎眼的一份精美资料,如雷贯耳的一个个被投资过的企业名称,让你不顶礼膜拜都不行。

酒香还怕巷子深,“二八定律”无处不在,成功总是垂青于有准备的人。出场前,先把功课做足了,功夫下够了,百利而无一害。

谈恋爱学会相处

这是一段最美妙的时光,爱情的故事有多美,再多的词语也无法描述到位,总之双方都像突然变了个人,天天打鸡血似地高唱生活是如此美好,两个原本各自独立运行的世界开始交叉碰撞,双方一起尝试着如何相处,如何求同存异,如何妥协包容。

当风投来敲门,企业喜上眉梢开门迎客时,也是一个逐步自我开放接受检阅的过程,从客厅、餐厅,再到厨房、卧室等。风投委托的专业尽职调查,其工作进展往往是由浅入深,总体概况、经营资讯、业绩财报、商业秘密等,环环相扣层层推进。关于未来合作的初始框架、股权架构、法人治理结构、主营业务、财税安排,关于彼此的合作诚意、处事风格、经营理念、运营团队,关于各自拥有的社会资源人脉,能够给予对方的增值服务空间,一系列的问题,都要在这个阶段搞清楚、看明白。

企业重点要关注的是开放的节奏、程度、负面效应(如员工反应、经营秘密)、自我保护,风投看重的是王婆披露的内容成色几何、水分多少,经营团队是否可造之材。

如果还整不明白,看看社会上流行的“喝酒五阶段说”:一是严防死守,二是半推半就,三是来者不拒,四是主动敬酒,五是自我灌醉。

定婚姻三思后行

决定命运的时刻到了！虽说永远是没有最好，只有更好，但是，过了这个村，还有这个店吗，谁也说不准。车站候车，任何人都是上了这部车的同时，就意味着失去了乘下一部车的机会。婚姻的选择是纠结的，是巨大的赌博，是押上一生幸福的下注。古人说男怕选错行，女怕嫁错郎，现代人说，其实，男女都怕结错婚，因为青春一去不复返，生命不会重来，谁的时间都输不起。睁大眼睛，仔细想想再想想，考虑再考虑，直到领证的那一刻，自己都无法笃定，这一次的选择正确与否。

既然是双向选择，那就意味着彼此都把赌注押在对方身上，一荣俱荣，一损俱损。企业作为融资方，总想找个符合当下需求的、解决自身痛点的风投，最害怕的是遇上骗吃骗喝的"过路客"，胡乱折腾你半天，随便找个理由就跟你拜拜，让你赔上时间和精力、机会，里外被透视个够，却一分钱也没见着，伤心伤到骨子里。

风投作为投资方，也想找个门当户对的，能做大蛋糕分享成果的企业主，最害怕的是遇上满嘴跑火车的"忽悠鬼"，王婆卖瓜自卖自夸半天，真功夫一点也没有，花钱比赚钱还利索，让你赔了夫人又折兵。

所以，除了饥不择食或病急乱投医之外，企业担心"请神容易送神难"，其股东大会要对风投的资金实力、运作成绩、增值服务、对接资源、盈利预期、分红要求等，反复讨论斟酌再三；风投则担心覆水难收，其风控或决策部门，要对企业的股东结构、背景、专注程度、为人处事等方面，对企业的经营团队、财务报表、完税情况、增长能力、竞争能力等方面，反复核查思忖再三。

闪婚，看着很酷，闪离的概率却偏高！投资，真的不只是投机！

过日子相濡以沫

有人说婚姻是爱情的坟墓，有人说婚姻是围城，说到底，两口子关起门来过日子，家家都有本难念的经，如人饮水冷暖自知。文化背景、家庭出身、性格特点、处事习惯、生活观念等彼此各异的两个人，突然间要在同一个屋檐下同吃同睡，对谁都是一个不小的考验。只有像经营事业一样经营家庭，坦诚相待包容交汇，方能相濡以沫举案齐眉。

对企业来说，风险投资、财务投资、战略投资、产业投资，A 轮融资、B 轮融资、C 轮融资、D 轮融资，无论是这个投还是那个投，也甭管是这一轮还是那一轮，总之是家里增加了新的主人，权、责、利要大家坐下来重新排列组合，凡事得大家一起商量着定，再也不能天马行空自由发挥，重大的开支要事前有人审批、事中有人跟踪、事后有人监督，而且这人，是外来的人，是代表投资方利益的人。

风投进来时，往往是企业经过一段时间的摸爬滚打生死考验后，终于在市场中获得一线生机甚至是生机无限的时候。进来后，双方得根据实际情况，做好定位分工，找准角色要点，争取优势互补相得益彰。企业得开始进入弱化股东会强化董事会的阶段，建立健全董事会、监事会的工作机构和机制，完善议事和执行机制，优化员工队伍尤其是高管团队，重新梳理主营业务流程，完善财税管理体制。

凡事知易行难！罗马不是一日建成的，这日子，还长着呢，且行且珍惜吧！

案例延伸：①

提起公司解散诉讼的股东须符合法律规定的前置条件

公司经营管理发生严重困难，或内部运行机制早已失灵，公司继续存续会使股东利益受到重大损失时，如果通过其他途径不能解决公司问题的，持有公司全部股东表决权百分之十以上的股东，可以请求人民法院解散公司。即当公司陷入僵局，符合法律规定的股东可以提出公司解散之诉。

案例裁判文书全文

原告林某某诉称：常熟市凯莱实业有限公司（以下简称凯莱公司）经营管理发生严重困难，陷入公司僵局且无法通过其他方法解决，其权益遭受重大损害，请求解散凯莱公司。

法院经审理查明：凯莱公司成立于 2002 年 1 月，林某某与戴某某系该公司股东，各占 50% 的股份，戴某某任公司法定代表人及执行董事，林某某任公司总经理兼公司监事。凯莱公司章程明确规定：股东会的决议须经代表二分之一以上表决权的股东通过，但对公司增加或减少注册资本、合并、解散、变更公司形式、修改公司章程作出决议时，必须经代表三分之二以上表决权的股东通过。股东会会议由股东按照出资比例行使表决权。2006 年起，林某某与戴某某两人之间的矛盾逐渐显现。同年 5 月 9 日，林某某提议并通知召开股东会，由于戴某某认为林某某没有召集会议的权利，会议未能召开。同年 6 月 6 日、8 月 8 日、9 月 16 日、10 月 10 日、10 月 17 日，林某某委托律师向凯莱公司和戴某某发函称，因股东权益受到严重侵害，林某某作为享有公司股东会二分之一表决权的股东，已按公司章程规定的程序表决并通过了解散凯莱公司

① 林某某诉常熟市凯莱实业有限公司、戴某某公司解散纠纷案，载无讼案例：https://www.itslaw.com/detail?judgementId=2eb7c6c7-5a70-4a02-9b98-0015758bb804&area=1&index=1&sortType=1&count=1&conditions=searchWord%2B，最后访问日期：2017 年 9 月 1 日。

的决议，要求戴某某提供凯莱公司的财务账册等资料，并对凯莱公司进行清算。同年6月17日、9月7日、10月13日，戴某某回函称，林某某作出的股东会决议没有合法依据，戴某某不同意解散公司，并要求林某某交出公司财务资料。同年11月15日、25日，林某某再次向凯莱公司和戴某某发函，要求凯莱公司和戴某某提供公司财务账册等供其查阅、分配公司收入、解散公司。

另查明，从2006年6月1日至今，凯莱公司未召开过股东会。服装城管委会调解委员会于2009年12月15日、16日两次组织双方进行调解，但均未成功。

法院生效裁判认为：首先，凯莱公司的经营管理已发生严重困难。根据《公司法》第一百八十三条和最高人民法院《关于适用〈中华人民共和国公司法〉若干问题的规定（二）》（以下简称《公司法解释（二）》）第一条的规定，判断公司的经营管理是否出现严重困难，应当从公司的股东会、董事会或执行董事及监事会或监事的运行现状进行综合分析。“公司经营管理发生严重困难”的侧重点在于公司管理方面存有严重内部障碍，如股东会机制失灵、无法就公司的经营管理进行决策等，不应片面理解为公司资金缺乏、严重亏损等经营性困难。该案中，凯莱公司仅有戴某某与林某某两名股东，两人各占50%的股份，凯莱公司章程规定“股东会的决议须经代表二分之一以上表决权的股东通过”，且各方当事人一致认可该“二分之一以上”不包括本数。因此，只要两名股东的意见存有分歧、互不配合，就无法形成有效表决，显然影响公司的运营。凯莱公司已持续4年未召开股东会，无法形成有效股东会决议，也就无法通过股东会决议的方式管理公司，股东会机制已经失灵。执行董事戴某某作为互有矛盾的两名股东之一，其管理公司的行为，已无法贯彻股东会的决议。林某某作为公司监事不能正常行使监事职权，无法发挥监督作用。由于凯莱公司的内部机制已无法正常运行、无法对公司的经营作出决策，即使尚未处于亏损状况，也不能改变该公司的经营管理已发生严重困难的事实。

其次，由于凯莱公司的内部运营机制早已失灵，林某某的股东权、监事权长期处于无法行使的状态，其投资凯莱公司的目的无法实现，利益受到重大损失，且凯莱公司的僵局通过其他途径长期无法解决。《公司法解释（二）》第五条明确规定了“当事人不能协商一致使公司存续的，人民法院应当及时判决”。该案中，林某某在提起公司解散诉讼之前，已通过其他途径试图化解与戴某某之间的矛盾，服装城管委会也曾组织双方当事人调解，但双方仍不能达成一致意见。两审法院也基于慎用司法手段强制解散公司的考虑，积极进行调解，但均未成功。

此外，林某某持有凯莱公司50%的股份，也符合公司法关于提起公司解散诉讼的股东须持有公司10%以上股份的条件。

综上所述，法院判决撤销一审判决，依法改判解散凯莱公司。

法条再现

《公司法》第一百八十条：公司因下列原因解散：

（一）公司章程规定的营业期限届满或者公司章程规定的其他解散事由出现；

（二）股东会或者股东大会决议解散；

（三）因公司合并或者分立需要解散；

（四）依法被吊销营业执照、责令关闭或者被撤销；

（五）人民法院依照本法第一百八十二条的规定予以解散。

《公司法》第一百八十二条：公司经营管理发生严重困难，继续存续会使股东利益受到重大损失，通过其他途径不能解决的，持有公司全部股东表决权百分之十以上的股东，可以请求人民法院解散公司。

5. 创始股东如何有效控制公司?

从国美版的“东家掌柜”之争、乔布斯“进出”苹果公司、富侨保健的“兄弟情仇”、真功夫的“无间道”，再到马云对阿里巴巴的“深谋远虑”、任正非的“华为文化”，创始股东对自己一手缔造的公司，与潜在的、显现的各路“觊觎虎视者”，每天都在进行着“控制”与“反控制”的博弈。

没吃过猪肉，总看见过猪跑！10 月 23 日下午，达易管理咨询公司主办的“莫不闻交流会”，作为桌长的我抛出的“创始股东如何有效控制公司”的话题，引发参会的众多企业界朋友的深思。特作此文，记录下现场思考、交流、分享的三个侧面。

一、“情节”可以有所不同，“旋律”却是大同小异

管理学的研究和实践一再地告诉我们，控制一家单位，“人、财、物”是必不可少的三大关键对象。其中，“人”又是重中之重。把人管妥了，把队伍捋顺了，就能纲举目张。

具体到公司，“人、财、物”演化成“股权结构、主营业务、财税安排、经营团队”这四大擎天柱般的板块，环环相扣，缺一不可。如何高端设计，有效驾驭，怎么优化组合，稳步发展，是创始股东必须面对的问题，大到集团公司，小至特微小公司，概莫能外。

每个公司的情况各有不同，但相对而言，比较常见的问题主要集中在：(1)招商引资。引进新股东(种子、天使、财务、战略、产业投资)，从“我的地盘我做主的自己玩”，变成“兄弟姐妹大家来的一起玩”，该不该分权、怎么分权的问题。(2)更新换代。设立10年20年之后，创始股东力不从心了，要不要交棒、该怎么传承的问题。(3)治理结构。议决机制、执行机制，如何打造、运行、如何各司其责、有效配合的问题；三会、高管的“权、责、利”怎么安排分配和监管的问题；规章制度与私人情感怎么平衡的问题。(4)高管去留。关键的高管，在公司里人尽其才，是创始股东的左膀右臂，是公司前行的一台台发动机；反之，一旦离去，往往摇身一变成为可怕的竞争对手——目标市场一致，套路雷同、客户重叠、贴身肉搏的“敌人”。

二、发生在别人身上的都是“故事”，发生在自己身上的才是“事故”

对于这个课题，“有关心，但没有深入思考”，这是大多数参会者的第一感觉。发生在别人身上的故事，不管如何的云谲波诡、步步惊心，总是水中月、镜中花，事不临头，“想太多”总有杞人忧天之嫌。发生在自己身上的，要么是控制意愿不强，离合随缘；要么是依赖情感维系、志同道合来实现控制。

可喜的是，少数的几位参会者，如从事投行业务的证券公司朋友，曾与有意入股的投资者接触过的老板，甚至是与善于计算的“印度阿三”正在合作生意的资深董事长，已经开始了一定深度的思考。他们从静态的角度，迈出了探索的两大步：

1. 仰仗章程约定

高举“契约精神”的大旗，从一开始就定好游戏规则，凡事都有章可循。创始股东拥有绝大部分股权，甚至是“一致行动人”“优先股”的预先安排等，反正是怎么方便有效，就怎么来进行尽善尽美的顶层设计。

2. 因人因企而异

创始股东的心态、发展阶段、未来目标都不一样,要不要控制公司、怎么控制公司,各有各的道道。类似今天这样的彼此交流、取长补短,很有必要。遇到比较复杂的问题,可以考虑向专业人士请教取经。

三、可以“不拥抱”,但不能“老回避”

“控制”两字,听着不舒服,甚至很惊诧!遗憾的是,世界总是发生了该发生的事。当行业外的“陌生人”“野蛮人”来敲门时,当投资客来造访你的一亩三分地时,当行业大鳄向你抛出橄榄枝时,你还会淡定如初,再回避这两个字吗?任谁都不会。

结合实践和思考,我建议企业主们对这个有点危言耸听的课题,“可以任性地‘不拥抱’,但不能纵情地‘老回避’”。当下的创始股东们,可以先行这么着:

1. 跳出围墙跟潮流

如果说“全球一体化、地球村”还离你太远,那么结构调整、行业变革、跨界整合,就是每天都在发生的故事。资本市场的风起云涌,互联网的无孔不入。这些都决定了不管是谁,再怎么三头六臂、百变神通的创始股东,也无法关起门来独善其身。既然如此,不如打开山门,拥抱潮流,且行且提升。面对现实、正视问题,大胆假设、小心求证。主动向前走,总比被推着走,来得目标明确、干劲十足。

2. 走出大山看大山

一方面,仅盯着自己公司的实际情况,思维难免狭隘,容易钻牛角尖。换个角度看公司,站在月球看地球,你会耳目一新,也才能真正居高临下、总览全局。另一方面,山外有山,天外有天,博采众长,学习他山之石,可以修补、完善我们的思路、方案、方式、方法。尤其是在“公司实践游戏”玩了几百年的欧美国家,其功夫炉火纯青。咱们如不“师夷长技以制夷”,一旦跟这些国家的商人合伙投资开公司，别说控制公司了，到头来可能连自己是怎么死的都不知道。改革开放初期，拥抱外资，我们交出的学费岂止是天文数字。30多年后的现在，我们一路高歌地叫着、喊着要冲出去，却谁也不知道，咱们的准备工作真的到位了吗？言及至此，只能说“欲知后事如何，且听下回分解”。

一个现实却无趣的话题，在深秋的午后，暖阳静吻大地的时分，在厦门软件园的火炬众创空间里，晓学堂的书香气息中，思想骚动的我们，是这么聊的！

法条再现

《公司法》第一百七十二条：公司合并可以采取吸收合并或者新设合并。

一个公司吸收其他公司为吸收合并，被吸收的公司解散。两个以上公司合并设立一个新的公司为新设合并，合并各方解散。

《公司法》第一百七十三条：公司合并，应当由合并各方签订合并协议，并编制资产负债表及财产清单。公司应当自作出合并决议之日起十日内通知债权人，并于三十日内在报纸上公告。债权人自接到通知书之日起三十日内，未接到通知书的自公告之日起四十五日内，可以要求公司清偿债务或者提供相应的担保。

《公司法》第一百七十四条：公司合并时，合并各方的债权、债务，应当由合并后存续的公司或者新设的公司承继。

6. 公司的几大法律关系，可别搞混了！

“世事洞明皆学问，人情练达即文章！”

在几千年的传统文化熏陶下，当今国人的观念意识中，“游戏的规则、刚性的法律”的占比相对薄弱。在“办事找关系、人情大于天”主导的人情社会、熟人社会里，搞不清楚关系，就会弄不清楚状况，自然是办不成事情。为人处事，这似乎是起跑线上的必备常识。这样一种社会生态特点，究竟是好是坏，评价起来涉及“发达水平、沟通效率、信任成本”等一系列问题，三言两语，还真讲不透。

有趣的是，公司法规范下的有限责任公司，资合加人合的，还真有几个主要关系（不仅是法律关系）相当的重要，一旦搞混弄差，轻则“鸡飞狗跳、人财两空”，重则“血光之灾、锒铛入狱”。

一、股东与股东

这种关系，更像是“朋友关系”“兄弟关系”“情人关系”？还是……

每次为企业家朋友开公司实务讲座，现场随机调查的问答结果，往往都是“认为是朋友、兄弟的”，占比高过50%。这也难怪！面对变幻莫测的市场竞争，以身家性命赌明天，在设立公司、风险投资的“投名状”下，相互认可、荣辱与共、盈亏共担，这不是生死与共、肝胆相照的兄弟、姐妹，还能是什么呢？

问题是，你见过兄弟、朋友分道扬镳时，出现藕断丝连、欲说还休、似断非断、清官难断的拖泥带水、缠绵悱恻状吗？很少。倒是快意恩仇、一刀两断、义断恩绝的干脆爽快、高效迅速状，随处可见。

夫妻关系！配偶生态！

两个或多个原本熟悉或陌生的个体（含虚拟的人——法人），因缘际会来做伙，在大多数情况下，初始都是投入各自全部的爱——资金、资产、资源、资讯，人脉、人缘、人才、人品，专业、专长、专有、专利，几乎所有一切能够用上的东西，为着一个共同的目标——先经营好属于自己的小家，把这个社会的组成单元做好做大做强了，然后再考虑大家——社会责任、企业担当、公益慈善、国家大业等。

相处和睦，股东齐心协力科学分工，公司治理井井有条，业务拓展稳步进行，经营场景温馨甜蜜，是不是就像一个过日子的正常家庭，满是温馨满是爱，衣食住行都是文化。

股东冲突，是不是很像夫妻吵架？有一言不合拳脚相加的，有床头吵床尾和的，有激情冲动式全武行的，有长期赌气冷战僵持的……说起来都是泪，早知如此何必当初的感慨，那是一模一样的心痛。

所以，有缘来做伙，大家最好是好合好散，遇有矛盾时，别太冲动，否则，到头来谁也别想捞到什么便宜，两败俱伤是大概率事件。

二、股东与公司

“岂有此理！公司是我的，又是这么大，我只是随便拿 200 万元买辆跑车玩玩，有什么不可以？谁管得着？”不少老板有类似的想法、做法。

遗憾的是，这个还真的是不可以，有人管得着。据报道，相对于庞大的餐饮帝国而言，“真功夫”的蔡老板，也就只是挪用了自家公司的那么一点点钱，就被别的股东硬是给送进了监狱。

与此同时，在境内境外各路资本的狂轰滥炸下，“百年老店、基业常青”不再是老板们主流的选择。把企业做大了，当猪仔卖掉，还是当女儿嫁掉？或者是当自己儿子养，但允许他多几个疼爱他的义父？

上帝的归上帝，恺撒的归恺撒！

认真讲来，股东与公司，是彼此各自拥有独立人格的民事主体，虽有上下隶属关系，但毕竟是路归路桥归桥，各有各自必须遵守的游戏规则，各自得为自己的行为承担一切责任。股东遇上麻烦了，不能拿公司的法人财产去挡、去堵、去填。同样地，公司遇上麻烦了，股东在认缴义务之外，没有从自己口袋再掏钱应对的责任——除非公司面纱被揭开，人格被否认之后，股东与公司人格混同，这个时候，“有限责任”这堵墙被股东自己事先拆掉了。

这样子当老板，多憋屈多没意思？是的，“有限责任”是一把“双刃剑”，你要享受隔离墙、避免后院起火的安全感，就得承受双手受缚、只看不动的痛苦。即使是你真金白银投入而产生的公司，它也是从一设立开始，就立马成熟自立，自己做事自己当。社会潜在的交易对方，就根据该公司的注册资金、经营资质、法人财产状况等一系列因素，决定是否最终与其交易。

一句话，股东归股东，公司归公司。公司是具备一定社会公众性的经济实体，以自己对外披露的公示信息，参与社会的各种经济活动。股东可以影响甚至是决定它的强弱生死，但不可以随意地从它的仓库里，拿东西回家自己用。股东投入的资本，只有在分红和减资、清算等特殊的时候，经由特殊的程序，才可以收回。

还有股东与高管、公司与客户、公司与政府的关系，也是比较重要的关系。

看起来是常识性的几个基本问题，却有很多人真没弄明白。

律师工作中，无论是处理股东冲突、破产清算的案件，还是员工举报、涉税涉刑的麻烦，笔者经常发现，需要补上这门课的老板，经常有无心之过的企业主，真的是还有很多很多。

叫起来都是“老板”，公司股东，绝对不仅是升级版的个体户！

案例延伸：①

在不违反法律强行性规定的前提下，公司可以通过章程决定公司事务

公司章程是公司治理结构的总纲领，公司完全按其意思自治原则决定其自己应该决定的事情，只要该公司章程规定性质上并不违反我国公司法有关强行性规范，与我国公司法第三十五条有关内容并不冲突。只要股东会决议事项是合法合理的，根据这样的章程形成的股东会决议就是有效的，各股东应按照股东会决议内容执行。

案例裁判文书全文

上诉人贵州捷安投资有限公司（以下简称捷安公司）为与被上诉人贵阳黔峰生物制品有限责任公司（以下简称黔峰公司）、重庆大林生物技术有限公司（以下简称大林公司）、贵州益康制药有限公司（以下简称益康公司）、深圳市亿工盛达科技有限公司（以下简称亿工盛达公司）股权确权及公司增资扩股出资份额优先认购权纠纷一案，不服贵州省高级人民法院（2007）黔高民二初字第28号民事判决，向最高人民法院提起上诉。

最高人民法院经审理认为，根据当事人的上诉和答辩，该案争议焦点仍然在于以下两个方面：一是黔峰公司股东会对增资扩股所涉及各有关事项是如何决议的以及该决议内容是否符合该公司章程以及该章程是否符合公司法有关强行性规范。二是对捷安公司诉求应否予以支持涉及我国公司法第三十五条规定以及对增资扩股情况下引进外来投资者与股

① 贵州捷安投资有限公司与贵阳黔峰生物制品有限责任公司、重庆大林生物技术有限公司、贵州益康制药有限公司、深圳市亿工盛达科技有限公司股权确权及公司增资扩股出资份额优先认购权纠纷案，载无讼案例：https://www.itslaw.com/detail?judgementId=323dbc38-2806-4e19-9f79-4e43f9c47331&area=1&index=1&sortType=1&count=4225&conditions=searchWord%2B，最后访问日期：2017年12月1日。

份对外转让区别如何理解问题。

对于第一个方面问题，首先正如原审判决所认定，对于捷安公司作为黔峰公司股东资格应该不存在问题，对此当事人在上诉阶段不再争议，亦不存在所谓捷安公司作为黔峰公司最初的隐名股东必须以其显名股东的名义行使权力提出要求问题。根据2007年5月28日黔峰公司为增资扩股而召开的股东会所形成的黔生股字（2007）第006号股东会决议可以看出，黔峰公司各股东对增资扩股是没有争议的，而争议点在于要不要引进战略投资者，这才形成当时占黔峰公司91%股份的大林公司、益康公司、亿工盛达公司赞成，而只占黔峰公司9%股份的捷安公司反对。尽管对此各股东之间意见有分歧，但也是形成决议的，是股东会形成多数决的意见，而并非没有形成决议。正如黔峰公司、大林公司、益康公司答辩意见中所提到的黔峰公司股东会此次增资扩股是有特定目的和附有条件的，即要通过大林公司、益康公司、亿工盛达公司按各自股权比例减持股权、放弃认缴新增资本拟引进战略投资者以确保黔峰公司顺利完成改制和上市，黔峰公司股东会决议的此目的和所附条件是正当的，且得到股东会多数决的通过。这也就从另一方面否决了捷安公司在其已经按其实缴出资比例认缴180万股之外要求对其他股东为引进战备投资者而自愿减持新增资本的优先认购权，这一点也在捷安公司随后有关此要求的函件未获其他股东和黔峰公司同意从而提起诉讼得以印证。上述决议内容应当认为符合黔峰公司章程有关规定。公司章程是公司治理结构的总纲领，公司完全按其意思自治原则决定其自己应该决定的事情，该章程规定性质上并不违反我国公司法有关强行性规范，与我国公司法第三十五条有关内容并不冲突。因此，该股东会决议是有效的，各股东应按照股东会决议内容执行。

对于第二个方面问题，关于股份对外转让与增资扩股的不同，原审判决对此已经论述得十分清楚，最高人民法院予以认可。有限责任公司的股东会完全可以有权决定将此类事情及可能引起争议的决断方式交由公司章程规定，从而依据公司章程规定方式作出决议，当然也可以包括股东对其他股东放弃的认缴出资有无优先认购权问题，该决议不存在违反法律强行规范问题，决议是有效力的，股东必须遵循。只有股东会对此问题没有形成决议或者有歧义理解时，才有依据公司法规范适用的问题。即使在此情况下，由于公司增资扩股行为与股东对外转让股份行为确属不同性质的行为，意志决定主体不同，因此二者对有限责任公司人合性要求不同。在已经充分保护股东认缴权的基础上，捷安公司在黔峰公司此次增资中利益并没有受到损害。当股东个体更大利益与公司整体利益或者有限责任公司人合性与公司发展相冲突时，应当由全体股东按照公司章程规定方式进行决议，从而有个最终结论以便各股东遵循。至于黔峰公司准备引进战略投资者具体细节是否已经真实披露于捷安公司，并不能改变事物性质和处理争议方法。

综上所述，最高人民法院判决：驳回上诉，维持原判。

法条再现

《公司法》第三十四条:股东按照实缴的出资比例分取红利;公司新增资本时,股东有权优先按照实缴的出资比例认缴出资。但是,全体股东约定不按照出资比例分取红利或者不按照出资比例优先认缴出资的除外。

最高人民法院《关于适用〈中华人民共和国公司法〉若干问题的规定(三)》第二十四条:有限责任公司的实际出资人与名义出资人订立合同,约定由实际出资人出资并享有投资权益,以名义出资人为名义股东,实际出资人与名义股东对该合同效力发生争议的,如无合同法第五十二条规定的情形,人民法院应当认定该合同有效。

前款规定的实际出资人与名义股东因投资权益的归属发生争议,实际出资人以其实际履行了出资义务为由向名义股东主张权利的,人民法院应予支持。名义股东以公司股东名册记载、公司登记机关登记为由否认实际出资人权利的，人民法院不予支持。

实际出资人未经公司其他股东半数以上同意，请求公司变更股东、签发出资证明书、记载于股东名册、记载于公司章程并办理公司登记机关登记的，人民法院不予支持。

最高人民法院《关于适用〈中华人民共和国公司法〉若干问题的规定（三）》第二十五条：名义股东将登记于其名下的股权转让、质押或者以其他方式处分，实际出资人以其对于股权享有实际权利为由，请求认定处分股权行为无效的，人民法院可以参照物权法第一百零六条的规定处理。

名义股东处分股权造成实际出资人损失，实际出资人请求名义股东承担赔偿责任的，人民法院应予支持。

经营过程 三

1. “董监高”的忠诚义务

——受人之托，忠人之事？

职业经理人市场欠缺发达的中国，企业老板用人，东家雇用掌柜、伙计，识人、察人、选人、用人时，在综合考虑、全面权衡的众多因素中，“人品”往往被摆在第一位，即更看重德、能、勤、绩。

如此选择，是基于一个朴素的认知：“能力、水平”等因素，都可以后续培养，偏偏这“人品、道德、价值观”等意识形态的东西最要命，经由长年累月沉淀下来，它们已经根深蒂固、坚不可摧。

信任、授权、代理，是从办理企业注册登记时，名称预先核准的那一个环节开始，任何企业都必须面对并解决的问题。当老板的，有谁能不纠结：事必躬亲吧，不可能；全部放手吧，不放心！

无奈的现实

现实生活中，老板和高管的关系，哪个不是故事一箩筐？哪个不是《乔家大院》《大宅门》般的风云诡谲？东家与掌柜的恩怨情仇，正能量与反教材，俯拾即是。

满满正能量的例子是：职业经理人的杰出代表——诸葛亮白城受刘备托孤后，经营蜀国，成绩斐然，鞠躬尽瘁，死而后已。一篇千古绝唱——《出师表》,荡气回肠,诉不尽忠诚与勤勉,道不完“士为知己者死”的侠义情怀。

反面教材,说起来都是泪!相较而言,在全民浮躁功利的当下,“拿人钱财”却不“替人消灾”的事例相对偏少,“吃里扒外”的比例反而居高不下,公司高管职务腐败甚至违法犯罪的数字一再上窜。比较典型的例子,如某著名的电器公司,某著名的餐饮公司,高手过招,心机重重。投行的江湖,资本的生态,董监高的故事,翻篇迭代,遗憾的是,尽管剧情不断地推陈出新,彼此信任的指数却日益下降。

回归基点的逻辑

古人有明训:受人之托,当忠人之事也!对东家忠诚,无论这是商场逻辑、老板期望,还是法律明文规定,公司的董事、监事、高级管理人员(以下简称董监高),在管理公司、经营业务、履行职责时,都应该有如“满怀共产主义信仰的布尔什维克”一般,对全体股东、对公司的利益忠诚无二,全心全意地为公司利益服务。

这一要求,具体说来,有三层意思:一是代表全体股东,实现股东利益最大化;二是保护公司利益时,最大限度努力;三是当自己(或与自己利益一致的第三人)同公司发生利益冲突时,公司利益最首要。换句话说,个人利益不得凌驾于公司利益之上,不得损害公司利益,不得利用身份、职务便利非法获利。

为什么要对董监高们这么的苛求呢?

一方面,代理人、受托人的一切行为后果,都得由委托人来承受。老板就像一只负重前行的大象,不仅要考虑自家财产的安全,也要关心员工背后成千上万个家族的生计。一旦“遇人不淑”或“所托非人”,成本、代价、风险,可想而知。

另一方面,因为董监高享有公司的事务管理权和业务执行权。权力一旦被滥用,祸害将无穷大。

所以,必须把权力关进笼子,把笼子编得越结实、越牢固越好。在我国的《公司法》中,这笼子的藤条竹片,是这么打造的,第116条、第117条、第148条、第149条等,组成一份严格禁止即“不得”的负面清单,包括利用身份、职务便利获取不当利益、收受贿赂或其他非法收入、侵占和擅自处分公司财产、擅自与公司自我交易、篡夺公司的商业机会或同业竞争、擅自泄露公司秘密、拒不接受股东质询或协助监事行权等,不一一列举。

依赖情感维持,可行吗?

规章制度解决不了所有问题,情感维系呢?

笔者曾处理厦门某光学公司的破产清算案件,感触良多。台湾人张先生举家族之力,投资设立该公司从事眼镜的生产、销售。吸取前人被异地人士欺凌的教训,张先生一开始即聘请在台湾同族、同宗、同姓的张总担任公司总经理并隐名持股25%的公司股份,全面负责公司的日常经营。张总在眼镜行业内打拼多年,从争取市场订单、原材料供应、机器设备采购、高管团队招聘,到日常具体的生产管理、销售渠道,甚至是进出口的通关报税环节,都具有相当明显的优势。

刚开始,一切还比较正常,张总上手很快,投产不到3个月,公司的自有品牌产品已经四面八方地铺向市场。半年过后,随着一个个张总昔日的老部下,从广州来厦门投靠张总,要么是担任中层,要么是开个下游小厂或承包公司的某个部门、车间,一切慢慢地开始变味了。第一年公司小有盈利,皆大欢喜;第二年、第三年,连续亏损。老是接到儿子(担任公司总经理助理)的救急电话,从台湾火急火燎地打钱过来,张先生心里越想越不对劲。家族会议开了一次又一次,却迟迟下不了动手换人的决定。

非常意外的是,张总遭遇车祸,高位截瘫。随之,公司也高度瘫痪,逐步减产直到关门。最后一次从台湾拿钱来支付工人工资时,面对不得不出手卖掉的厂房,张先生怎么想都不明白:为什么,会是这样的结局?

法条再现

《公司法》第一百五十一条：董事、高级管理人员有本法第一百四十九条规定的情形的，有限责任公司的股东、股份有限公司连续一百八十日以上单独或者合计持有公司百分之一以上股份的股东，可以书面请求监事会或者不设监事会的有限责任公司的监事向人民法院提起诉讼；监事有本法第一百四十九条规定的情形的，前述股东可以书面请求董事会或者不设董事会的有限责任公司的执行董事向人民法院提起诉讼。

监事会、不设监事会的有限责任公司的监事，或者董事会、执行董事收到前款规定的股东书面请求后拒绝提起诉讼，或者自收到请求之日起三十日内未提起诉讼，或者情况紧急、不立即提起诉讼将会使公司利益受到难以弥补的损害的，前款规定的股东有权为了公司的利益以自己的名义直接向人民法院提起诉讼。

他人侵犯公司合法权益，给公司造成损失的，本条第一款规定的股东可以依照前两款的规定向人民法院提起诉讼。

《公司法》第一百五十二条：董事、高级管理人员违反法律、行政法规或者公司章程的规定，损害股东利益的，股东可以向人民法院提起诉讼。

2. 另眼观察企业中的“党委书记”

不知从什么时候开始，为生计而被迫上班的人，越来越少了；开奔驰宝马上班，领小几千月薪的年轻人，越来越多了。世道，真的变了吗？

虽是中共党员，但我无意为企业的党建工作歌功颂德，更清楚该工作的诸多不堪之处。只是平时在处理企业主遭遇的种种疑难杂症、种种匪夷所思的怪事时，时常会联想到这一中国特色的企业职务，联想到国企与民企、私企、外企（以下简称非国企）的种种不同。

无论是投资人或股东层面的冲突、员工队伍的不稳性、不忠诚，还是规章制度的形同虚设、行为习惯的浮躁无序，种种表象的背后，表面看来，金钱、利益的追求动机似乎是产生一切问题的原因，但深究之后却不难发现，并非如此。精神、意识、认知、人生观、价值观，这些务虚层面的东西，这些国企的党委书记天天挂在口头的东西，才是真正的深层原因。

比如，作为职场新锐，“80 后”“90 后”的年轻人，知识结构、进取精神等优势明显，吃苦耐劳、业绩成果可圈可点，但也表现出来“突然离职、频繁跳槽、轻视规则、铤而走险、快意恩仇”等种种代际特征。这些，跟金钱、利益关系并不大，这一群体所看重所关注的，是感觉，是情怀，是自我价值的实现，是精神世界的高度自由，是对个体意志的足够尊重。网上热传的为了“世界那么大，我想去看看”的情怀而辞职的“女教师壮举”，即是一例。

按照角色定位、分工，党委（或总支、支部）书记及其直接领导下的党务干部,是“管党员的党员”“管干部的干部”,是类似于“行正为范”的教育者。刨去个别尸位素餐或胡作非为的不说,在企业的经营管理过程中,其发挥的作用,可以这么对照着看:

一、战略制定策略实施

企业经营,既要务实也要务虚,既讲微观也讲宏观,正所谓“埋头苦干的同时,偶尔也要抬头望天”。根据外围环境变化、产业政策调整等客观因素,企业的战略、策略,也要随之应变,否则,事倍功半甚至是万劫不复都有可能。党委书记,可以发挥定海神针、总舵手的作用,保证企业的前行方向不出大差错。

这活,听起来,是不是像董事长该干的活?现实情况是,大多数非国企,是董事长、总经理一肩挑,权力高度集中,思维也就没有区分侧重。整天盯着高度刺激小心脏的经营业绩变动曲线,有谁还能真正静下心来,思考“战略、规划、未来”,这些形而上、虚无飘渺的东西呢?

二、员工价值观的统一

信仰的力量之下,关于人生价值、事业价值、岗位价值、物质价值、精神价值,党委书记及其领导下的党务干部,都可以跟你“煮酒论英雄”,好好聊一聊。牢骚也好,不满也罢;波动、骚动、冲突、矛盾、偏激、对抗等,各种不利组织、团队稳固的破坏因素,各种对冲单位凝聚力、向心力的不稳定因素,大多就这么地被聊没了、谈轻了、化淡了。

非国企,“我们才不养这种整天只知耍嘴皮子的‘闲人’!这成本,用在多招几个业务骨干,多好!”老板只管指挥冲锋,注重手下的执行效率,推行强权政治。遗憾的是,没有黑脸白脸“二人转”的配合,刚则易折。大陆企业平均2.8~2.9年的生存寿命,也就不足为奇了。

三、干部的考核、推荐、监管

管控企业，人、财、物中，人是最重要的决定因素。决策可以靠己，执行必须靠人，识人、用人是企业主的首要工作。“德、勤、能、绩”四大板块，历经近百年的实践检验，完善的组织工作流程，在识人、选人、管人等方面，党委书记有一套。虽说国有企业腐败问题并不少，但不可否认的是，国有企业也聚拢了，或正在为非国企培养和输送着，占整个社会绝大多数比例的经营管理精英、人才。

非国企中，高管腐败、员工叛变，互挖墙角、吃里扒外等，企业主对此几乎是无可奈何，只能把希望寄托于人力资源总监或人力资源部门经理。只是，事实却一再表明，外企尚好，人力资源部比较像回事，民企呢？部门经理自己都老是跳槽，谈何构建企业的“HR、ERP”，谈何基于人与事相匹配的人力资源战略之规划、实施。

四、企业文化的构建

这更是党务干部的强项了，统率一干的“工、青、团、妇”，只要经费管够，时间可以，随时就能把白开水一般的日子，打扮得妖姿招展的，让每个人的脸上，都挂满了笑容。通过这个活动那个活动的，让员工们真心感觉，荷包里的钱多少不重要，做人开心就好。员工有没有被打鸡血，不知道；只知道，每天的上班下班，都成了令人期待的快乐之旅。

反观非国企的老板时常宣称的“企业文化”，似乎雷声大了点，雨点呢？偶尔心血来潮一把，也是地皮未湿草草收场。都说当代的企业管理，已经从“靠人性”起步，走过“靠制度”，现在要“靠文化”。可企业文化，靠谁构建？

企业要想实现基业常青，说到底，有没有设置党委书记这个职务，并不重要；重要的是，上述的这些事，这些并不直接产生经济效益的事，有人负责有人做。

延伸阅读 1：

奔驰，在文化深厚的大道上

文化是什么？企业文化又是什么？第一个问题还没整明白，“企业文化”的提法已经铺天盖地，成了企业自我肯定的标签之一，似乎不扯上它，企业就很没水准。问题是，咱们真的整明白了吗？必须承认，即使喝了几十年的墨水，关于“企业文化”，我至今没有发现一个既能说服自己，又能说服别人的说法。

三年前曾接触过一家日企搬迁方面的法律问题，办理过程中发现日本籍的经理，很是配合政府的要求，没有一丝一毫类似中国企业的种种牟利套路，老实到令人有些费解的程度。对此，留日多年，长期从事外企服务的同事王倩律师，说了这么一段话：

外企刚来的时候，不管是营销也好，公关也罢，给中国人的感觉似乎是傻傻的很直爽，缺乏商业聪明。但是，5 年、10 年过后，我们会发现，这其实是一种大智慧，不知不觉地他们把市场份额占领了，把我们的民族品牌雪藏了，把盆满钵满的利润赚走了。而那些当初自以为很聪明的、精于算计的本土竞争对方，却不知哪去了。外资的企业文化，其实是很可怕的。

听她这么一说，本就糊涂的我更糊涂了。企业文化，尤其是来自域外的企业文化，是一种什么样的存在和呈现？有机会，我一定要好好感受感受。有句话不是说，师夷长技以制夷吗？不曾想，某一天，当我在办公室正与客户商谈案件时，来自东之星公司客户经理郑丹小姐的一个电话，让这个想法变为现实。

11 月 27 日晚 6 时，当千峰隐去万家灯火时，驾驭 S450 行驶在黄山景区蜿蜒曲折的山路上，我们已经既融进徽派无边夜色的拥抱，更化入奔驰深厚文化的熏陶。虽然明知这是商家在放大招，我们却是心旷神怡地享受着，这种主动中招的幸福感觉。

S 级的奔驰车主，即使不是非常挑剔的主，至少是比较重视时间价值的一群人。三天时间，舟车劳顿，甚至是飞机、动车、汽车接力，折腾十几小时才能到达活动集合点，这样的可预见成本，自然是容易成为很多人推辞谢绝商家邀请的正当理由。怎样才能把这一群人哄到一起来，完成一次不显山不露水的文化洗脑？商家自有高招。

高招一：精心挑选一个有魅力的地方，比如黄山，比如宏村。这样的活动空间，不同人在不同的时间去，观感收获都不同，各界人士都喜欢。“诗和远方”的撩拨，让你很难不放下眼前的苟且，潇洒走一回，证明自己不是油腻男油腻女。

来到这里，峰峦叠嶂烟雾缭绕中，水杉树领艳山色；人文宏村书香门第里，大徽州惊世水墨。住进闻名业界的“悦容庄”，推窗即是画，放眼都是情。陶醉于山水，满足于美景，每个人的全程体验，还会差吗？现实情况是，人人是拍客，个个是号手，有关活动的美好感受，那个圆圈中的单立人图案，立马传递至世界各地。

高招二：精心挑选一个分享的嘉宾，比如马光远老师，比如梁光老师。中国发展至今，吃喝玩乐的邀约，已经不足以吊起大家的胃口，相反，手中有了钱的中产阶层，对于明天会发生什么，未来怎么样，很是关心很是焦虑。所以，一大批很是“先知先觉”的经济学家，便成了商学院、企业圈的座上宾，粉弟粉妹数不胜数。经常在电视上纵横捭阖的马老师，便是奔驰商家请来吸引大家参与活动的主要卖点。

“这次我就是冲着他来的！”晚宴上，来自山东的某位帅哥车主，毫不掩饰内心的想法。没有尖叫没有围堵，中年粉丝追星的冲动，虽然比较含蓄内敛，求同桌、求合影、求互动、求签名，激动、兴奋、满足的表情，倒是一点也不差。

高招三：精心挑选一个传输的内容，比如自身历史，比如人文情怀。现在的中国人，很忙很急躁，哪怕是用了四五年的车，到底怎么个好法，也讲不出个所以然来，最多就是“不错”“很舒服”“挺好”之类干瘪到自己都觉得苍白的几个词语。当奔驰遭遇宝马、奥迪时，怎么评判，瞬间难倒一大片。对此，商家自有妙计。

在风景秀丽的高尔夫球场，凭空架出一个大棚，放上一部崭新的S450大奔，现场操作演示完前后灯的独特设计奥妙后，是一溜聚光灯照射下的新老照片，从第一代到第十代的奔驰车更新迭代历史，从安全气囊到防抱死的业界独特创新辉煌，从汽车性能到人文关怀，66 年的传承，66 年的追求，瞬间充溢受众的眼球和大脑。

高招四：精心挑选一段体验的行程，比如客户自驾比如坐车试乘。王婆卖瓜，难免自夸；是骡子是马，拉出来遛遛，一试便知。要做到让人心服口服，实践才是检验真理的唯一标准，真实的驾驶体验，远比任何的广告说词来得真实。

在新车脱销、客户加钱都买不到的情况下，奔驰厂家还是拿出 30 来部新车，从 350、450 到迈八赫，专门供活动使用。一路上，技艺高超的总教头，通过每车一部的对讲机，从汽车性能特点、仪表盘显示内容、内饰用材工艺，到制动注意细节、驾驭关键要点、跟随超车技巧，再到环保节能设计、代际传承创新、企业精神追求，一点一滴细细讲解。严谨求实的工匠精神，伴随着舒适安稳的即刻体验，直接让参与者入眼、入心又入神。一天半的时间，每个人都自驾超过两小时，当乘客超过两小时。那一刻，弯弯的山路上，奔驰奔驰再奔驰，其他品牌全部虚无。一分钱一分货，贵有贵的道理。

高招五：精心挑选一些特殊的细节。植入广告、插播广告，是令我们憎恶又无奈的普遍问题，也是商家被吐槽的弊病。当海量广告不分时空地泛滥成垃圾信息时，传递的功能其实是大打折扣的。然而，在竞争激烈的当下，不广告，真不行。

三天行程下来，小到房门卡、小菜单、主持人话筒、迎宾牌、统一服装，大到礼物赠送、迎风大旗、巨幅屏幕、户外展示，虽然奔驰标志无处不在无时不显，却让人看着不仅不排斥，反而是觉得舒服大气，觉得商家体贴用心，觉得在那个地方见到奔驰标志，是一件理所当然的事。圆形的奔驰标志晃动的地方，徽州文房四宝暗香涌动，黄山美食美景令人陶醉，谁还会去管它是营销手段还是文化传递。我想，作为广告高手，奔驰之妙，妙在不显山不露水，一切似乎是无意为之，却把想传递的内容，精准到位地灌输到受众的眼里和心里。

这个高招那个高招，这个精心那个精心，说到底是真心、用心和走心。要对一个人施加影响，无论是此心与彼心之间的互动，还是商家与顾客之间的握手，无形的文化，远比有形的物件，来得厚重、深刻和隽永。

凭心而论，作为一名老车主，我对奔驰公司了解甚少，也不是为奔驰唱赞歌的鸣鼓手，反倒是带着挑剔的目光，第一次参与奔驰举办的商务活动，第一次亲身感受他们的企业文化。三天下来，我不能不说，没有人能够随随便便成功，人如此，企业亦然。成功的奔驰公司自带的企业文化，有太多值得我们好好学习的地方。我所看到的，只是“市场营销”中“组织客户体验”这冰山一角，甚至是冰山一点，更多的内容，还有待于进一步的挖掘取经。

延伸阅读2：

邂逅不是“大师”的大师

10月14日，本是一个再正常不过的周六，却因了三个情怀的偶遇，让雨丝飘飞的日子，让天气转凉的鹭岛，一下子变得如此的温柔多情。

天凉好个秋，好个老厦门情怀满天飞的秋！

一大早，微信朋友圈，高晓松先生的一篇《每当走进厦门大学，我都会热泪盈眶》，让我的思绪，一下子回溯到20世纪90年代，那个“三用机”飘出的罗大佑的歌声，穿心钻肺感天动地的年代，那个长发飘飘一把吉他迷倒一大片少男少女的年代。

说来好巧，我与高晓松的出生时间仅差3天，是再正宗不过的同龄人，只是同龄不同命、同年不同运。知识家庭长大的他，可以任性地退学去放飞情怀，去追逐诗和远方，即便是穷途末路了，还可以一通电话向家里求救。许是因为有如此宽松的家庭环境和强大后方，今天的我们，才可以经常欣赏到，他作为音乐人、词曲创作者、制作人、导演、脱口秀节目主持人，带给我们的天才般特立独行的音乐、文字和思想。

在乡下长大的我，是不可能拥有这样的潇洒的。当高晓松在厦门大学放浪形骸的时候，我是一边读书一边当家教勤工俭学。每月收到家里邮寄的40～50元生活费，心里是既心安又心酸，心安的是不用再舔着脸向同学借菜票，心酸的是难为了家中的父兄。本科毕业时，考研英语可以免试的我，想都不想地放弃考研，一心只想赶紧就业上班，赶紧自力更生，赶紧自己赚钱，赶紧还掉家里因我读书而举下的一堆债。

当然，哪怕是拥有高晓松一样的出身，天资平庸的我，也不敢奢望他的成就，就像几十万的厦大学子，至今我都没有看到，哪一位写出的厦大时光、石井记忆，能像高晓松写的，这般的让人心驰神往，这般的叫人柔肠百结。

或许，天生我才必有用，社会分工各不同，生前投胎的不同，基本是直接决定了一生的不同。农家的孩子，天生负有为家庭生存而努力的使命，城市的孩子，天生负有为社会提升而尽力的职责。穷人家的孩子，奋斗的目标是当个优秀卓越的工匠，医生、律师、经理是理想的终点；富人家的孩子，追求的彼岸是当个流芳百世的大师，哲学家、艺术家、考古学家、地理学家是梦想的顶峰。

这么想这么说，似乎有消极唯心之倾向，有自我开脱之嫌疑？

11点，循着中华片区虞朝巷、盐溪街的九曲回肠，我们来到了盐溪街9号的“老厦门历史影像处”，在一片片民国时期的路牌、一块块“文化大革命”时期的房号、一张张新旧对比的照片、一个个灰暗老旧的镜框中，寻找旧日的光景，并与主人畅谈关于“情怀”背后不为人知的辛酸故事。

主人是艺名为“紫日”的薛世杰先生，也是我在《走寻老厦门》一书中，重点介绍的厉害群友之一。作为一名外地来的“80后”新厦门人，他对厦门这座城市投入的热情、心血、精力、物力，他对这座城市历史的了解和熟悉程度，早已达到令我们望尘莫及的程度。遗憾的是，我们也非常清楚地知道，“情怀”真的是一种非常非常贵重的东西，不是一般人可以任性挥洒的东西。出身平常家庭的人，凭着一点点微薄的收入，是很难支撑收集老照片方面深不见底的支出的。佩服于“紫日”以一己之力留住城市记忆的壮举，更担心于他家人的生活条件，走寻老厦门群的我们，同样是喜欢讲点情怀的我们，总想在力所能及的情况下，为他支持一点什么。

是不是“紫日”的影响太大？下午出门，惊奇地发现，阴了很多次、很多日的天空，终于在狂风怒吼过后，似有似无地飘起了雨丝。走在八市湿漉漉的拥挤逼仄的街道上，心中浮起“风雨故人来”的感觉——20 多年前，作为一枚在交通局工作的单身汉，我经常跑到开禾路58 号的文胜同学家蹭一点家的温馨，以便安抚一颗无处放逐的灵魂。

今天不是去文胜家的故地重游，虽然23 年后，我还能准确无误地说出他家的门牌号，但他们早已举家搬走。今天是与热心群友李安娜大姐好不容易约好时间，专程登门拜访赠送我篆刻石印的吴老先生。

跟随着娜姐轻盈婀娜的步伐，我和太太七拐八拐进一栋破败的小楼，两边废旧待拆的楼房，糟糕的卫生条件让人很想撤退。贩夫走卒充斥，海腥气味扑鼻的地方，市井生活气息中追求情怀，应该是一个奇怪的假设命题。长期生活在这样的一个环境中，吴老先生的篆刻灵感、坚持动力怎么来?

带着一个个疑惑，我们走进了一个收拾整齐的家，典型的老厦门的家。精神矍铄的老先生，热情地招呼我们围在一起品尝正宗的厦门功夫茶。小小的白瓷圆口杯，整齐码放在一个清朝时期的青花瓷托盘中，大红袍的醇香在透亮的红褐中慢慢升起。

工艺国画、古人楹联、旧式展架、自制吊灯已经让我们目瞪口呆叹为观止，老先生在娜姐的要求下，一一出示的石质微雕杰作、铜制精品盒锁、钢制八宝微箱，其立意之高远、造诣之精细、用心之独特、设计之缜密、跨界之鸿伟，让我们打死也不愿相信，面前的这位老人，居然是一位退休多年的老工人。

这是一位对艺术情怀殷切的老人，一位谦逊低调的老人，一位拒绝媒体采访，拒绝达官显贵，拒绝名利声望，只对知己好友大方慷慨的和善老人。十年如一日，除了接送孙子外，终日默默独守自家不足百平的一方小天地，精雕细琢于一件件匠心独运的作品。为了刻好高度未及两公分的一条鱼，他会花上一周时间，整天仔细盯着鱼缸不放，从鱼的下巴、两腮，到尾巴、背部，从静态到动态，终成一件惟妙惟肖的杰作。

这是一位脱离了通俗趣味的老人。礼尚往来是中国人的习俗，更是闽南人的传统。早在两周前，我就早早地准备好了礼物，准备答谢老人馈赠我篆刻石印的厚爱。谁知，上午娜姐在跟我确认下午四点可以拜见老人时，强调“唯一要求：只许送书”。如此一来，送上了《走寻老厦门》一书，我却在老人欣喜的感谢声中,觉得自己亏欠了他太多太多。

资讯发达的当今,我们经常从这个渠道那个途径,偶遇这个大师那个大师,高山仰止于市级、省级乃至国家级大师的水准,真诚感动于他们带给我们的愉悦享受。

好运连连的今天,从早到晚不足12小时的时间里,高晓松、"紫日"、吴老先生,三位没有被评级,在相关的官方权威机构的名单中没有出现的"大师",我却非常荣幸地先后邂逅了,非常深刻地被他们的情怀感动了。

高手,真的在民间!情怀,真的在心间!

法条再现

《公司法》第一百八十二条:公司经营管理发生严重困难,继续存续会使股东利益受到重大损失,通过其他途径不能解决的,持有公司全部股东表决权百分之十以上的股东,可以请求人民法院解散公司。

最高人民法院《关于适用〈中华人民共和国公司法〉若干问题的规定(二)》第五条:人民法院审理解散公司诉讼案件,应当注重调解。当事人协商同意由公司或者股东收购股份,或者以减资等方式使公司存续,且不违反法律、行政法规强制性规定的,人民法院应予支持。当事人不能协商一致使公司存续的,人民法院应当及时判决。

经人民法院调解公司收购原告股份的,公司应当自调解书生效之日起六个月内将股份转让或者注销。股份转让或者注销之前,原告不得以公司收购其股份为由对抗公司债权人。

3. 股权转让，岂止于权利过户？

股权转让过户，是发生在有限责任公司的常见现象，见多不怪。想来大家一定都是"老司机"了。

在办理案件过程中，我们却发现，绝大多数的当事人，把这事简单化了，当作像买卖房子、不动产过户一样，一手交钱一手交货——拟制交付，简单快捷。随便从网上下载份转让合同的文本，打印后一签了事。等到纠纷来了，特别是像"夫妻吵架"一样的"股东干架"来了，这才发现有太多的事项、内容、细节等，没有预先约定好、谈妥当；这才急匆匆地赶紧查找和翻阅合同、研读章程；这才追悔莫及——"早知今日如此复杂，何必当初那么简单性情"。

归纳起来，有如下几个问题经常被当事人忽略。

一、注册资金的认缴义务转移

商事登记改革后，所谓的"零元开公司"的做法越来越多，尤其是在"大众创新，万众创业"的今天，尤其是在私募投资、股权众筹热火朝天的当下，认缴注册资金几百元、几千万元甚至上亿元，实际到资为零的公司，一窝蜂地冒出来。受让这样的公司股权，新股东就得承接原股东未尽的全部注资义务。别看股权转让价只有几万元，背负的隐形义务，可能是几百万元之多。

实践中，碰上“不健康公司”的股权转让，一不小心，后来者就会陷进地雷阵、深坑群。如果未认真作尽调，未作科学剥离，未作责任分配，未作技术处理，那么，未了债务、或有责任、虚假财报、行政处罚乃至刑事苛责，一重又一重要命的火焰山，足以让后来者剥皮一层又一层。还有股东的清算注销义务、揭开公司面纱后的无限连带责任，都是受让方必须要慎之又慎的重大问题。

记住：便宜，真的没有好货！

二、原有“人合结构”的重新洗牌变盘

有限责任公司不仅是资合的产物，更是人合的集成。基于共同的目标和彼此的熟悉、认可，基于事先的各种机缘巧合，大家才会集资合伙来开公司做生意，共同书写“投名状”，风险共担、盈利共享，并形成相对稳定的一个动力结构的平衡状态，一种符合每个人投资初衷的状态。

哪一天，西天取经的路上，小伙伴发生变化了，要么是人数增加或减少了，要么是新的面孔出现了，股东这个小集成体，就得经历一个调整、动荡、适应、摩擦的过程，成则皆大欢喜，败则内患无穷。内讧，是大家都不愿受的痛，五指连心的痛。

实践中，有一种现象，是让人最为无奈或哭笑不得的，那就是个别股东的离婚或意外身故。一个或几个原本从未谋面的人、不速之客，进了公司的最核心层成了新股东，大到价值观、发展理念、治理结构、追加注资、对外投资等，小到营销成本、职员延聘、分红与否、会议召集、知情权行使等，哪一块都可能是定时炸弹，都可能是吵翻天的导火索。如果，很不幸地，这个遭遇变故的原股东，是原来的公司实际控制人或大股东，那么其他股东的煎熬程度，就得往上翻番好几倍了。

记住：中场换人，特别是换上核心队员，攻防战术怎能不跟着换？

三、控制权的变更

启幕于“野蛮人”的频繁来敲门，万科变局、格力动荡、三维丝撕扯，一部部活生生的公司大戏，告诉了吃瓜群众们，原来“公司的控制权”，是有多重要！虽比不上宫廷争斗戏那般的惊险连环步步惊心，动辄几千万上亿元的操作手笔，却足以惊吓住小伙伴们的心。

2015年10月24日，我也曾写过《创始股东如何有效控制公司？》一文（注：详见“厦门公司法学研究会”公众号10月24日），就“控制权”一事，进行了一定的探讨。对我的文章，微信好友们，特别是自己开公司的朋友，反响比较强烈，普遍老百姓则大都是淡然飘过。

无论是对内转让还是对外转让，每一次股权转让的完成，都容易导致对原来公司控制权的冲击，总共100%的股权架构内，总数固定的筹码里，此消就必然意味着彼长，反之亦然。说到底，反正就是那么大的一锅菜，总量守恒。特别是1/2、2/3的临界点，51∶49、67∶33，是兵家必争、你死我活的关键点，是一点也不能谦让马虎、不能放松警惕的桥头堡。

与控制权变更连锁反应的，是“公司战略、主营业务、治理结构变化、高管调整、目标市场、主攻区域”等一系列事项的变更，是原来利益格局的重新排列组合。

记住：有一种革命，叫作“颜色革命”！

四、税务隐患

出于节省税费的考虑，实务操作中，名为股权转让、实为不动产转让的做法，相当普遍，很多人还美其名为“合理避税”。然而，实际情况是这样的吗？

从2012年开始，国家税务总局针对这一现象，已经开始采取相对应的措施，紧箍咒是步步加码，各种堵漏办法综合上马连环出击。

股权转让时溢价所得的税负如何承担、实现，也是当事人常见的疏忽之处。花钱买股份的这一方，往往会忽略了自身所应承担的法定代扣代缴义务。哪一天，达摩克利斯之剑会掉下来，真的是谁也不知道。

记住：交易成本，不只有表面成本，还有看不见的隐形成本哦！

除上述内容之外，还有因股权转让所引发的公司性质变化，从两人以上有限责任公司，变成一人有限责任公司；从纯内资变成纯外资，从纯外资边成纯内资，从纯内资或纯外资边成中外合资；从纯公有企业变成纯私有企业，从纯私有变成纯公有，从纯公有或纯私有变成混合所有制（公私合营）。涉及外资，涉及国有资产，有一个前置审批的程序，是转让前比须做足的功课，否则“黎叔很生气，后果很严重”。

最后，需要特别提醒注意的是，对于股权转让的一系列做法、行为、方式，不可忽略的是，司法审判、法院评判的新动向。

比如，在转让过程的实际操作层面上，如何履行通知程序，如何表态同意与否，相应的法律后果及权利救济途径、法院肯定与否等问题、内容，在最高人民法院日前原则通过的“公司法司法解释（四）”里面，都作出了相应的规范。

磨刀不误砍柴工！

投资公司股权，无论是买入还是退出，无论是投资还是融资，有时候真的如同是赌场下注。虽说是“富贵险中求”，咱们还是把相关的问题一一都弄清楚了想明白了，再出手也不迟。宁可“初始麻烦”多一点，总比“日后麻烦”来得好。

案例延伸：①

股权出质后不得转让，但不影响股权转让合同的效力

股权转让的合意可以通过其他证据相互印证而证明，同时关于股权出质后不得转让的规定并不属于对合同的效力性强制性规定。因转让出质的股权而签订的股权转让合同，其合同本身应当是有效的，即合同在债权领域应当发生效力，只是在物权领域其效力无法发生变动。

案例裁判文书全文

再审申请人贺某因与被申请人宋某某、重庆西子置业发展有限公司（以下简称西子置业公司）股权转让纠纷一案，不服重庆市高级人民法院（2013）渝高法民终字第00185号民事判决，向最高人民法院申请再审。

综合证据，最高人民法院经审理认为：一、贺某主张该协议因主要条款缺失，双方没有达成合意，故该协议没有成立。根据该案事实，2011年1月14日，贺某因临时资金需求向案外人杨续胡申请短期资金融通，将自己所有的西子置业公司49%的股权予以质押，并约定由西子置业公司提供担保。杨续胡在当天将3500万元款项打入贺某账号，但直到2011年4月13日该笔借款到期之日，贺某仍未归还该笔借款。2011年4月19日，贺某与担保人西子置业公司董事长宋某某签订一份《股权转让协议》，双方在该协议第一条第一项中约定：贺某将其所持有西子置业公司49%股权作价3500万元转让给宋某某。并在第三项中约定：本协议签订之日宋某某已经向贺某付清全部股权转让价款。协议上有贺某和宋某某双方的签字。在《股权转让协议》签订之后，贺某、杨续胡、西子置业公司三方又签订了一份《补充协议书》，约定：将上

① 贺某与宋某某、重庆西子置业发展有限公司股权转让纠纷申请再审民事裁定书，载中国裁判文书网：http://wenshu.court.gov.cn/content/content? DocID = 830cc543 - 5bff - 445c - 80a6 - 03f3158658c5&KeyWord = %E8%82%A1%E6%9D%83%E8%BD%AC%E8%AE%A9%E7%BA%A0%E7%BA%B7，最后访问日期：2017年9月。

述借款期限延长至2011年5月14日，并约定如果到2011年5月14日贺某仍然不能归还上述借款，贺某同意将自己持有的西子置业公司49%的股权全部转让给西子置业公司或西子置业公司指定的受让人，并由西子置业公司代为归还贺某对杨续胡的全部债务。截至2011年5月14日，贺某仍未能归还借款。贺某申请再审称，其与宋某某在2011年5月14日又签订了一份《股权转让协议》，该《股权转让协议》中存在缺陷，只有贺某自己一方的姓名和签字，却无受让人宋某某的姓名和签字，股权转让价格处为空白，因此双方之间签订的《股权转让协议》未达成合意，该协议没有成立。但结合三方签订的《补充协议书》的相关内容及该案的其他证据，可以认定贺某和宋某某之间关于股权转让事宜已经达成了合意，应当认定其效力。至于贺某在2011年5月14日签署的空白《股权转让协议》因无宋某某的签字，无法认定贺某的主张。

二、贺某主张其所持有的西子置业公司49%的股份在《股权转让协议》签订之前已经设立质押，根据《中华人民共和国物权法》第二百二十六条的规定，不得转让。最高人民法院认为，本条关于股权出质后不得转让的规定并不属于对合同的效力性强制性规定。因转让出质的股权而签订的股权转让合同，其合同本身应当是有效的，即合同在债权领域应当发生效力，只是在物权领域其效力无法发生变动。

三、该案中，《补充协议书》只约定西子置业公司待股权转让完成后代贺某向杨续胡清偿借款。根据该案事实，杨续胡向上海市第二中级人民法院起诉主张债权时尚未收到还款，因此其将贺某、宋某某、西子置业公司作为共同被告提起诉讼，主张对其承担连带责任是其正常行使债权的行为，并不能因此证明贺某与宋某某没有达成转让股权的合意，因此贺某的该项申请再审事由不能成立。

四、根据《中华人民共和国民事诉讼法》第六十四条第一款规定："当事人对自己提出的主张，有责任提供证据。"贺某应当就《补充协议书》存在不真实的事由承担举证责任，贺某未能提供相应的证据，应当承担举证不能的责任，应当认定《补充协议书》杨续胡的代理人赵邵阳出具的杨续胡的《授权委托书》真实合法。

五、贺某主张宋某某所提供的《还款协议》《放弃质权声明书》《确认函》《银行汇款凭证》等证明材料相互之间自相矛盾，主张宋某某对870万元利息款没有提供银行汇款凭证，不能证明宋某某替其还款。但根据杨续胡签字的《确认函》，证实其收到宋某某代贺某给付的3500万元的借款本金和870万元的利息。因此，贺某的该项主张不能成立。《放弃质权声明书》是双方真实、合法的意思表示，且能证明质权人杨续胡同意贺某将股权转让给宋某某，因此贺某主张宋某某提供的证据没有证明力不能成立。

最终，最高人民法院裁定驳回贺某的再审申请。

法条再现

《公司法》第七十一条：有限责任公司的股东之间可以相互转让其全部或者部分股权。

股东向股东以外的人转让股权，应当经其他股东过半数同意。股东应就其股权转让事项书面通知其他股东征求同意，其他股东自接到书面通知之日起满三十日未答复的，视为同意转让。其他股东半数以上不同意转让的，不同意的股东应当购买该转让的股权；不购买的，视为同意转让。

经股东同意转让的股权，在同等条件下，其他股东有优先购买权。两个以上股东主张行使优先购买权的，协商确定各自的购买比例；协商不成的，按照转让时各自的出资比例行使优先购买权。

公司章程对股权转让另有规定的，从其规定。

《公司法》第七十二条：人民法院依照法律规定的强制执行程序转让股东的股权时，应当通知公司及全体股东，其他股东在同等条件下有优先购买权。其他股东自人民法院通知之日起满二十日不行使优先购买权的，视为放弃优先购买权。

4. 重大危机面前，如何安抚企业主那颗极度恐惧的心？

做企业很难，尤其是在中国做企业。市场经济的滞后、规范意识的缺乏、重农轻商的传统、以史为师的观念、莫名仇富的心态，都让当代的营商环境不如人意，种种发展过程中积累下来的“原罪”，更让企业主们压力山大，草木皆兵。发生在别人身上的，是故事；发生在自己身上的，就是事故。

2001 年起，机缘巧合，我便开始接手企业及企业主的危机处理，先后携手数十位企业主，一起顶着巨大的压力，小心翼翼、如履薄冰地硬是趟过那一段黑暗的日子，忍过那一段身心疲惫的煎熬。操盘每一起的危机干预处理，不是战斗胜似战斗：眼界决定境界，心态决定状态，思路决定出路；观情、聚焦、布局；时机、心智、手法；法律学、心理学、组织学。聊以自慰的是，无意之间，我竟然开创了律师服务中的一项非诉业务——企业或企业主的危机之干预处理。

不经历风雨，怎能见彩虹？企业的发展历程，哪能永远的一马平川，总有这道坎那道沟。只要迈过这些坎，前面就是艳阳天！端午时分，瞅着微信里的屈原画像，禁不住思绪纷飞，那一个个与企业及企业主共同成长一起修行的故事、镜头，扑面而来……

媒体压力——铺天盖地、躲无可躲

2001 年的某一天早晨，“星期天网吧”的 A 老板还没起床，就接到了手下十万火急的电话:各路执法部门、行政长官轮番上门,勒令网吧无限期地关门整顿,说是本地主流媒体报道,星期天网吧容留7天不回家的中学生。

当时的网吧,本就千夫所指勉强存在,何况是举全家之力且才开办不久的网吧!这一来还了得?巨额投资可能打水漂,全家人吃饭都成问题!A老板急得嘴皮起泡茶饭不思,经人介绍找到了我(这成为我从事企业危机干预小试牛刀的第一案。换言之,我就这样被“拉下了水”,至今没上岸)。

受理当日,上午了解情况、稍作安抚并综合评估,下午我马上拎包直奔报社。问清是公安部门“110指挥中心”的消息来源有误后,我极力劝说记者同我一道正本清源雪洗冤屈。幸运的是,该记者是位相当儒雅明理、正直厚道的文人。我们一起现场调查核实相关记录(重点是网吧台账记录、监控录像),询问相关当事人,走访相关部门,尤其是执法部门,从源头上解释澄清,那小孩是第7天的下午才到星期天网吧的,而不是7天都一直呆在星期天网吧。

在厦门老城区纵横交错的小街曲巷,我们像敌后武工队一样地来回折腾了十多天,星期天网吧才得以恢复营业。至此,A老板劫后重生拨云见日,感动得不行,非得海边摆桌铭谢;我则结交了一位真诚的媒体兄弟,至今彼此深度信任尊重,肝胆相照,此事过后还曾多次一起深入现场弘扬正义维护公平。

联保拖累——躺着中枪、诉苦无门

B总做重型机械变速箱生意,订单稳定逍遥自在,每周游泳健身两三回,对周边这家跑路那家失踪的传闻一笑了之。谁知,祸起萧墙,启东(厦门)机械公司老板刚刚跑路,工人上街堵路的那份窒息紧张,立马传递到了百公里外的B总。企业及个人,为启东公司上亿元银行贷款,提供连带担保的达摩克利斯之剑终于落下来了,而且其他的十几个联保方都闻风而逃。更为纠结的是,对此危机毫不知情的宝贝女儿,一个月后将在全家族的簇拥下远嫁香港。接到消息的那一刻，天一下全黑了，B 总的笑容僵在空中，眼珠无法转动，愁眉深锁额头，大脑一片空白。天，这下是真的塌了！

怎么办？跑路还是留下面对？要不要对女儿、准亲家和员工们坦诚真相？危机关头，B 总六神无主，左右为难，遮遮掩掩地向我开口。好歹是多年朋友！面对求助，我只好迎难而上侠情当道。在运用心理咨询的专业技巧，进行适当的同理共情，让 B 总“灵魂入窍”理性回归思维正常后，我一方面数次召集会计师、税务师等一众社会支持系统、重要高管，与 B 总夫妇一起开会研讨，摆问题找对策，定下人跑我留、独木撑天的“爷们战略”；另一方面带着 B 总冲上一线，到农商行、湖里法院，放低身段、陪上笑脸，不厌其烦地斡旋沟通协商，争取所有可能的理解支持，甚至是亲自操刀，代为书写 B 总向市农商行领导申请展期、降息、分期还款的文件，以担当、真诚、务实，取得特别支持。最难忘的是，送女儿出嫁的前 4 天的深夜，B 总突然几近哭腔地来电，询问我诉讼对方会不会申请边检限制其夫妻俩出境。如果一大家族兴高采烈地走到边检，夫妻俩却被强制扣留，岂不无地自容？接到电话的那一刻，我都觉得，那晚的夜色特别的漆黑。企业主的苦，感同身受。那数百号员工，有几个能体会到这种苦？

“苦心人天不负”，努力终得好回报，B 总及企业有惊无险地过关。更可喜的是，第二年市场大幅回暖，订单雪片飞来，令人应接不暇，似乎是上苍对勇于担当的 B 总这股爷们劲的褒奖。事后讨论新三板挂牌时一起品茗，B 总才说，当初找我，是死马当活马医，搞不清楚律师在这种时候，还能帮上什么忙。每一天的夜晚，辗转难眠之际，夫妻俩都在纠结，要不要带上手上的一点现金一走了之，只是女儿的终身幸福就要毁了。

税务稽查、对手围剿篇

1. 税务危机——大厦将倾谁主沉浮

接管老企业不到一年，在老大的位置上屁股还没坐热，C 总就感叹自己生不逢时。税务官约谈指出,初查发现截至2001年,公司二十几年下来累计涉嫌逃税上千万,可能被列为全省涉税刑事重案。没有比这更坏的消息了!赔上公司全部家当,都不够补税,甭说罚款了。处理不好,别人不仅说你无能,还误会是后任故意栽赃陷害前任。如何是好?C总和众高管们真是急坏了。

是福不是祸,是祸躲不过!昼夜加班地毯式搜索,摸盘梳理汇总,密集开会讨论后,对于相关情况,我们心中开始有数。我与领导层一起,统一认识,摆正态度,确定对策,兵分三路:一是从企业此前的集体所有角度、建筑行业白条现象挂靠现象非常普遍的特点出发,有理有利有节地争取相关政府部门的鼎力支持,甚至是关键问题的背书;二是寻求专业化帮助,求教税务问题专家,获得脑洞大开;三是全力配合调查,并进一步积极收集整理相关资料,主动上门与税务官沟通,排除初查疑点,逐步厘清问题主次。

出来混,迟早是要还的,关键是怎么个还法!老企业付出了努力,洗清了冤屈,交上了学费,也利用这个机会把此前的所有账目、经营资料好好地梳理了一番,化险为夷后,是至今十几年的太平日子。

2. 对手围剿——整不死你誓不罢休

农大毕业从事种子生意的D总,至今也没整得太明白,自己什么时候惹上了同行中的全世界NO. 1。私家侦探、北京的知识产权律师神秘跟踪、偷拍了一年多,自己竟一无所知。直到经侦、工商联手强行冲进仓库拍照摄影、查封扣押,这才知道摊上大事了。不到12小时,老总、财务总监、两个业务骨干相继身陷囹圄,电脑资料被扣,其他员工吓得鸟散殆尽,原本生意红火的公司则“关门大吉”,刨好地苦等种子的农民像热锅上的蚂蚁四处乱窜。

危急关头,D太太四处求爷爷告奶奶,连续二十几天彻夜难眠的结果是,一地鸡毛心力交瘁。第一次坐在我们所会客室,面对无敌海景、美丽鼓浪,欲哭无泪。妹夫、财务总监的丈夫,搞不定年幼女儿的他时不时的求救电话,更让她几近崩溃。听完案情介绍后,我提出的综合应对方案,让她眼睛开始发亮,眼皮快速地上下眨动。“要救你老公,关键在于你!你这样的状态,不利于思考决策。先去做个 SPA,适当放松自己,回归清零。现在不急着委托,下午咱们再接着聊!”身为高知,平生第一次走进休闲中心的她,下午一出现,恍若变了个人,情绪、思维、反应、语速、口气,“王者归来”了。此后的合作,D 太太反应迅速,主次清晰,一点就通。向单位请假数月的她,左手安内,右手对外,在恰当的时间出现在恰当的地方做恰当的事。

重获自由后,D 总对我说,自己不做亏心事,不怕鬼敲门!刚进去时自己倒还镇定。等到关了 28 天后,开始坐立不安了,担心一旦被转捕,这下可就被“黑”实了。幸好第 29 天,我所指派的新律师出现了。那一刻,他知道事情有转机了。D 太太则说,初见我的前一刻,她在内心已经想好,见了那么多的律师,这是最后一个律师了。如果再不行,就准备放弃抗争听天由命了。

虽然从受理到 D 总出来,在诸多正直人士的帮助下,总共才花费 7 天,也是刑事诉讼法修改后厦门第一批的检察院不批捕案,我却一点也高兴不起来。因为,经此打击,那位曾经志在为振兴民族种子事业奉献的 D 总,斗志全无,屈服于美国先正达公司的高压,改行做进口食品生意去了。身为农民的后代,我很清楚,种子安全,对于农业生产,对于一个民族生存安全的重要性。呜呼哀哉!

醉酒犯事——过满则溢、过刚则折

开着一部特殊牌照的豪车,E 总拉风十足,俯视众生人生何求。仲夏之夜纵酒后,与环岛路保安发生争吵,大庭广众之下出手伤人,引发无数路人网上声讨,特殊牌照、特殊身份成了斥责焦点。媒体压力下,办案部门特别负责,E 总后悔莫及,乱了章法,既让人到医院主动赔偿道歉,又让人出面顶包。错上加错的结果是,自己勉强取保随时收监,两名手下在看守所里数星星。

随时被收监,朝不保夕的感觉,实在太恐怖了!办案警察老说,自媒体渲染得厉害，办案压力太大，最好是收监，才好堵住泱泱之口。“坐着说话不腰疼！”E总很清楚，一旦被收监，身败名裂不说，看守所的饭真的不是那么容易吃得下的，尤其是已经过惯养尊处优日子的E总，这不亚于一场噩梦。记得此前3个月，我看到他的办公室正面大门位置挂着一幅朱红写就的斗大“虎”字，还笑着劝其拿掉，免得煞气太重。属虎的他不以为然。谁知，竟会一语成谶！

记不清总共开过多少次紧急“研讨会”“路演会”，只记得我都成了随时待命的消防队员。每次一接到警察的电话，E总就要神经兮兮地第一时间赶紧找到我，一万次地问我，会不会一到派出所就出不来了。害我只好放下手上的其他事务，陪着他到派出所。等他做完笔录，再陪着他回家。

麻烦远不及此！屋漏偏逢连夜雨，在国外巨额投资的矿产公司，此时到了比较关键的时刻，催着要E总去主持董事会定夺大计。更加恐怖的是，自从犯事后，E总老觉得枕边人（二婚，组合家庭）的一系列言行，怎么看怎么想，都像是“赫鲁晓夫”，让自己昼夜不安如芒在背如鲠在喉。虽然，每次为此事心情极度郁闷喝酒浇愁的夜晚，她都那么耐心地照顾着他的情绪。终于在某个深夜，特地请我吃完日本料理大餐后，E总一脸严肃地屏退左右，一对一地小心跟我交代着后事——万一真进去了，公司、家里一大堆的事，要有人拿主意。

从立案侦查到移送法院，无比漫长无比难熬的3个多月过去了。开庭之前的某一天上午，听某位权威人士亲口对他说，两罪（故意伤害和伪证罪）不能判缓刑。吓死人了！一出法院，E总立马冲到我办公室，脸色发青地问我怎么办。听我说过3次，还有判缓可能不要轻易放弃后，他还是将信将疑，直勾勾地盯住我，说了一句，“你真的不是在安慰我？”为了让他能正常睡觉，我只好答应他亲自出庭为他辩护。

拿到缓刑判决的那一刻，E总几近虚脱。面无血色地走出法庭，一向注重礼节的他，竟然忘了跟我们告别，逃命似地溜了！事后他道歉说，那一刻，他只想逃离，逃离那个一辈子都不想再走进的法庭。

转账被抓——有些忙是不能帮的

隔着铁栏坐在我面前，身为七尺男儿的 F 总，禁不住热泪长流抽泣不止，“长这么大，我都没有剥过这么多的洋葱，一天 25 斤。你看，我的手指甲都剥烂了。”男儿有泪不轻弹，只是未到伤心时！在鄄城看守所，这个远离厦门十万八千里的山东小县城的“监牢”里，他已经“坐”了 16 天，终于见到来自家乡的我——12 年前合伙纠纷案件的对方代理律师。

早年从建行审核部门下海经商，聪颖非凡的 F 总，早已是功成名就，评估、基金、投行，样样都是时代的弄潮儿。当别人为资金抓狂的时候，他则是把数千万扔在银行几年不动。某一天的上午，接到胞弟的电话，他不假思索就同意了，用自己的银行卡，为胞弟的境外内弟，义务地代收代转了两笔款，分别为 200 万元和 280 万元。“真的，我只是代为帮忙，一分钱的好处也没得。”

一年左右后的一个下午，保养好宝马 X5 准备回家的他，被 4 位等候了一天的不速之客，请到了梧村派出所。当夜，相当敬业的办案民警，把他塞到自己宝马的后车厢，马不停蹄由厦门直驱山东鄄城。接到老公求救电话后，F 太太（分居香港近 10 年）安顿好小孩后赶回厦门，一番周折后，终于坐在我的办公室，对于老公的近年情况、案发背景则是一头雾水，只是清楚地知道，这个时候，自己不能坐视不管，并且要求我一定亲自出马。

2013 年的初夏，济南的早晨还有些许凉意。坐上盈科济南分所王立江律师的丰田豪车，我们直冲鄄城——这个在地图上找了半天，翻字典才确认其发音的孙膑故里。午后两点到达，匆匆午餐，3 点一刻见到 F 总。听完哭泣 25 分钟，正式进入正题。山东汉子王律师怎么也不理解，同样戴眼镜的汉子，这位厦门的 F 总怎么这样的娇气，而我又是那般的同理耐心。怎么解释好呢？我只好说，有空来厦门本岛住上几天，再到鼓浪屿转上几圈，你的骨头就会酥软的。遗憾的是，一年多过去了，F 总（会见过后 11 天回厦，一个月后，原本徘徊境外的胞弟，也一并“解套”）和我，还没有机会，在厦门接待这位来自济南的盈科同人、联袂战友。

结语

头尾15年的干预处理，还有太多的企业或企业主危机故事可以分享：资金链断裂企业困顿的危机、离职高管举报涉税的危机、后院起火夫妻反目的危机、官员两规老板牵连的危机、老板猝亡群龙无首的危机、股东内讧匕首相见的危机、债主堵门员工造反的危机、老板醉驾面临拘留的危机……

太多的故事，太多的无奈，更多的期待是，不再有危机。真的不想再看到，企业主约我交代后事，更不想在某个安静的清晨，接到一位陌生的女性电话，告诉我她老公被带走了，走之前交代找我请教怎么办？身为厦门人，我从心底里希望厦大越来越好，但不希望企业主都是“吓大”的！被大、请大、能大、教大、哈大的企业，真的更好更和谐！

法条再现

《公司法》第二十条：公司股东应当遵守法律、行政法规和公司章程，依法行使股东权利，不得滥用股东权利损害公司或者其他股东的利益；不得滥用公司法人独立地位和股东有限责任损害公司债权人的利益。

公司股东滥用股东权利给公司或者其他股东造成损失的，应当依法承担赔偿责任。

公司股东滥用公司法人独立地位和股东有限责任，逃避债务，严重损害公司债权人利益的，应当对公司债务承担连带责任。

5. 解决纠纷，企业如何才能“低成本、高效率、小负面”？

是人，总会生病。做企业，难免会遭遇纠纷、冲突、矛盾。解决这些麻烦事，必然产生企业无法回避的刚性支出、成本，如人力、物力、财力的损耗。那么，如何对待、解决纠纷，才能节约成本，轻装上路呢？

一、纠纷的大致分类

（一）“人民内部矛盾”

一是股东内讧，最伤人，连根带肉拔起的痛。有如一个家庭中夫妻之间的重大战争，典型例子有“达娃之争”“国美内讧”“真功夫”悲剧。

二是与员工、高管有关的劳资纠纷、职务腐败甚至侵权，扯不清理还乱，一地鸡毛、涟漪不断。自家的孩子不听话，不按规矩来，老板得考虑怎么教训管理，才能服众，才能保证整个机体的正常运转。

（二）“人民外部矛盾”

一是主顾冲突，常在河边走，怎能不湿鞋？与客户做生意，纠纷总是难免的。

二是不正当竞争等来自同行的恶意侵犯、伤害、冲突，让你躺着也中枪。

三是与行业管理部门、无处不在的“相关部门”等公权力机构的矛盾、冲突。

内部也好，外部也罢，这些令人讨厌的矛盾，时不时地扮演不速之客，由不得你欢迎与否。树欲静而风不止，按下葫芦浮起瓢，企业主是24小时待命的消防队长。

二、企业主看重的要点、原则

在商言商！一旦不幸摊上事了，老板的处理原则，通常来说，主要有：

1. 如何才能在“最短的时间”内，以“最小的成本”，控制在“最小的负面效应”，搞定它。

2. 相关目标的重要性，是这么排列顺位的：“利益第一、效率第二、公正第三”。

三、七点小小建议

精打细算，开源节流，做企业的，成本控制至关重要。根据自身多年的办案实操经验，笔者认为，企业在对待、处理种种“麻烦事”时，要达到“低成本、高效率、小负面”，企业或企业主们，可以从如下七个方面着手：

（一）是福不是祸，是祸躲不过，遇事淡定些！

摆正态度、调整情绪、回归理性。世界发生了该发生的事，处理纠纷的成本，本就是企业经营过程中无法避免的支出、成本，如影随形，只是大小、轻重不同而已。愤怒之下不作决定，情绪之中不作选择。

（二）适合自己的，就是最好的！

善于利用多层次的纠纷解决机制。传统的“公检法”，既有公权力的强制优势，也有“马拉松”式的耗时弊端。仲裁（商事、劳动、人事）、人民调解委员会，虽不如“公检法”有刚性，却有灵活快捷的“短平快”优势，争取双赢结局的概率也比较高。时间，往往是当事各方都耗不起的痛。比如投资规模几亿元的大工程，停滞一天，损失都几十万元上百万元。厦门仲裁委等仲裁机构，在灵活处理纠纷上，务实创新，值得选择信赖。

（三）穷寇莫追，狗急会咬人的！

根据实际变数，动态决策，见好就收，不恋战。杀敌一万，自损八千。很多时候，差不多就好。即使把对方整趴了，自己解气的同时，实际付出的成本也很大，行业内社会上的口碑也会减分，赢了面子输了里子。毕竟，谁也不想与"狠角色"做生意。

（四）月黑风大，小心火烛！

有效控制影响面和负面效应。对内对外，尤其是媒体、舆论的关注，需要谨慎对待。总有些唯恐天下不乱的人，喜欢逮点小事大做文章，借机炒作自己出名。人言可畏，舆论厉害，可以把你捧上天，也可以把你打入地狱。

（五）一切向前看！

既要控制"显性成本"，更要关注"隐性成本"。学会适当放下，一是事中不必全力以赴，该忙什么还得忙什么去，不可放下所有的正常事务，一心一意地处理纠纷。二是事后当作"船过闸、车过站"，走出纠纷的影子阴霾。曼德拉说过，"自己若不能把过去的悲痛和怨恨留在身后，那么我其实仍在狱中"。

（六）凡事预则立，不预则废！

预防重于处理。宁可现在小麻烦一下，也不要惹上今后的大麻烦。一开始，多花些成本，不怕麻烦费事，先把地基打牢些，围墙垒好点，再怎么花费，总是比等到出现墙体裂缝、倾斜了再去费劲处理，来得实惠些、轻松些。凡事都有其内在的客观规律、因果关系，一味抱侥幸心理，只会掩耳盗铃。

（七）谁都会有雨天缺伞的时候！

务实面对，取长补短，不逞强不自大，求助于专业人士，寻找专业化解决的途径。现代社会是讲究分工的，尤其是错综复杂的商业领域。尺有所短，寸有所长，遇上麻烦了，请专业人士介入，既不延误处理的最佳时机，也会达到花小钱成大事的四两拨千斤效果。

行文至此，看到微信上朋友分享的一段话，拷贝如下：

生活的所有故事，都是一种凌厉的提醒，无论是相逢还是别离，冷静的观察生命向前，恪守自己的态度和行为，大喜不骄，大悲不卑，衡量好自己心地的态度，清清楚楚它的作用，不管是迎接还是送行，既然能说忧伤，何乐不道一声无恙。

法条再现

《公司法》第七十一条：有限责任公司的股东之间可以相互转让其全部或者部分股权。

股东向股东以外的人转让股权，应当经其他股东过半数同意。股东应就其股权转让事项书面通知其他股东征求同意，其他股东自接到书面通知之日起满三十日未答复的，视为同意转让。其他股东半数以上不同意转让的，不同意的股东应当购买该转让的股权；不购买的，视为同意转让。

经股东同意转让的股权，在同等条件下，其他股东有优先购买权。两个以上股东主张行使优先购买权的，协商确定各自的购买比例；协商不成的，按照转让时各自的出资比例行使优先购买权。

公司章程对股权转让另有规定的，从其规定。

《公司法》第七十二条：人民法院依照法律规定的强制执行程序转让股东的股权时，应当通知公司及全体股东，其他股东在同等条件下有优先购买权。其他股东自人民法院通知之日起满二十日不行使优先购买权的，视为放弃优先购买权。

6. 天塌了，你能怎么办？

一场危机，足以让一个大企业轰然倒塌。

预防和应对危机，是每个企业主都绕不过去的问题。

处理魏某某与莆田系医院问题，百度的做法，至今还在网友的持续关注中。

晚上 10:08，万家灯火依次稀疏的时刻，EMBA 班王同学的一个来电，传递了关于另一个同学的企业碰上大问题的资讯。我的思绪，立马转换频道，从微信群里讨论本周末如何办好“走寻老厦门之老码头”活动的内容，直接切入如何指导企业应对危机的内容。

做企业，真的是很辛苦！在经济环境不如人意，社会公众对倒闭、破产、跑路、跳楼等现象已经见怪不怪的现阶段三头六臂之外，应对危机，是企业主的必修课。华为的自醒，王石的担忧，便是明证。

一年下来，深度参与十起左右的企业或企业主的危机处理，从“舆论凶猛”“资金断流”“涉及刑诉”“股东内战”，到“破产边缘”“税收踩雷”“高管策反”“后院起火”，行业、规模、主角、情节、轻重、演变、结局不尽相同，表面光鲜的企业主，内心不为人知的苦，却是大同小异的，怎一个“大”字了得？

陪伴着企业、企业主或其家属，风雨同舟的经历一次又一次，值得分享的内容，一段又一段。

一、“不怕一万，只怕万一”，问题是，概率远不止是“万分之一”！

有人说，“中国的企业家不是在监狱，就是在通往监狱的路上”。危言耸听吧？

在商业模式创新创异、这个纪录、那个标杆老被刷新的时代，形势不由人，安之若泰、气定神闲的企业主，少之又少。在做大做强的利益驱动下，大多数企业主，有如海上冲浪的玩家，充满鸡血一个劲地向前冲。

“爱拼才会赢！”一旦成功，鲜花、掌声、美女、美酒、名车、豪宅，谁不渴望？谁也不知道风险概率到底多大，但谁都知道成功的美味令人陶醉，谁都知道没有付诸行动的梦想，都是空想。

遗憾的是，“理想丰满，现实骨感”，“创新”距离“冒险”，只有一步之遥！

风险，巨大的风险，灭顶之灾的风险，就像传说中那只可怕的靴子，随时都会掉下来，而且其概率，远远不只是“万分之一”。

真正成功的企业主，笑到最后的大赢家，少之又少，珍稀动物、凤毛麟角，根本不足以比喻其稀缺性。

全世界范围统计的结果显示，100 个人创业，成功的不到 5 人。不信？网上随便问度娘一下。

二、摆正心态，控制好情绪

危机，往往在没有任何征兆时降临。一旦出现，当事者有如下几种常见反应：

第一是懵了，傻了，脑袋瓜里出现频率最高的一句话是，“怎么会这样？”

第二是委屈、受伤，“我招谁惹谁了？”为了这个企业，这个社会，为了这个那个，“我付出了多少，我容易吗？”“怎么可以这样对待我？”

第三是愤怒、归责,“一定是谁谁谁,眼红忌妒我!”

第四是自怨自艾,听天由命,“我怎么这么倒霉?”“随便吧!反正都这样了。”

第五是反应过激,自己吓自己,“完了,一切都完了!”

有句话说得好,“世界上发生了应该发生的事”。该来的,终究是会来的,由不得你喜不喜欢。既成事实的问题、遭遇、挑战,只有正视它、分析它、解决它,才是王道。一味陷入不良情绪,不仅会让自己钻进牛角尖,降低原来的智商、情商,影响原本正常的观察、分析、判断能力,还会错失解决问题的良好机会。

三、搞清楚状况,抓住主要问题

平心而论,绝大多数的企业主,平时心里想的最多的是,如何做好更多的业务,如何赚取更多的利润,极少去学习和了解危机应对的知识和技能。遭遇危机时,典型的“平时不烧香临时抱佛脚”“病急乱投医”的状态。面对突如其来的泰山压顶,面对四面八方的大量资讯,满脑子乱成一团粥。更为糟糕的是,在无法准确甄别真假、敌友的状态下,要找个可以信任的、具备专业指导能力的人来商量,还真不容易。热锅上的蚂蚁,长夜难眠的干焦急,跟没有复习就上考场的小学生一样,六神无主手足无措。

这个时候,需要做的是:(1)明确危机出处,弄清相关资讯来源,去伪存真;(2)归纳整理所有信息,评估危机的严重性,预测后续演变,争取最好的结局,但做好万一出现最坏情况时的心理准备;(3)分清主次、轻重、缓急,抓住主要问题、主要矛盾、主要冲突、主要争议,抓大放小。

在地球上生存发展,人体练就一种生理本能,那就是对伤病的天然反应,会瞬间调动所有血液、能量往伤病处,集中优势力量和资源打歼灭战,然后再腾出手来处理下一个问题。

人的智慧和精力,总是有限的,分层分类区别对待,是面对复杂而多变问题时行之有效的办法。切忌眉毛胡子一把抓,切忌求多求全完美主义观念作祟。许多时候,先保住有生力量才有明天,求得生存是第一要务,其他事情可以放在第二步再图改善。如果未到决战时刻,自己已经倒下了,“出身未捷身先死”,其结局自然只能“常使英雄泪满襟”了。

除上述三点之外,还有几个需要注意的事项:(1)掌握好时机,做好当下应该做、可以做的事;(2)启动社会支持系统,积极寻求专业协助;(3)当断则断,免受其乱,有些时候断臂求生是上策。

今天的朋友圈,到处刷屏的是,与杨绛先生有关的几句话:

“我们曾如此渴望命运的波澜,到最后才发现,人生最美妙的风景,竟是内心的淡定与从容。我们如此期盼外界的认可,到最后才知道,世界是自己的,与他人毫无关系。”

“大智大慧,大慈大悲,人生极致,莫过于此。”

法条再现

《企业破产法》第十六条:人民法院受理破产申请后,债务人对个别债权人的债务清偿无效。

《企业破产法》第十七条:人民法院受理破产申请后,债务人的债务人或者财产持有人应当向管理人清偿债务或者交付财产。

债务人的债务人或者财产持有人故意违反前款规定向债务人清偿债务或者交付财产,使债权人受到损失的,不免除其清偿债务或者交付财产的义务。

7. 股东干架，最好有个度！

“啪”的一声响，打出的不仅是一巴掌、一耳光，打出的是关系的破裂、友谊的幻灭，打出的是公司的和谐不再、稳定不再、正常不再，打出的是战争序幕、狼烟四起、危机重重。

怎么会这样？很不符合正常逻辑吧？往浅里说，我们可都是有教养的文明人，不是混沌未开的野蛮人，解决矛盾、冲突、纠纷，有的是各种聪明、办法，不是只有单纯的武力。往深里说，股东之间的关系，好比夫妻关系，床头吵床尾和，日子还照样过，浪漫一点的表述，是“真正的感情，是吵过后还能在一起”；高大上一点的表述，叫“君子和而不同”。

遗憾的是，残酷的现实显示，股东之间干起架来，其惨烈程度，一点也不逊色于你所知道的“家庭暴力”。

一、表现、表演

大戏一旦上演，各种的明争暗斗、明枪暗箭，甚至是表面上和和气气，暗地里你死我活的。

明着来的，主要有：不交流，长期冷战，彼此间老死不相往来；拍桌子，歇斯底里，甚至是直接掀翻桌子；大会小会，冷嘲热讽或是互相指责、直接开骂；情绪失控，爆粗口、三字经、动手打人、摔东西；当着员工的面，明目张胆地出手抢印章抢资产，或是夜深人静时，开门撬锁拿印章执照……

暗着来的，主要有：信封加邮票，到处投诉揭发对方，甚至是怂恿他人或亲自到相关部门举报；在员工中拉帮结派、划清界线、选边站队，制造紧张和对立；利用职务之便或关联交易，瞒天过海、损公肥私、掏空公司；甘当内鬼勾结竞争对手，里应外合搞跨自己的公司……

林林总总，不一而足，更无法一一罗列，只能说，人性的狭隘、国人的智慧，在这特殊的舞台上，表现得淋漓尽致。同一出戏，关键差别在于，你是看官，还是演员，发生在别人身上都是故事，发生在自己身上的都是事故。

中国人，“合”字真的这么难写吗？想当初，大家可是你情我愿，我看着你顺眼，你听着我顺耳，大家有缘来相聚、做伙，奔着同一个目标去的。

开往春天的地铁，哪儿出问题了？

二、性质、起因

大动干戈，真的是有违共同的初衷，因为，谁也不想花钱投资买气受，谁也不想跟自己的利益过不去——覆巢之下，安有完卵？一切的一切，是怎么发生的？

1. 意气之争：中国人面子工程比天大，“人争一口气，佛邹一柱香”的观念浓厚，在相处过程中，一点鸡毛蒜皮的小事，只要涉及脸面、尊严问题，就容易引发争端和冲突。排座位、封头衔、分主次、争第一，明的暗的各种使力较劲，是几乎所有公司天天都在上演的好戏。

2. 利益之争：在商言商，在一起开公司，主要图的就是利益，投资的目标是收益。亲兄弟还要明算账呢，何况只是半路结识的伙伴。利益面前，各为其主，倒是无关道德，理所当然。共同利益与各自利益、全局利益与局部利益的共生共存、冲突矛盾，是公司与生俱来的客观真实，如影随形一般相伴终生。

3. 误解之争：通信工具再怎么发达，也无法彻底解决时空不匹配问题。

对同一件事，股东之间信息不对称的现象是家常便饭。没有及时澄清消除的误会，容易积蓄成无端的怨气，随时都会伺机兴起，直接导致冲突的产生。

除此之外，还有各种奇奇怪怪的缘由，总之是当事方自己的内心，觉得怎么有理，就怎么来。至于后果嘛，再说了，气头上，哪管得了那么多？先解气先爽了，这才重要。

三、伤害、后果

外形坚固的堡垒，最怕被对手从内部攻破。股东内讧、干架，如果不加节制，任由内心的魔鬼肆虐，无休止地自相残杀，后果真的很严重。

1.经营僵局、瘫痪：公司名存实名，正常营业无法进行。股东会要么是开不成，要么是吵成一团粥，无法作出决策。对公章、营业执照、法人代码证、保险柜钥匙等，则是你争我夺互不相让，严重的则是直接上演全武行，彼此脸面丢尽狼狈不堪。

2.员工彷徨无所适从：上级指令朝令夕改，不同领导意见相左，不管是听谁的指令，是对也是错。员工中投机取巧、两面三刀，甚至是拉帮结派、团伙站队等破坏组织团结的做法大行其道。正气不立，歪门邪气必然趁机猖獗，日夜撕扯着本该拧成一股绳的队伍。

至于内耗、自损严重、市场竞争力下降，乃至歇业、关闭、破产，甚至是股东遭遇牢狱之灾、血光之难，则是再正常不过的结果了。想想“真功夫公司”发生的故事，想想重庆富侨的突然变脸，不难发现，人身关系如此亲近的郎舅之间、兄弟之间，都会上演人性发挥到极致的大戏，彼此间事先没有任何人身关系的股东与股东，谁不会不寒而栗脊背发凉？

四、预防、破解

按理说，能够走到一起，把资金、精力、热情、理想等生命中相当重要的东西，放到一个池里，不分你我地往前冲往前闯，不说缘分等虚无飘渺的因素，至少是彼此对得上眼，能够相互接受对方。这也是有限责任公司能够产生的两大必备因素之一，人合的因素。

哪怕是媳妇娶过门了以后，发现相处起来，不如事先想像的那么美好，甚至是差得一套糊涂，你也不能把对方往死里整。同样地，股东之间产生冲突，在所难免，如何处理，考验的是彼此的格局、修养、智慧。过度的冲突，就像一只破坏力极强的野兽，必须要扎个牢笼，人为设个度、画个圈。

1. 留住情面，事有出路。凡事不能做得太绝，留住缓冲的空间。人在冲动之下，容易口不择言胡说一通，待双方都冷静下来后，事情就有转机变好的可能。

2. 内部矛盾，内部解决。内外有别规矩不同，不要轻易把冲突往外扩散。把复杂问题简单化，而不是把简单问题复杂化。内部矛盾外部化，参与主体越多，越容易把问题往死胡同里推。

3. 就事论事，人事分开。只有理性的回归，把注意力聚焦在当下的核心问题上，而不是漫无边际地东拉西扯，大家才能找到解决的办法，降低冲突的程度。

4. 放下对立，求同存异。只要开始寻找共同点，就会试着去理解对方。一旦接受和包容的心门打开，彼此就容易会往和解的目标上靠拢。特别是发现彼此争来争去，无非是一点小得不能再小的问题时，相逢一笑泯恩仇的喜剧就容易开场。

5. 好合好散，缘尽情在。朋友不成生意在，多一个朋友多一条路，这是中国人的传统观念，更是商人立身发展的根本。拿得起，更要放得下，才有可能成就一番事业。山不转水转，今天的放下，是为了明天的相逢。

客观而言，上下牙齿会打架，夫妻会离婚、父子会反目，兄弟还会阋于墙，何况是半路组建的伙伴关系，意见不合、吵架、冲突、伤心总是难免的。但是，凡事都是有底线的！维系彼此、稳定大局的前提条件是，再怎么吵，怎么闹，也得有个度——君子动口，绝不动手；就事论事，绝不人身攻击；控制范围,内部解决,如无限扩大,容易失控,后果难料。否则,一旦内心洪荒之力开闸,不加节制地出手,不把自己当“人”看,世界就会乱了套。

穷尽各种自我救济手段,仍然无法有效调停冲突时,有诉讼解决的渠道。知情权、分红权、异议权、派生诉讼、解散公司之诉(公司僵局下,持有10%及以上的股东,可以提起)等一系列有关公司的法律制度设计,可以让你自取所需。在法院的主持下,当事各方,可以文明地、理性地、规范地解决各种冲突。

百年修得同船渡,有缘才能来合伙!所以,股东们,且行且珍惜吧!

案例延伸:①

股东资格确认以股东名册为准,虽名册无等级,但有其他证据可以加以证实时亦应予以确认

公司应当及时将股东登记于公司股东名册,以认定股东身份。同时作为公司股东,履行出资是其义务,而置备股东名册系公司之义务,股东及公司若未履行这些义务,但有其他证据证实股东身份时,亦应依法予以确认。

案例裁判文书全文

① 四川水木源置业有限公司与谢某某、李某某股东资格确认纠纷二审民事判决书,载无讼案例:https://www.itslaw.com/detail?judgementId=a13dab1c-6a3e-4bb3-ad65-bc33e6eda913&area=1&index=1&sortType=1&count=1&conditions=searchWord%2B!%E8%82%A1%E4%B8%9C%E8%BA%AB%E4%BB%BD%E7%BB%A7%E6%89%BF%2B1%2B!%E8%82%A1%E4%B8%9C%E8%BA%AB%E4%BB%BD%E7%BB%A7%E6%89%BF,最后访问日期:2017年12月1日。

上诉人四川水木源置业有限公司（以下简称水木源公司）与被上诉人谢某某、原审第三人李某某股东资格确认纠纷一案，不服四川省苍溪县人民法院(2016)川0824民初43号民事判决，向广元市中院提起上诉。

水木源公司向广元市中院提出上诉请求：撤销原判，驳回谢某某的诉讼请求。事实和理由：虽水木源公司登记章程中股东有吴某某，但该公司系李某某个人设立，吴某某在接受李某某委托办理注册登记等手续过程中私自添加自己名字，且注册时未支付任何费用，公司成立后亦未缴纳任何出资，也未登记在公司股东名册中。即使吴某某是公司股东，其死亡后，在确定其合法继承人以及各继承人真实意思表示之前，不足以依据公司法相关规定确认谢某某可继承股东资格。从实际情况看，谢某某自吴某某去世后一直占有公司印章，对公司运营造成了实质损害，确认其股东身份，与有限责任公司人合性属性相违背，也不利于公司继续经营。

结合相关证据，可以明确以下内容：2011年4月，李某某与吴某某（已故）欲设立水木源公司，由吴某某经手办理工商注册登记，吴某某委托“四川博城工商服务有限公司”代办公司设立事宜。期间，2011年4月15日，李某某与吴某某制定了《四川水木源置业有限公司章程》，该章程规定：公司的名称为四川水木源置业有限公司；公司注册资本500万元，实收资本为0元，在公司成立之日起三个月内到位500万元，李某某、吴某某各认缴出资250万元；公司的经营范围为房地产开发、销售、室内装饰工程设计与施工、环境艺术设计与施工、园林绿化工程设计等；李某某、吴某某分别在该章程上签名。之后，水木源公司修改公司章程，公司注册资本增加到1000万元，李某某、吴某某各出资500万元，各占50%股份，李某某、吴某某在章程修正案签字。同年5月19日，水木源公司股东会作出决议：公司注册资本增加至1000万元，由股东李某某、吴某某各出资货币500万元，出资时间为2011年5月19日。李某某、吴某某在该股东会决议上签字。四川博城工商服务有限公司根据吴某某的委托，向成都市工商行政管理局提交了水木源公司的章程、章程修正案及股东会决议，代缴了注册资金 1000 万元，水木源公司于 2011 年 4 月 18 日经成都市工商行政管理局注册登记设立。庭审中，所有当事人均承认是由四川博城工商服务有限公司垫资 1000 万元进行了注册验资，次日抽回了注册资本，且在审理中均未提交股东出资证明。

2011 年 8 月 25 日，水木源公司在苍溪县登记注册设立水木源公司苍溪分公司。李某某、吴某某与案外人杨某某、冉某某等以该公司之名合伙投资进行“青溪兰亭”房地产项目的开发经营。2015 年 9 月 10 日，吴某某病逝。吴某某之妻谢某某要求继承股东资格参与经营，李某某拒绝。

另查明：吴某某第一顺序法定继承人有：吴某某之父吴甲、母亲张甲、妻子谢某某、儿子吴乙。诉讼中，谢某某向广元市中院提交了吴甲、张甲、吴乙放弃股东资格继承权的书面声明。

广元市中院认为，一审依据水木源公司章程及修正案以及该公司股东会决议以及公司变更登记等法律文书，认定吴某某系该公司股东，符合《公司法》第三十二条等相关规定。而股东履行出资是其义务，置备股东名册系公司之义务，股东及公司若未履行这些义务，但有其他证据证实股东身份时，亦应依法予以确认。水木源公司原股东吴某某去世后，其生前居住社区居委会出具证明证实了吴某某的法定继承人身份信息，在公司章程未作例外规定时，包括谢某某在内的继承人均有权继承其股东身份，但其余法定继承人均书面放弃了对吴某某在该公司股东身份继承权，其意思表示程序符合法律规定。因水木源公司《四川水木源置业有限公司章程》对公司股东身份的继承并无特殊规定，一审依据《公司法》第七十五条之规定，确认谢某某的股东身份，符合法律规定。

综上，上诉人的上诉理由不能成立，其上诉请求，广元市中院不予支持。原审认定事实清楚，适用法律正确，广元市中院依法维持。

法条再现

《公司法》第三十二条：有限责任公司应当置备股东名册，记载下列事项：

（一）股东的姓名或者名称及住所；

（二）股东的出资额；

（三）出资证明书编号。

记载于股东名册的股东，可以依股东名册主张行使股东权利。

公司应当将股东的姓名或者名称向公司登记机关登记；登记事项发生变更的，应当办理变更登记。未经登记或者变更登记的，不得对抗第三人。

8. 被并购重组，既是伤筋动骨，更是脱胎换骨！

太阳底下没有新鲜事？不，太阳底下，每天都可以有新鲜事。

并购重组，本来不是什么新鲜事，大家也都见多不怪了，一切似乎波澜不惊地进行着。冷不防地，证监会的一纸新规《上市公司重大资产重组管理办法》，立马搅动一池春水，引发各种风生水起——点评、议论、解读、网络段子。利好还是利空？如人饮水，冷暖自知！这种事，当局者清，旁观者迷。

证券市场的指挥棒怎么舞动，好比天气是“晴天”还是“下雨”，是别人说了算的事，咱们还是关心一下，自己可以影响的事吧。

一旦股权被别人并购重组，而所幸公司主体保留，会有什么样的故事上演？回顾自己经手办理的一个个案例，我的眼中出现的是：

1. 天，真的变了吗？ 至少是老板换人了！

原有的股东，全部或部分地换成了别人，换句话说，公司的所有权归属主体发生了重大的变化，甚至是企业性质也有可能天翻地覆，从纯民营、私营变成国有参股、控股或全资；从纯内资变成中外合资或纯外资，反之亦然。而且，这还只是一个阶段的结果描述，下一刻还会发生什么变动，谁也不知道。被并购后，公司昨天的老板（他或她），一定不是公司今天的老板（至少不全是），但谁都很难保证，他或她，一定不是明天的老板。类似王者归来的故事，经常在上演。

白猫黑猫？姓资姓社？国有民营？非此即彼的简单区分，已经不适合当下的形势了。实际控制、名义代持、隐名股东、认缴出资、关联交易、混合所有、对赌安排、有限合伙……乱花渐欲迷人眼的同时，各种层出不穷的商业新模式、创新交易架构和股权灵活性安排，让公司的所有权归属问题，变得更为纷繁复杂，直叫人雾里看花，考验观众的不止是眼力一项。就像在泰国，人分三种，男人、女人还有 Ladyboy，你所看到的不一定是真实的。

记得乔布斯与苹果公司的故事、陈某与国美公司的纠葛、张某与俏江南公司的恩怨吗？当下最为精彩的，应属发生在万科公司的这一出“收购与反收购、控制与反控制”的大戏，最终鹿死谁手，“制片人”是谁，不得而知，有待下回分解。

2. 谁是编剧、谁是导演？ 决策机制、执行机制已经悄悄在改变。

制片人问题一旦搞定，谁来编导这一出大戏？这涉及公司的控制权、法人治理结构两个层面的大问题。

东家易主，掌柜的、管家的还能是老面孔吗？被并购后，股东会成员新旧更换，董事会、监事会必然随之发生新旧调整，讨论、决定、监督公司重大事项、一般事项的机制——决策机制、监督机制，顺理成章的是面目一新，公司的命运、前途，全由新的一帮人来掌舵。

在执行层面，则是治理结构的大调整。总经理和各部门主管（尤其是财务部门），即俗称的“经营层高管”，面临一个被重新考核、选聘、调整的“洗牌”程序，解决的是既定决策的执行力问题，是公司上下政令畅通问题，是经营效率效益效果问题，是带兵作战的帅将人选问题，是具体经营情形下如何随机应变保证达成目标的问题。

这个时期，是公司上下最为亢奋的时期，因为“一成不变”总是令人厌烦，“变革变数”总是令人期待。相应地，也是最危险的时期，诸如高管集体离职、内讧矛盾激化、局面形势失控、制度规范不力、应变难度过大等问题，对新东家新掌柜的挑战，都不容小觑。

在相关情况、资讯有待进一步收集完整、熟悉掌控的情况下，实务中，出于平稳过渡、顺利衔接的考虑，实际控制公司的收购方，往往会安排一个过渡期。过渡期内，表面上一切如故，表面下暗流如注，时机一到，调整就到。过渡期内，会有一个对原有既定的发展战略、前行方向、未执行完毕事项进行重新审视、排查、判断、接纳与否、加强或减弱的问题；有类似建设工程中间阶段验收的审计、评估、结算工作；有把诸多历史沉疴、隐患危机、人为掩盖问题等负面内容一一揭示出来的核查过滤可能。

接下来玩什么？当然是主营业务的重心、流程，时常玩变脸。新的东家，关于企业的发展方向、自我定位、目标市场和目标客户锁定、治理和内控等方面，往往是跟老东家差别不小。我的地盘我做主，江山一旦易主，颜色变化在所难免。

是老瓶装新酒吗？是的，在人力资源上，表现为逐步掺沙子，重新排列组合，表现为人员、岗位、结构的大幅度调整，甚至是高管层面整体大换血。老员工出走，新员工引入，梁山泊108将重新排座位的场景，在被并购企业里，少不了要演一回。首当其中的是CEO、CFO、HR，这几个比较敏感和重要的岗位。

是换汤不换药吗？不，往往是换汤又换药，是企业文化重新定位，重新建设。丛林的竞争生存法则说明，只有弱肉强食，没有强肉弱食。作为收购方的强者一方，不会延续弱者一方的原有游戏，找准症结、推倒重来、洗心革面，才能东山再起王者归来，才能符合新东家的利益诉求。当然，纯粹是出于强强联合目的的合并式收购，不在此列。

并购重组，对于一个公司所带来的变化，不仅是“易容整形”，更多的是“伤筋动骨”的手术，是“脱胎换骨”的重生，从“格局、战略、风格、文化、士气、形象”，到“赢利模式、增长节奏、财税安排、高管队伍、市场营销、品牌塑造”，都会发生刻骨铭心的巨大变化。

乌鸡变凤凰，还是巨人变侏儒，一切皆有可能。

伤筋动骨，脱胎换骨，个中甘苦，谁来做主？

法条再现

《公司法》第十六条：公司向其他企业投资或者为他人提供担保，依照公司章程的规定，由董事会或者股东会、股东大会决议；公司章程对投资或者担保的总额及单项投资或者担保的数额有限额规定的，不得超过规定的限额。

公司为公司股东或者实际控制人提供担保的，必须经股东会或者股东大会决议。

前款规定的股东或者受前款规定的实际控制人支配的股东，不得参加前款规定事项的表决。该项表决由出席会议的其他股东所持表决权的过半数通过。

《公司法》第七十一条：有限责任公司的股东之间可以相互转让其全部或者部分股权。

股东向股东以外的人转让股权，应当经其他股东过半数同意。股东应就其股权转让事项书面通知其他股东征求同意，其他股东自接到书面通知之日起满三十日未答复的，视为同意转让。其他股东半数以上不同意转让的，不同意的股东应当购买该转让的股权；不购买的，视为同意转让。

经股东同意转让的股权，在同等条件下，其他股东有优先购买权。两个以上股东主张行使优先购买权的，协商确定各自的购买比例；协商不成的，按照转让时各自的出资比例行使优先购买权。

公司章程对股权转让另有规定的，从其规定。

《公司法》第七十二条：人民法院依照法律规定的强制执行程序转让股东的股权时，应当通知公司及全体股东，其他股东在同等条件下有优先购买权。其他股东自人民法院通知之日起满二十日不行使优先购买权的，视为放弃优先购买权。

9. 上“新三板”，你想好了没？

“上新三板，好不好？”

从事公司与资本的法律服务工作中，时不时会有企业主这么问我。图个省事，干脆写篇文章，系统地书面回答下。以后再碰上，微信推送一下即可。

一、“新三板”是个什么东东？

窈窕淑女，君子好逑！

企业经营，总有个融资需求。毕竟，全部用自己的资金来应付经营需求，既不现实，也不符合经济学的原理。当然，世上真有这样的牛人，只是概率极其微小，不在咱们讨论之列。

融资，简单地说，就是把原来不是企业的钱，拿到企业来用。有两种方式，一种是直接融资，就是企业直接与资金方（金主）对接往来，没有中介环节。比如说，发行股票、债券，金主直接把钱交给企业，企业成为这些钱的新的所有权人即新主人。这些钱，不用还，也不用付利息，但原有股东即企业主得稀释手上股权，得让渡一部份股东权利。另一种是间接融资，比如向银行、信托等专业金融机构贷款。这些金融机构并非金主，是中介角色的资产管理人，他们把“散户”手上的零散资金归拢一处后，以自己的名义贷给企业，并设定期限，届满时企业得还本付息。也就是说，企业只是在支付一定交易对价的基础上，享有一段时间的资金使用权。

直接融资的途径，目前主要是上市或挂牌交易公司股份，此外私下的一对一的、几对几的股份转让，总的说来，占比不大。新三板，认真说，是“全国中小企业股份转让系统”，就是这些上市或挂牌交易中的一种方式，属于OTC即“场外交易系统”。无论从实际成交量、资本市场地位，还是社会影响角度来说，发展到今天，哪怕已经拥有10000多家的天量，新三板与主板、中小企业板、创业板比起来，仍然是“小弟弟”一个，有待进一步的发展壮大。尤其是少得可怜的成交量，一直是新三板严重的心理负担，也是不被待见的主要原因。“坐市商”“创新层”的设计，是监管部门努力破解当下困境的有益尝试，实际效果如何，则有待进一步的观察。

二、适合自己，才是好的

有人说好，就有人说歹！凡事总有两面性。

所处的区域、行业不同，各自的发展阶段、竞争优势不同，融资需求的急缓、多少、承受对价的能力不同，企业的状况，有如自然人的状况，必然是个体之间千差万别，很难用一个标准来评判，只能用比较分析来甄别。

有的企业，醉翁之意不在酒。实际能够融到多少钱，它根本不在乎。只要能挂上去，有个闪亮的数字代码，时不时出现在媒体上，在政府及社会各界关注的目光中，它就心满意足了。对这样的企业而言，新三板就是个好东西。与“高大上”的主板等其他板相比，进入新三板的手续简便、费用低廉、耗时短少。

有的企业，经营了二十来年之后，原来“打江山”的创始团队逐步进入中老年了，传承、接班问题日益突出。通过股份制改造、实施股权激励、外来资本引进等措施，新老之间可以有一个平衡过渡的时空。但是，这个过渡的节奏、力度、冲击，又不想过于猛烈。在此背景之下，新三板，相对低调、温和一些，就成了企业主的首选。

有的企业，是被同行竞争者逼到没得他选。对方要么是自己直接上，要么是通过借壳或被并购等间接途径，反正是上了新三板，甚至是中小企业板、创业板了，一下子显得士气大振实力大增，市场话语权瞬间猛窜，似乎已经不是同一个重量等级的对手了。形势催人奋进，由不得你要不要，被推着被逼着，你也只能赶时髦了，哪怕不缺钱，也得到资本市场去闹腾一番。不然，根本没法跟竞争对手同台 PK。

三、谋定而后动

天下没有免费的午餐！

新三板好比一位令人垂涎的大美女，要把她娶到手，你总得搭讪认识、筹集聘礼、装修洞房等一系列的准备工作。在这其中，理念变更、历史清理、股权架构、战略调整是重中之重。

企业怎么来的？与公有单位之间有什么千丝万缕？历次变更登记有什么遗留问题？财税上有什么原罪或未决事项？实施股改会遭遇什么障碍？有什么隐名股东、代持股份的安排设计？要不要设立持股平台和员工股权激励？计划耗费多少人力物力财力和时间上新三板？上不成，怎么办？上成了，后续怎么发力？

新设满两年的企业，历史包袱很少，尤其是一开始就在专业人员指导下设立的股份制公司。但是，凡事喜欢变通的中国人，经营企业时，总有很多台面下见不得光的东西，总是藏着掖着的。自己当家说了算，问题不大。成为社会化公司之后，容易成为随时引爆的地雷。

成立一二十年的企业，历史问题可就多了去。中国公司法实行至今，操作水平总体偏低。人情社会、长官意志、作风粗糙等因素，直接导致老企业中沉淀太多太多的硬伤，且沉疴久远，处理起来连筋带肉的痛，往往会让企业主想知难而止，让新三板之路半途而废。幸好，一是相对宽松的外围环境,尤其是政府层面的扶持鼓励,让企业的"补课"成本相对低一些;二是在几年的模仿学习之后,中国自己的投行队伍日益成熟,处理复杂的手法、技术,也在日益进步中,可以应对绝大多数的问题。

四、前行路上,鲜花与荆棘为伴

新三板,不是避风港!

欧普泰,费尽周折上市之后,鲜花和掌声如潮涌来,"上市公司"的光环之下,企业主的身价陡增几十上百倍,令人羡慕。也正是这个时候开始,各种压力、考验开始上场。

信息披露,让企业时不时得在公众视野中亮相,好事得讲,坏事也得讲。为做好这个新闻发布,企业还得精挑细选专业的"董秘",既要应对定时与不定时的"官方发布",也要应付各种突然的询问、袭击,乃至媒体危机公关。不露富、低调,是不可能的,在公众面前,企业的经营状况、纳税数额、重大交易,几乎是透明的。甚至是关联的关联,都可能被有心人掘地三尺"人肉"得一清二楚。

盈利增长能力,也是一个不断上紧的发条。没上之前,企业主爱做多少是多少,哪怕是把企业闲晾个几年,也没人会管你。上市后,财务报表、净资产、收益率、增长率,无数的数字,立马成为企业主天天上心的事儿,成为社会公众关注的对象。于是,并购重组产业整合、做强做大的故事,东挪西凑拼数字、"死要面子活受罪"的表演,甚至是制造题材概念刺激公众想象神经的忽悠,也不断上演。

当然,玩得转玩得好,制造了一个个奇迹一个个神话的企业,也不是没有。成功转板晋升上一级板块,或者是小蛇吞大象四两拨千斤的资本故事,正在一个个地被书写出来。

说到底,新三板毕竟是开启了一个全新的直接融资市场,一个促进企业发展的平台。商业的世界,永远是机会与风险并存。

富贵险中求,有种你就来!

法条再现

《公司法》第七十一条:有限责任公司的股东之间可以相互转让其全部或者部分股权。

股东向股东以外的人转让股权,应当经其他股东过半数同意。股东应就其股权转让事项书面通知其他股东征求同意,其他股东自接到书面通知之日起满三十日未答复的,视为同意转让。其他股东半数以上不同意转让的,不同意的股东应当购买该转让的股权;不购买的,视为同意转让。

经股东同意转让的股权,在同等条件下,其他股东有优先购买权。两个以上股东主张行使优先购买权的,协商确定各自的购买比例;协商不成的,按照转让时各自的出资比例行使优先购买权。

公司章程对股权转让另有规定的,从其规定。

《公司法》第七十二条:人民法院依照法律规定的强制执行程序转让股东的股权时,应当通知公司及全体股东,其他股东在同等条件下有优先购买权。其他股东自人民法院通知之日起满二十日不行使优先购买权的,视为放弃优先购买权。

10. 及时、稳定、可靠，服务的最高境界！

片断 1

“挑选供应商时，国外企业主要看重对方的什么优点？”

“质量？价格？售后？种类齐全？彼此关系……”教室里一下好不热闹。

“不，都不对！”来自新加坡某大学的陈教授告诉我们，国外的企业，考核供应商的第一标准，是“及时、稳定、可靠”，是“信守承诺、说到做到”，其次才是“质量、价格等因素”。

为什么会是这样？听完教授的解释，我们才理解到这一层道理：因为生产、经营，是一个系统工程，一个流水线前后衔接的过程，哪个环节掉链子，都会影响整体的进展，其负面代价（如违约赔偿、时间成本）是难以评估的，不是产品、服务的价格优惠所能填满的。

片断 2

专职做律师十几年来，我经常会主动辞去一些顾问单位服务期满后的续约邀请。为什么呢？因为无功不受禄。拿了几万元的顾问费，总该提供对应的服务，才对得起客户。偏偏顾问单位在我们的参谋下，经过一段时间的调整后，一年到头，什么事也没有。

心里实在过意不去，经常都要纠结这个问题：主动去拜访一下吧，没话找话闲聊，怕影响老板们的正常工作；老不去吧，有拿了钱却不顾不问的占便宜之嫌。索性，到期后一辞了之，反正保持联络，有事可以随时沟通。

在多数中国人的观念中，对待“医生”和“律师”，有一点相通的地方，那就是碰上麻烦了才用得上，最好永远都别用上。平日里，要是一个医生整天来关心你，哪里不舒服了，有病没，估计你也不待见。同样地，一个律师老是来找企业老板，提示这个风险指点那个问题，估计老板们躲都来不及。

很长时间里，我都觉得自己这么做是对的，至少不会落下拿钱没干事的骂名，不会亏欠客户什么。

片断3

半年前的某一天，商学院的某位同学、著名企业的大老板，主动找到我，很认真地说要以他个人名义跟我签订常年法律顾问合同。

“财富传承、投资安排、家事纠纷，还是？”总得搞清楚具体需求内容，我才好有的放矢地安排具体承办律师。“我也不知道届时会有什么具体内容，反正就当作是买个保险一样，有事了我就找你，有交钱才不会不好意思！”

请法律顾问像买保险一样？逗我玩的吧！第一次，我也没真当回事，呵呵了之。直至他又跟我催促二次后，我才意识到，他是来真的。

聪明的企业家，总给我无限的启发。这一次，我同学又给我上了一课，告诉我之前“一辞了之”的想法是多么可笑。法律思维指挥下的我们，往往会一厢情愿地把注意力放在一年收了多少律师费，提供了多少服务量，服务的性价比会怎么样，却不够真正设身处地去琢磨，企业主们，对常年法律顾问，最看重的是哪一个方面。

片断4

走进一个陌生的城市，如果时间允许，我总爱放弃大酒店千篇一律的盛宴，想方设法去品尝当地的小吃。一方水土一方人，美食也是一种地域文化，可以折射出一个地方的各种特色，耐人品味。如果时间紧张，又没有人引路，我就会不假思索地选择“麦当劳”“肯德鸡”或“必胜客”这一类的洋快餐。

为什么呢？因为这些是耳熟能详的大品牌，它们能够做到“口味稳定可靠、品质始终如一、供应迅速快捷、品种便于选择、环境卫生干净、方便携带有利赶路”等，可以说几乎是百分百地回应我的需求。我的选择没有风险！反观国内的餐饮，则极少能够做到这种程度。哪怕是著名的品牌，在不同城市，我们的消费体验，往往都不一样。

人在陌生他乡应付吃饱问题的时候，有关洋快餐的种种负面传闻，已经抛到一边了，反正是偶尔为之，应该问题不大。更何况，比起地沟油、这种那种的食品添加剂、无底线商家，选择的倾斜，一目了然。

社会上流行一种说法，企业主必须要交几个朋友，如医生、律师、会计师、银行家等。为什么呢？表面上，是因为有刚性需求，有服务期待；本质上，却有一个深层的逻辑在里面：

满足刚需，在社会分工细化、服务供应商遍地都是、互联网当道的如今，企业主完全可以临时抱佛脚，随便找一下，方便又快捷，事了后拜拜下次再见，何必费心费力费财去交往这些并不带来生意机会的“朋友”？

因为，企业主真正需要的，是一个彼此了解甚至知根知底、信任可靠的朋友，一个招之能来、来之能战的白衣骑士，一个有需要了他就会准时出现的专业快递员，一个沟通成本最低的合作者，总之，是一个及时、稳定、可靠的服务提供商。

“所以，为什么寄东西时，我们习惯找顺丰快递？因为它及时可靠！现代服务业，都要像顺丰快递这样，才能真正契合客户的需求。”

洋式感恩节的上午，特意到建设大厦拜访领导，感谢推荐我参与世界城市日活动的知遇之恩，顺便到永大会计师事务所会会朋友。相谈甚欢之下，聊及律师、会计师、税务师的服务共性问题，遂有了上述的一系列联想。

做好现代服务业，真心不容易。我们需要不断清零，一直在出发，争取早日追赶上发达国家同行的脚步。

案例延伸：①

公司减资应严格按照法律规定进行，否则将比照股东抽逃出资的法律责任进行认定

由于公司减资减少了以公司资产承担责任的能力，直接影响到公司债权人的利益，所以我国公司法对于公司减少资本规定了比增加资本更为严格的法律程序，其目的就是在于有效保护债权人的利益，因此，对于公司减资未通知已知债权人的责任，比照股东抽逃出资的法律责任进行认定，于法有据。

案例裁判文书全文

上诉人钟某某因与被上诉人上海杰之能信息科技有限公司（以下简称杰之能公司）、原审第三人江苏保旺达信息产业有限公司（以下简称

① 钟某某公司减资纠纷二审民事判决书，载无讼案例：https://www.itslaw.com/detail?judgementId=547c626a-342d-49d9-9777-7b6d7faa9618&area=1&index=1&sortType=1&count=76&conditions=searchWord%2B!%E5%B9%B6%E8%B4%AD%E9%87%8D%E7%BB%84%2B1%2B!%E5%B9%B6%E8%B4%AD%E9%87%8D%E7%BB%84，最后访问日期：2017年12月1日。

保旺达公司）公司减资纠纷一案，不服江苏省南京市中级人民法院（2014）宁商初字第 110 号民事判决，向江苏省高级人民法院提起上诉。

江苏省高级人民法院认为，钟某某应在 170 万元减资范围内对保旺达公司的债务承担清偿责任。

一、保旺达公司减资未依法履行对债权人杰之能公司的通知义务。由于公司减资减少了以公司资产承担责任的能力，直接影响到公司债权人的利益，所以我国公司法对于公司减少资本规定了比增加资本更为严格的法律程序，其目的就是在于有效保护债权人的利益。依据《中华人民共和国公司法》第一百七十七条第二款“公司应当自作出减少注册资本决议之日起十日内通知债权人，并于三十日内在报纸上公告。债权人自接到通知书之日起三十日内，未接到通知书的自告知之日起四十五日内，有权要求公司清偿债务或者提供相应的担保”的规定，公司减资时，应当采取及时有效的方式通知债权人，以确保债权人有机会在公司责任财产减少之前作出相应的权衡并作出利益选择，公司则根据债权人的要求进行清偿或者提供担保。上述行为既是公司减资前对债权人应当履行的义务，同时也是股东对公司减资部分免责的前提。该案保旺达公司减资时，未就减资事项以有效方式告知杰之能公司，仅在报纸上刊登公告，应认定其未依法就减资事项向债权人杰之能公司履行告知义务，损害了杰之能公司的权益。保旺达公司作出减资决议时，杰之能公司已对其提起诉讼，保旺达公司对于其所欠杰之能公司款项应为明知，其关于双方债权债务须经法院生效判决认定，否则不能确定杰之能公司为其债权人，故而可以不通知杰之能公司的理由，无事实和法律依据。

二、保旺达公司的减资行为侵害了杰之能公司的债权。保旺达公司形成股东会决议将注册资本 500 万元减少至 330 万元时，杰之能公司已对保旺达公司提起诉讼，保旺达公司所欠债务高达 1600 余万元，钟某某、钟丹晔在明知公司大额债务未付清的情况下，仍然通过股东会决议减少公司注册资本；向工商行政部门提交减资文件时未提供公司资产负债表和财产清单，未如实陈述其负有大额债务未清偿的事实，而取得工商部门准予减资的批复；对于债权人杰之能公司未就减资事项采取合理、有效的方式告知，保旺达公司的上述行为明显存在逃避债务的恶意，直接导致保旺达公司以自身财产偿还杰之能公司债务能力的下降，损害了杰之能公司的权利。因保旺达公司未就减资事项通知债权人，使得债权人丧失了要求公司清偿债务或者提供相应担保的权利，而公司减资系公司股东会决议的结果，减资的受益人是公司股东，该情形与股东抽逃出资对于债权人的侵害有着本质上的相同，因此，对于公司减资未通知已知债权人的责任，比照股东抽逃出资的法律责任进行认定，于法有据。

三、钟某某应在减资范围内对案涉债务承担责任。钟某某系保旺达公司减资行为的直接受益人，已取得公司减资财产，该行为亦导致保旺达公司对于杰之能公司偿债能力的下降，故钟某某应在减资范围内承担责任。虽然其于保旺达公司减资时承诺对减资前的公司债务承担偿还责任，并未明确责任范围，但因该承诺系针对公司减资行为所作出，故应依据公司法有关有限责任公司性质以及减资行为所导致债权人权利受损的后果等对其承诺作出时的真实意思进行综合认定。依据我国公司法规定，有限责任公司的股东以其认缴的出资额为限对公司承担责任，而钟某某系为公司减资行为所作承诺，故其承担责任的范围应以减资数额为限较为恰当。2013 年 4 月 8 日，保旺达公司注册资本由 500 万元减少至 330 万元，其中钟某某认缴出资额由 400 万元减少至 230 万元，因此，钟某某应在减资额 170 万元范围内对保旺达公司不能清偿的债务承担赔偿责任。原审据此判决，并无不当。

四、钟某某不能因保旺达公司 2014 年 5 月 4 日的增资而免责。二审中，钟某某主张即使 2013 年 4 月 8 日的减资导致公司实收资本减少，使得公司对外偿债能力降低，但其在 2014 年 5 月 4 日以价值 195 万元的“数据防火墙专有技术”对公司增资，也使得公司注册资本恢复至 500 万元，公司偿债能力因此恢复，其即不应承担偿还责任。江苏省高级人民法院认为，该案系债权人因债务人减资行为导致其债权实现受损而主张的侵权赔偿之诉，损害结果在减资行为作出时即已实际发生。鼓楼法院2014年8月11日（2013）鼓执字第2355号执行裁定认定，因未发现被执行人保旺达公司其他可供执行的财产而终结该执行程序。故保旺达公司的专有技术增资仅证明其在该案诉讼过程中完善了公司注册资本登记，但对于债权人债权的实现并无影响，杰之能公司的债权亦未因2014年5月4日增资得到相应清偿。对于钟某某的上述理由，江苏省高级人民法院依法不予支持。

综上，江苏高级人民法院判决：驳回上诉，维持原判决。

法条再现

《公司法》第三条：公司是企业法人，有独立的法人财产，享有法人财产权。公司以其全部财产对公司的债务承担责任。

有限责任公司的股东以其认缴的出资额为限对公司承担责任；股份有限公司的股东以其认购的股份为限对公司承担责任。

《公司法》第一百七十条：公司应当向聘用的会计师事务所提供真实、完整的会计凭证、会计账簿、财务会计报告及其他会计资料，不得拒绝、隐匿、谎报。

《公司法》第一百七十七条：公司需要减少注册资本时，必须编制资产负债表及财产清单。

公司应当自作出减少注册资本决议之日起十日内通知债权人，并于三十日内在报纸上公告。债权人自接到通知书之日起三十日内，未接到通知书的自公告之日起四十五日内，有权要求公司清偿债务或者提供相应的担保。

最高人民法院《关于适用〈中华人民共和国公司法〉若干问题的规定（三）》第十四条：股东抽逃出资，公司或者其他股东请求其向公司返还出资本息、协助抽逃出资的其他股东、董事、高级管理人员或者实际控制人对此承担连带责任的，人民法院应予支持。

公司债权人请求抽逃出资的股东在抽逃出资本息范围内对公司债务不能清偿的部分承担补充赔偿责任、协助抽逃出资的其他股东、董事、高级管理人员或者实际控制人对此承担连带责任的，人民法院应予支持；抽逃出资的股东已经承担上述责任，其他债权人提出相同请求的，人民法院不予支持。

11. 员工股权激励，怎么看?

“到底‘股权激励’好不好？我们公司要不要实行股权激励？”在实践中，时常接待类似这样的询问。为帮助非法律专业出身的企业老板理解，我试着从不同角度分析一下。

社会学角度：这是一种资源配置、利益平衡

排除“富二代、官二代”等特殊人群，一般人的人生历程，总有一种无奈——年轻的时候，很想做事，梦想、向往等总在做加法，偏偏这个时候自己没资金、没经验、没资源；中老年的时候，有资金、有经验、有资源了，却心有余而力不足，缺乏做事的活力、冲劲，梦想、向往等处处总在做减法。

“我所缺少的是，正是你所拥有的！”反之亦然。有什么办法，可以让彼此间互通有无、优势互补呢？以前讲“老、中、青”三结合，现在是老板员工相结合。老板贡献资金、经验、资源、市场，承担企业经营的风险、责任，收获经营利得和资本利得。员工贡献体力、脑力、技术、时间等人力资本，收获薪资、经验、机会，但不用承担企业经营的风险、责任。

这样的结合，解决了优势互补的问题，却没办法平衡双方关于经营成果的分配预期。员工永远都想涨工资，都觉得自己拿得少，但一下子也拿不出钱来投资入股，因为这个时候自身的消费刚性需求（供房供车、养家糊口）很

旺盛,停一个月都不行,家里随时等米下锅。与此同时,老板也觉得很冤,且不说各种各样的或有风险无时不在,单就应付每个月雷打不动发工资的现金流,就足够神经紧张的。

股权激励,尤其是期股,可以调整时空的矛盾,员工在确保每月薪资的同时,分期分批地投资入股,在很大程度上平衡双方的心理预期、冲突矛盾。

金融学角度:这是一种交易设计、远期合约

无论是老板,还是员工,都是“经济人”,利益面前当仁不让,在商言商情有可原。问题是,在社会信用水准整体偏低的环境下,当双方利益产生博弈、冲突时,谁都是“不见兔子不撒鹰”。这么一来,如果都在观望,都在怀疑,都不肯先行付出,结果就只能是交易不成两败俱伤,这显然不符合双赢的商业原则。

遵循“未来对赌”的思路,以将来实际发生的各种情况为准绳,设置“时间长度、业绩要求、考核指标”等一系列参数,辅以行权频率控制、赎回安排、强制转让、比例控制等一系列的预设手段,“股权激励”在技术层面,运用金融学原理,以“远期合约”的金融工程产品,解决了相互信任问题,解决预期与实际的差距问题,解决时间和空间科学匹配问题。

当预期的目标达成时,就是蛋糕做大的日子,老板与员工各得所需皆大欢喜。老板的股份数虽然有所减少,所对应的利益却是更大。员工努力奉献,正常薪资之外,多得一份股权收益。反之,则是蛋糕小了,皆大郁闷都有损失。

法律学角度:这是一种权利处分、赠与分享

市场经济,一定是法治经济。不管“商业模式”“实际操作”怎么在实务层面上创新创意,只有合法合规的,才能有存在价值,才能被社会大众所认

可。股权激励,说到底是所有权人即原股东,对于自身利益的一种处分、一种调整,是给与他人即员工,他人接受后成为新股东的过程,符合我国《民法总则》与《物权法》等相关规定。这是第一层面的问题,表现为公司股东对员工的一种股份转让或赠与。

第二层面的问题,是股权激励,往往会设定一定的行权条件,只有当条件满足、成就的时候,被激励的员工才能行使权利。乍一听,有点"对赌"的味道,其实不然。我国合同法在"赠与"方面的法律制度设计中,就有"附条件赠与"这一说。通俗地说,"送给你,虽然是我自愿的,但我是有附带一定条件的。愿意就成交,不愿意就拉倒"。

第三层面的问题,是关于回购、赎回的设定,约定的是当未来某种情况出现时,如员工岗位调整、离开公司等,员工将手上已经持有的股份,进行的反方向的转让、赠与,其法理与第一层面是一样的。

当然,在这里面,还隐含有法定的共有权人(一般是出让方这一主体的配偶)是否知晓并同意、是否必须缴纳所得税的旁枝问题,需要谨慎处理才行。

管理学角度:这是一种 HR 方式、员工激励

早在 16 年前,我的一位朋友在跨国公司从事 IT 行业工作,就已经开始享有公司给予的股权激励。虽然份额极其微小,却也是跨国公司招聘人才的一大卖点,是员工们津津乐道的一个内容——在那遥远的美国纳斯达克资本市场,我拥有某著名公司几百股的股份。时间届满后,我就可以随时出售,收到美元。多好!当时作为听众的我们,只有仰慕的份。

昨天下午,应邀为厦门市文创协会的会员讲解关于"新三板"的课题之前,听取了东道主风云科技公司黄董分享的挂牌历程,其中,员工争相踊跃入股这一环节,印象深刻。当时,公司规定的入股截止时间是晚上 12 点,直到凌晨 2 点多,还有人在打电话争取。入股后,随便哪一天的晚上 10 点,都

会有人在公司加班,这些人既是员工也是股东。大家的积极性,在熬夜奋战赶拍每一部电影的时候,都表现得令人感动。

这就是活生生的实例。送鸡汤、打鸡血,都不如股份来劲。精神奖励、物质奖励,都不如那可能一夜之间升值几十上百倍的上市股票来得刺激。太多的公司上市后的造富神话,把职业经理人队伍、员工群体,"教育"成了"上市公司股东"的铁杆粉丝。人力资源市场的游戏规则,在发生着深刻的变化。

金色手铐、金色平台、金色降落伞,制造技术哪家强?

法条再现

《公司法》第一百四十二条:公司不得收购本公司股份。但是,有下列情形之一的除外:

(一)减少公司注册资本;

(二)与持有本公司股份的其他公司合并;

(三)将股份奖励给本公司职工;

(四)股东因对股东大会作出的公司合并、分立决议持异议,要求公司收购其股份的。

公司因前款第(一)项至第(三)项的原因收购本公司股份的,应当经股东大会决议。公司依照前款规定收购本公司股份后,属于第(一)项情形的,应当自收购之日起十日内注销;属于第(二)项、第(四)项情形的,应当在六个月内转让或者注销。

公司依照第一款第(三)项规定收购的本公司股份,不得超过本公司已发行股份总额的百分之五;用于收购的资金应当从公司的税后利润中支出;所收购的股份应当在一年内转让给职工。

公司不得接受本公司的股票作为质押权的标的。

12. 企业经营，如何引入“专业外援”？

经营一家企业，时不时地，都会遭遇法律、财税方面的问题，而且是自己搞不定的疑难杂症。召集公司的法务、财务、业务，讨论上老半天，最终还是各执一词、莫衷一是的“公说公有理、婆说婆有理”之纷乱烦扰，常常会让老板们抓狂半天却又无可奈何。因为，一大堆的专业名词，已经让人晕得找不着北了，更甭谈什么如何决策、如何取舍、如何定夺了。

怎么办？时间紧、任务急，寻求“空降外援”，好比医院要外请专家“飞行会诊”一样，找律所、会所的专家来把脉会诊，不失为一种符合现实的解决之道。随着现代服务业的兴起、社会分工的日益精细和深化，企业家自愿花费时间，与律师、会计师、医师、金融师交朋友谈感情的做法，越来越普及。

怎么个延聘法，才是科学合理的？有这么几个方面的问题，值得探讨。

一、选择“自聘”还是“外包”

无论怎么个算法，无论是法律问题还是财务问题，算来算去，还是公司自己招聘几个法律或会计专业的毕业生，设立财务部、法务部，或者干脆取个“合规风控综合部”，成本上比较合算。

平时，财务部的人员，应付一大堆的现金、清算、入账、报销、票据、税务等事务，整天忙得晕头转向的，让老板觉得这笔人力资源成本，花得物有所值。而法务部的人员，则显得相对轻松，那就让他们不仅起草或审查合同、文件，还要兼做办公室文员、“不管部”员工，身兼多职，低成本、高效率。真有什么专业上的复杂问题、大条问题了，再找律所、会所解决，再去咨询常年法律顾问、财务顾问，似乎也不迟。

这是自聘，外包呢？

这几年，学习外资企业的通行做法，不少具备一定规模、一定雄心壮志的内资企业，也开始推广专业外包的做法，在财务、法律、互联网、后勤行政等方面，寻求符合企业自身特色的最佳解决方案。

某企业集团，关于法律方面的问题，是这么做的：

摒弃聘请一两个常年法律顾问的做法，挑选一家自己认为比较合适的、有一定规模、综合服务能力比较全面的品牌律师事务所，签订外包服务协议，而且是一签多年。律所这头，是指定一名资深合伙人担任组长，全面负责对接该集团公司，并根据具体的事务内容、专业领域，安排相应的执业律师负责处理。比如，资本市场这块，是从“上市 IPO 前的准备工作、合规调整、对接中介机构、报送文件的起草审查”到“上市后的信息披露、定向增发、对外投资”等，全程专人跟踪服务；公司治理这块，则是从“初始创立、股权架构、主营业务”到“决策机制、高管聘任、利益分配、问题处理”等，实行贴身保镖式的服务。虽然公司和律所，分别在福建的两个地市，一年到头，每个工作日，却都有律师在公司，随时解决相关问题。别人是聘请“私人律师”，他们是聘请“私企律师”。

当然啰！这样外包式的服务费用，肯定要比自己招个法律专业毕业的职员，或请个常年法律顾问，昂贵上不止几倍，一般是十几二十倍，甚至是更多。

二、“专业事”让“专业人”做

古人说“术业有专攻”，哪怕同样是会计师，同样是税务师，还有一个侧重领域不同的差别。执业时间、年龄大小、所在地区的不同，甚至是对同一行业的熟悉程度不同，擅长理论研究还是实务操作，都会让会计师 A 与会计师 B 之间，税务师 A 与税务师 B 之间，产生差异，甚至是极为明显的区别。

有一个比较常见的现象，是企业碰到相对复杂的问题后，比如遭遇复杂的财务大难题，是找高校相应专业的大教授，还是高校之外的会计师事务所的注册会计师？或者是在会所兼职的高校教授呢？这可不是一般的选择题，取舍起来往往会让企业主们烧死很多很多的脑细胞。

在律师界，有一个现象相当有趣。10 年甚至 20 年前，法学院的教师，兼职当执业律师的现象相当普遍，法庭、公司、看守所、拘留所，到处都活跃着他们的身影。在当事人、聘请方的眼里，教授、副教授、讲师，哪怕只是“大学老师”这四个字，就足以让他们比普通的社会律师多了一个闪耀着理论水平深厚、为人诚实可靠的美丽光环。

现在呢，这些教师们，则大多忙于教学和科研了，出校来代理案件的，明显少了很多很多。倒是许多在律师行业做得风生水起的专职律师们，听从法学院的召唤，甘愿牺牲宝贵的时间和精力，义务地走进高校教室，为法学院的学子们，传授、分享来自一线实践的知识、心得和体会，在一定程度上为填补高校教育与社会实践之间的沟壑而努力，兼职硕导、客座教授，律师、老师兼于一身。

“法学教授”厉害，还是“专职律师”好用？关键是当事人碰到的是什么样的“专业事”，界定清楚后，再按此寻找“专业人”，匹配度越高，成功率自然也越高。当然，此“法学教授”与彼“法学教授”，此“专职律师”与彼“专职律师”，彼此间的差异，三言两语还讲不全。

还有，便是花费“小成本”，可以解决“大问题”的投资收益方面的考量。聘请外援来做事的成本，一般而言，总是比起让自己的员工做来得高。但是，这样的成本，跟事情处理不好，所引发的直接、间接损失相比，则是小巫见大巫。

还有，是“找对人”了，还要考虑怎么“做对事”。不少企业是舍得花钱，却不会使用外援。有些是信任不够，介绍问题时遮遮掩掩，误导了外援对案情判断；有些是眉毛胡子一把抓，讲不到要点，贻误宝贵时机。

有一种说法，这年头，优秀的企业老板，平时的职责重点是做好三件事：“讲故事、找对人、融到资”。

在我看来，这其中的“找对人”，不仅是公司职员，还要包括“专业外援”这一类的特殊人。

延伸阅读：

文创的浪漫，遭遇法律的呆板！

2010年以来，文创行业一路高歌猛进，引发无数英雄竞折腰，一时间各路好手蜂拥而至，各路资金竞相追逐。许多原本很落寞的，甚至无人问津的教授、高人，也纷纷登场亮相四处开讲，好不热闹。

许是骨子里的那么一点“文青”元素在作怪，许是曾经的美术习作经历在推动，我也专门参加了厦门大学EDP“文创与资本运作”班的学习，应邀出任厦门文化创意产业协会的法律顾问，并且组建了专业律师团队，为该行业提供服务。我们满怀希望地热盼着，文创在民族复兴、经济转型上发挥更大的作用，解决我们在制造业利益链末端的窘境，解决中国传统人文日益没落的局促。

遗憾的是，从2016年开始，文创行业开始问题层出不穷，资本的鸡血玩坏的，不止是电影电视，还有一家家所谓的文创园区，一个个所谓的文化概念。归根结底，不难发现，文创行业当下的困境，既有外来环境的因素，也有自身内在的成因。

文创行业人员，大多数都是文化素质较高，重精神追求轻物质享受，也都很能吃苦耐劳，按照“天道酬勤”的古训，他们应该是比较容易成功的一群人。为什么，在举国追捧、支持文创的当下，他们的发展结果，却不是如此呢？

作为一个浸入行业之中多年的人，根据这几年的服务心得，我想在此试着分析一下。文创企业的老板，表现很好的方面，在此就不说了，我从挑刺的角度入手，说说存在的主要问题，希望对大家的后期发展，能够有所裨益。

契约精神不强

合同、协议，一经签订，即产生法律约束力，这是白纸黑字写得清清楚楚的。然而，我遭遇的却是这样的情况：

某一家从事文化博览会服务的国有单位的老总李某，和我们签订了2年的服务合同。享受了我们出于扶持考虑的1年免费服务之后，却在需要付费的第二个年头，装聋作哑，各种推脱借口，反正就是一句话，装死猪一样地赖着。结果是，苦了其手下，已经习惯了三天两头有事找律师的方便快捷，突然听说老总赖钱不付，一下子不知如何是好，尴尬得不行。

某位以当地文创第一自称的集团老总，在本人及其手下主管，三番五次就法律服务内容，甚至是具体的合同条款，都和我们谈妥之后，接收了我们发过去的合同文档。两天后，开始支支吾吾地东拉西扯闪烁其词。月余过后，我才从侧面得知，他们是拿了我们的合同和服务内容，另跟某一位“关系律师”签约了。

某位自以为其设计作品牛逼冲天的所谓的“大师”，多次主动要求我担任其单位法律顾问。等我们当真了，并依约好的时间过去，他开始玩失踪，一会儿说是接待临时来访的重要客户，一会儿说是出差在外地很忙，总之一句话，不见你，还让底下的人误以为，我们是自己上门推销的律师，一脸儿的不屑。

还有更夸张的是，某位以大型基金老板自称的影视名人，会在跟我们签订完顾问合同之后，以所谓的资金紧张为由，在多次催讨之后，勉勉强强地付了第一季度的费用后，死活不把约定好的，本应一次性付清的全年顾问费支付到位，却时不时地来要求我们提供服务。与此同时，他跟自己太太的出国旅行、巨额保险，一点也没有耽误。

说起这些来，像是在吐槽，但这却是真实的故事，是很有典型代表意义的事。上面的前三个人，都是当地行业协会里的重要角色。从某种角度上说，他们是有足够资格，代表一个地方文创行业整体水准的。

当然，遵守规矩的“好人”还是有的。比如雕塑界的新锐陈晓东，面临股东纠纷找我们咨询后，很是认可我们的专业水准，并就相关问题进行详细多次的沟通。虽然最终因为彼此的匹配度不够而没有签约，双方却心情愉悦，一起等待日后的合作机会。比如莆田的省级工艺大师吴文忠，一旦和我们签约后，就按照合同约定履行相关义务，从来没有折扣拖拉。

知产观念薄弱

灵感、创意、点子，乃至辛苦的制作过程，无不耗费难以计数的智力劳动。台上一分钟，台下十年功，每一个光环的背后，都有外人无法真正知晓的巨大付出，都有外人难以理解的艰辛困苦。正因如此，我一向对从事智力劳动的客户、朋友，发自内心的惺惺相惜。

然而的然而，这种尊重，却很少得到文创人员同等的回应。恰恰是这些从事文创行业，这些靠大脑智慧立身安命的艺术人士，喜欢变着法子，白蹭律师的免费咨询，免费文书代劳，免费讲座沙龙。只要是不付费的，就乌泱乌泱的一大群，一旦要收费了，立马消失得无影无踪。

最为夸张的是，某一对从事音乐表演商业化的夫妇，一方面，成天在微信朋友圈宣传他们的经营场所如何的高大上；另一方面，却会打着文创协会会员的旗号，向我咨询了一整个下午后，在收费仅6000元的专项服务问题上，两人一唱一合演双簧，目的只有一个，以白蹭的方式，既把问题弄清楚了，又可以不脸红地离开我的办公室。

正是这种对智慧劳动的不够尊重，导致他们知识产权意识普遍的薄弱。对他们来说，商标、著作权、专利、不正当竞争，通通都是天边的云彩。他们既不会扎紧篱笆、自我维权，也时常会有意无意地拿来主义、侵犯他人权益。只有当纠纷产生了，出现争议了，别人告上门来了，这才想起，原来知识产权，是这么的重要！

这么多年，有一个人，一直让我很敬佩，那就是"迷待音乐"会所的老板佘淼女士。在会所创建伊始，她就不管多麻烦，坚持要聘请律师，为他们去知识产权局，把"世界很吵，有你就好"这八个字的相关商业使用之著作权，妥妥地登记在自己名下。

我的故乡马鞍湾，有一位年轻的雕塑家叫王鹭鹰，他的做法就令人欣赏。只要逮着机会，他和我沟通最多的，不是如何推广市场如何赚钱的问题，而是所有的作品，所有的艺术表现形式，如何确定知识产权的拥有主体，如何自我维护正当权益，如何发挥创作的最大功效等问题。

除上述两点之外，还有依赖观念明显——依赖政府的支持，依赖政策的照顾，依赖大款的关照，自我造血能力，整体偏弱偏差。

还有商业伦理模糊——商业逻辑混淆，对商业伦理道德，缺乏足够的尊重和敬畏，自己的个性张扬，任性有余而理性不足。

还有规则意识欠佳——商业形态上，合作与合伙、企业与公司混为一谈，名为公司实为个体，家企不分，没有财务制度，收支记录不清。

只有“爱之深”，才会“责之切”！以上的观点，难免片面偏颇，有待于大家共同修正。冒着被读者猛烈拍砖的危险，我只是真诚地希望，一点逆耳忠言，能够有助于经过几年的风雨打造的中国文创行业，早日破茧而出化蛹成蝶，翩翩飞舞在大江南北世界各地！

法条再现

《公司法》第一百八十三条：公司因本法第一百八十条第（一）项、第（二）项、第（四）项、第（五）项规定而解散的，应当在解散事由出现之日起十五日内成立清算组，开始清算。有限责任公司的清算组由股东组成，股份有限公司的清算组由董事或者股东大会确定的人员组成。逾期不成立清算组进行清算的，债权人可以申请人民法院指定有关人员组成清算组进行清算。人民法院应当受理该申请，并及时组织清算组进行清算。

最高人民法院《关于适用〈中华人民共和国公司法〉若干问题的规定（二）》第一条：单独或者合计持有公司全部股东表决权百分之十以上的股东，以下列事由之一提起解散公司诉讼，并符合公司法第一百八十二条规定的，人民法院应予受理：

（一）公司持续两年以上无法召开股东会或者股东大会，公司经营管理发生严重困难的；

（二）股东表决时无法达到法定或者公司章程规定的比例，持续两年以上不能做出有效的股东会或者股东大会决议，公司经营管理发生严重困难的；

（三）公司董事长期冲突，且无法通过股东会或者股东大会解决，公司经营管理发生严重困难的；

（四）经营管理发生其他严重困难，公司继续存续会使股东利益受到重大损失的情形。

股东以知情权、利润分配请求权等权益受到损害，或者公司亏损、财产不足以偿还全部债务，以及公司被吊销企业法人营业执照未进行清算等为由，提起解散公司诉讼的，人民法院不予受理。

13. 公司绕不开的法律问题清单

律师，是为生产经营提供法律服务的专业人员。

多年以来，服务公司这样的客户，总的感觉是，在非诉讼法律服务的供需衔接上，存在不少的沟通盲点。究其原因，一方面，是律师在非诉讼方面的服务方式，缺乏"以用户为中心"的互联网思维；30 多年了，还在吃老本，与时俱进的自我变革明显不够，有些脱离客户的实际需求。另一方面，可能是专业知识上的差异，不管是公司的老板，还是具体办事人员，对于怎么科学合理地聘用律师，在认知上存在一定的模糊地带，比如在什么时候，什么点或面上，律师介入是合适的；律师介入后，能够发挥多大的作用；什么事该找律师，什么事得另找会计师或其他专业人员等。

实践中，常见的情景是，当事人心急火燎地找到律师，却往往是讲了老半天后，自己一头浆糊，听讲的律师也被绕晕了。双方都很着急。"鸡同鸭讲"，谁都没错，但就是各自关注、表达的内容，无法在同一层面上聚焦碰撞，急都急死人。偏偏大家都很忙，时间都很宝贵，企业主日理万机，解决问题的时间更是刻不容缓；律师虽然还没开始掐着时钟算钱的节奏，但事务繁多是有目共睹的。

怎么解决这个问题呢？可视化对讲、图表式表达，在很大程度上解决了这个问题，提高了沟通的效率。但是，如果碰上即使是借助图表、文字，却仍然表达不出来或表达不到位的当事人，问题仍然存在。在《从"老郎中"向

"新西医"的战略转型》一文中,我们曾经进行了一定的分析思考,其中,"菜单式服务",是既有想法又有办法的一项行动。以下,便是我们团队的服务菜单。

"公司"法律服务菜单

A. 设立阶段:

1. 出资人身份安排(个人、法人、明持或代持等);

2. 出资方式安排(内容及条件界定、资金、实物、无形资产、特殊形式的明股实债等);

3. 认缴或实缴、增资计划;

4. 企业形式的选择(中外合资、纯外、纯内;合伙、一人或多人的有限责任公司、股份公司、有限合伙等),彼此间的变更、转化、衔接;

5. 股东协议如何草拟签订;

6. 章程设计及股份分配、控制权安排、治理结构设计(实际控制人、董监高、高管团队);

7. 法定代表人的选定、法定代表人及所有高管的行为规范;

8. 隐名股东(股份代持)、分红股东的安排及相关法律文书;

9. 主营业务确定、流程设计、风险防控;

10. 法人章、财务章、合同章的刻制和管理;

11. 登记地点、经营场所、政府扶持政策;

12. 办理注册登记时的注意事项;

13. 纠纷处理:股东资格确认(确认的标准及如何举证等)、股东出资纠纷、股权转让纠纷、股东权利受限制或被剥夺时的救济(如公司章程或股东会决议的限制或剥夺)、股东权利行使(利润分配权、优先认购权、表决权、知情权等);

14. 股东的风险防控(如出资责任、设立失败、缔约过失等)。

B. 经营过程中的管控阶段：

1. 经营内容、主营业务调整的法律安排；

2. 注册资金、登记股东（股权转让）的变更；

3. 企业形式的变更；

4. 公司合并、分立、并购重组他人或被他人并购重组（交易架构设计、合约拟定等）；

5. 投融资（对接种子、天使、ABC 轮等外来投资；非上市公众公司优先股发行及财税安排；对外投资协议；债权融资、股权融资等）；

6. 公司减资（减资及股权回购、减资分配及税务处理）；

7. 股东冲突纠纷、瑕疵决议纠纷；

8. 员工激励（期权池、持股平台、虚拟股票、限制性股票、股票增值权等）；

9. 重大交易的架构设计、签约、履行；

10. 法律风险诊断、评估、预警及救济；

11. 或有风险防控体系构建（包括合同风险防范、知识产权保护及反不正当竞争、人力资源保障、财务税收风险等）；

12. 重大危机处理（刑事、被举报或投诉、舆论传媒压力）；

13. 知识产权管理；

14. 公司僵局处理；

15. 相关法律知识培训。

C. 关停退出阶段：

1. 被全盘收购下的原投资人退出；

2. 公司主动清算（僵局处理、股东决议）；

3. 公司被动清算(被吊销、破产清算等);

4. 出资、清算、抽逃等股东责任的防范。

不管你是干哪一行的,总有一款适合你!

案例延伸:①

公司股东应谨慎进行关联交易

公司的控股股东、实际控制人、董事、监事、高级管理人员不得利用其关联关系损害公司利益,否则如果给公司造成损失需要承担赔偿责任,但如果关联交易并没有给公司造成不利影响,则股东不需要承担不利责任。

案例裁判文书全文

上诉人湖北迅达药业股份有限公司(以下简称湖北迅达药业公司)因与被上诉人武穴市迅达医化有限公司(以下简称武穴迅达医化公司)、原审被告李甲、原审第三人骆某、李乙、陈某某关联交易损害责任纠纷一案,不服湖北省黄冈市中级人民法院(2014)鄂黄冈中民二初字第 00033 号民事判决,向湖北省高级人民法院提起上诉。

湖北省高级人民法院认为,湖北迅达药业公司以及李甲的行为构成关联交易。《公司法》第二十一条规定:"公司的控股股东、实际控制

① 武穴市迅达医化有限公司与湖北迅达药业股份有限公司、李甲二审民事判决书,载无讼案例:https://www. itslaw. com/detail? judgementId = ac949919 - 65da - 41d1 - a050 - 7760b1b3a615&area = 1&index = 3&sortType = 1&count = 74&conditions = searchWord% 2B!% E5% 85% AC% E5% 8F% B8% E5% 85% B3% E8% 81% 94% E4% BA% A4% E6% 98% 93% 2B1% 2B!% E5% 85% AC% E5% 8F% B8% E5% 85% B3% E8% 81% 94% E4% BA% A4% E6% 98% 93,最后访问日期:2017 年 12 月 1 日。

人、董事、监事、高级管理人员不得利用其关联关系损害公司利益”。李甲在担任湖北迅达药业公司董事长助理、总经理期间同时负责武穴迅达医化公司销售工作，且李甲系武穴迅达医化公司章程载明的股东，同时代表武穴迅达医化公司、湖北迅达药业公司与南京威斯康公司协商交易情况。在公安机关对李甲、朱静的讯问笔录中，李甲已承认两家公司是关联公司，故湖北迅达药业公司与武穴迅达医化公司涉案期间构成关联关系，其交易构成关联交易。关于湖北迅达药业公司以及李甲关联交易的行为是否损害武穴迅达医化公司的利益，湖北省高级人民法院认为，自武穴迅达医化公司成立以来，十倍速（上海）贸易有限公司从未向武穴迅达医化公司直接采购 INT 产品，而是向浦和国际贸易（香港）有限公司或者湖北迅达药业公司采购 INT 产品。浦和国际贸易（香港）有限公司或者湖北迅达药业公司在取得产品订单之后，再逐级向上游企业进行采购，最终由武穴迅达医化公司完成供货。在每级转手交易之间，也一直存在差价。故判断交易是否损害武穴迅达医化公司的利益，关键要看武穴迅达医化公司的产品出厂价格本身是否公正和合理。湖北省高级人民法院已查明，武穴迅达医化公司向南京威斯康公司销售 86 吨货物，其中，自 2010 年 9 月 27 日至 2011 年 4 月 14 日销售的 46 吨 INT 产品的出厂价格为人民币 720 元 / 千克，自 2011 年 5 月 23 日至 2011 年 9 月 23 日销售的 40 吨 N—单甲基哌啶的出厂价格为人民币 500 元 / 千克，湖北迅达药业公司之后将其加工成 INT 产品后再出售。自 2010 年 1 月至 2010 年 8 月，在陈某某负责武穴迅达医化公司销售期间，INT 产品武穴迅达医化公司的出厂价格为人民币 795 元 / 千克至人民币 865 元 / 千克。在 2012 年 2 月陈某某负责武穴迅达医化公司销售时，INT 产品武穴迅达医化公司的出厂价格为人民币 890 元 / 千克。在 2012 年 4 月也由陈某某负责武穴迅达医化公司销售时，INT 产品武穴迅达医化公司的出厂价格为人民币 450 元 / 千克。该案诉讼中，当事人各方对武穴迅达医化公司相关产品的出厂价格均无异议。比较前述出厂价格，同时考虑市场供求、汇率等因素的影响，2010 年 9 月 27 日至 2011 年 4 月 14 日 INT 产品的出厂价格人民币 720 元 / 千克和 2011 年 5 月 23 日至 2011

年9月23日N—单甲基哌啶的出厂价格人民币500元/千克，应当是公正和合理的。并且，对于武穴迅达医化公司向南京威斯康公司销售的86吨货物，武穴迅达医化公司均按照双方采购合同约定的出厂价格，向南京威斯康公司收取了全部款项。另外，武穴迅达医化公司的财务资料显示，自2010年9月至2011年9月，该公司的经营情况良好，每月有相对稳定的利润产生。故湖北迅达药业公司关于交易行为没有损害武穴迅达医化公司合法利益的上诉理由成立。此外，2012年3月8日签订的《武穴市迅达医化有限公司股权转让协议书》，仅有李甲、陈某某签字，湖北迅达药业公司、李乙作为协议方没有签字盖章，且在该案诉讼中对协议书的效力提出异议，故《武穴市迅达医化有限公司股权转让协议书》无效。湖北迅达药业公司上诉称武穴迅达医化公司一审变更诉讼请求超过举证期限，未追加南京威斯康公司属于遗漏当事人，因武穴迅达医化公司一审变更诉讼请求系在举证期限内提出，南京威斯康公司不属于法律规定的必须参加诉讼的当事人，故湖北迅达药业公司的该项上诉理由不能成立。

综上所述，湖北迅达药业公司的上诉请求成立，予以支持。湖北省高级人民法院判决如下：

一、撤销湖北省黄冈市中级人民法院（2014）鄂黄冈中民二初字第00033号民事判决；

二、驳回武穴市迅达医化有限公司的诉讼请求。

法条再现

《公司法》第二十条：公司股东应当遵守法律、行政法规和公司章程，依法行使股东权利，不得滥用股东权利损害公司或者其他股东的利益；不得滥用公司法人独立地位和股东有限责任损害公司债权人的利益。

公司股东滥用股东权利给公司或者其他股东造成损失的，应当依法承担赔偿责任。

公司股东滥用公司法人独立地位和股东有限责任，逃避债务，严重损害公司债权人利益的，应当对公司债务承担连带责任。

《公司法》第二十一条：公司的控股股东、实际控制人、董事、监事、高级管理人员不得利用其关联关系损害公司利益。

违反前款规定，给公司造成损失的，应当承担赔偿责任。

《公司法》第三十八条：首次股东会会议由出资最多的股东召集和主持，依照本法规定行使职权。

《公司法》第二百一十六条：本法下列用语的含义：

（一）高级管理人员，是指公司的经理、副经理、财务负责人，上市公司董事会秘书和公司章程规定的其他人员。

（二）控股股东，是指其出资额占有限责任公司资本总额百分之五十以上或者其持有的股份占股份有限公司股本总额百分之五十以上的股东；出资额或者持有股份的比例虽然不足百分之五十，但依其出资额或者持有的股份所享有的表决权已足以对股东会、股东大会的决议产生重大影响的股东。

（三）实际控制人，是指虽不是公司的股东，但通过投资关系、协议或者其他安排，能够实际支配公司行为的人。

（四）关联关系，是指公司控股股东、实际控制人、董事、监事、高级管理人员与其直接或者间接控制的企业之间的关系，以及可能导致公司利益转移的其他关系。但是，国家控股的企业之间不仅因为同受国家控股而具有关联关系。

14. 加盟、连锁的江湖，管控技术哪家强?

在倍增经济学的刺激下，面对广袤无垠的中国市场，天生喜欢做大做强的中国企业，加盟、连锁、特许经营（以下简称“加连特”），成了迅速抢占市场扩大营收总额的首选。海外IPO，本土上市挂牌，资本市场对资源网点、行业地位的青睐有加，更是对此推波助澜。拷贝、复制、推广，开设分支网点，像印制钞票一样的令人血脉喷张。火箭上窜式的业绩增长，总是一件让同行“羡慕、嫉妒、恨”的好事。麦当劳、肯德基、德克士，银行、保险、基金，旅行社、汽车行、百货业，每天都在演绎着网点经营的种种诱惑。

遗憾的是，出来混，总是要还的！如果治理、管控技术跟不上，版图的扩张，加盟费的增加，只能意味着问题的累卵效应、积重难返。于是，我们经常看到，在生活的社区周边，店家们是“城头变换大王旗，你方唱罢我登台”——这个加盟店的商号，我们还来不及读懂，就悄悄地关门大吉；另一个新的商家又开始在敲墙装修了。不带这么玩的！弄得我们这些住在附近的刚需消费者们好生纠结——不充卡吧，商品或服务的价格太高；充卡吧，不知哪天商家溜之大吉，石沉大海。预支现金参与“消费众筹”，难不成也要玩“生死时速”？看这事整的多怪异！再说老板们投资开店也不容易，相信谁都想细水长流、天天点钞，谁也不想突然失踪，信誉全无。亡命江湖，说起来都是泪啊！

那么，问题到底出在哪？分析自己经手办理的众多案例，包括初始的股

权安排、中间的纠纷调处、结尾的清盘了结等,我的感觉是,问题主要出在:

1. 经营实体,性质混乱。

个体户、合伙企业、公司,三者是不同的经营主体,法律规范不同,玩法自然应有不同。但是,善于变通的中国人,习惯于哪一点实用就取哪一点,硬是名菜"佛跳墙"式地"一锅粥"玩,末了还掺点"显名股东、隐名股东、代持股东、马甲股东","干股、分红股、期权股",混淆的结果是川菜、粤菜、闽菜,中餐、西餐,谁也讲不清。"四不像"的经营主体,先天不足的体制设计,直接决定了后天不良的生长状况。

2. 财税安排,隐患重重。

重税轻罚的背景下,急功近利、"先捞一把再说"的小老板心态,决定了神马"税务规划、财经纪律"都是浮云。表现为:现金往来、账外账、体外循环;个人、家庭收支,与企业的收支混淆不清;一切按照习惯、便利行事,规章制度形同虚设;口头约定、白条、坐支现金代替书面合同、正规票据、收支分离。

3. 龙蛇之争,频发不断。

生意一般时,彼此相安无事,心理平衡稳定。生意太好时,或亏损严重时,外来的"强龙"与本土的"地头蛇"之间,各种的冲突矛盾开始悄然上演。公说公有理,婆说婆有理,谁都觉得自己吃大亏,谁都觉得对方占了大便宜。公章、贵重物、营收现金、客户资料、场所租赁权,成了彼此抢夺的目标、谈判的筹码。

4. 师徒反目,山寨成灾。

"堡垒最容易从内部攻破","加连特"的江湖流行一句话,"防火、防贼、防徒弟"。商业伦理道德缺失,师傅带徒弟,带出竞争对手的故事,每天都在上演,而且徒弟的做法,往往是简单换个店招,拿来主义、直接复制、招数手法全部雷同。与此同时,外围环境方面,知识产权保护力度不够,采用"傍大款""靠大树"的做法,可以减少市场推广、提高知名度方面的成本。类似地"无以伦比"与"武以伦比"两个招牌,苦的是消费者真心不知怎么比。

5. 流程各异，标准不一。

“加连特”，本可克服“点”的不足，发挥“网”的优势，实现点、线、面的立体结合，符合互联网时代的用户需求特点和市场发展趋势，这是国外的成功经验，也是招盟商与加盟商合作的主要初衷。可惜的是，外来的“正经”，常被本地的和尚“念歪”。招盟商看重收取加盟费，忽略体系的辅导与管控；加盟商盯住眼前的收益，不愿在规范管理和长远战略上投资。结果便是，一个点一个做法，同一品牌下，形似神不似，各有各的玩法。

问题挑明了，解决出路在哪里呢？大道理，谁都会讲，我还是找个实际案例来讲吧，便于大家理解。北京盈科律师事务所，在2011～2016年的五年时间，国内分所达到38个，国外办公室达到34间，执业律师从不到1000人发展到4200多人，成为业界传奇。它，是怎么做到的呢？

1. 立战略写愿景，露水夫妻做不得。在规模化、品牌化、专业化、国际化的远期战略指导下，是五年一个规划的清晰发展壮大步骤，是紧跟国家发展战略——“一带一路”、中国企业走出去的全球布局，是一站式全球化的服务定位，是本土智慧全球视野的合作思想，是统分结合、优势互补的管理逻辑。

“闪婚闪离”式的加盟连锁，短期行为的做法，是没有未来的凑合应付，既是对自己，也是对他人的不负责任。加盟商（律所、个人）哪里合算哪里挂，打一枪换一个地方的做法，绝对是成不了气候的功利主义、投机行为。

2. 控大股集权力，简单翻牌不可取。民主与集中，是管理过程中每天都要面对的深层矛盾。尤其是面对号称“社会精英”的律师，讨论起事情来，一百个人就可能有一百个不同的想法，要取得完全一致，难上加难。沟通的成本、消磨的效率，既是不承担之重，更是延误时机的内耗。为表达而表达，为反对而反对，只会让民主演变成瘫痪。

正是基于如此实情，盈科在发展分所“攻城掠地”时，拒绝简单的翻牌加盟。前几年，都是总部百分百投资，再吸收分所当地的律师入资，先统后分。这两年，则是在开设新的分所时，总部出资占65%以上，保证绝对的话语权，保证各项政策、措施的高度执行力。待到条件成熟时，总部再逐步释放出资比例,直到相对“大股”。

3. 公司化讲规矩,草寇山头要杜绝。律所这样的机构,是否适合实行公司化管理?当业内对此问题还在争论不休各执一词时,盈科已经义无反顾地坚定走公司化管理的路子,实行职业经理人制度。总部制定统一的游戏规则,由不做业务的执行主任带领一帮行政人员负责执行,为全体执业律师提供后勤管理服务。上传下达、下情上达,执行主任就似一个个区域性总裁,贯彻实施总部的意图。统一的后台OA办公自动化系统,统一的对外宣传渠道、口径,统一的所徽及装修风格,统一的财务制度和资金管理。没有山头,杜绝草寇,各个分所都是整个盈科体系的一个有机组成部分。盈科人走到哪里,只要有分所的城市,到处都有家的感觉。

4. 有进退建机制,武大开店没前途。传统的地方律所,主事的人在领导岗位上一呆十几年,凡事“一言堂”、倚老卖老、顺昌逆亡的现象,比比皆是。新生力量没有发言权,老观念、老规矩、老传统长年不变,规模也长年不变。年轻人没有上升空间,一言不合就用脚投票——转所,另图发展。盈科律师事务所则不同,层次结构、管理制度白纸黑字,如高级合伙、普通合伙、执业律师,每一层级的条件、标准一目了然,对任何人都是一视同仁、能者上。同样行政团队有自己的晋级空间,从普通职员到主管、总监到执行主任助理、执行主任、总部领导。提倡忠诚与尊重,鼓励“传帮带”,但不是只一味地讲究论资排辈,反而是号召年轻人弯道超车、敢于争先。

5. 补长短肯分享,自私自利很危险。以利相交,利尽则散!商界的现实,就是这么的残酷,毕竟在商言商。如果绑在一起却没利可图,特许人(被加盟商)和被特许人(加盟商)分道扬镳,是分分钟的事。即使有利可图了,如果认为分配不公或者说比较利益、机会成本上产生问题,被特许人(加盟商)也容易另栖高枝或干脆自立门户。所有这些,都是“加连特”体系的不安定因素。为此,盈科律师事务所一是明确分所的所有经营责任总部兜底;二是对参与出资的合伙人的出资,承诺保本回赎;三是对创收成绩较好、贡献较大的律师或员工,实行奖励反馈;四是律所交联之外的商业生态,对所有盈科律师实行股份、业务的开放，允许大家分享成果。

做大做强，光喊口号，是没有用的，一切用数字说话。

大有大的道理，强有强的逻辑。

这就是，江湖！成王败寇的江湖，加盟、连锁的江湖！

案例延伸：①

盈余分配原则上属于公司自治范畴，但违反法律规定不分配利润，给其他股东造成损失的，司法可以加以救济

案例裁判文书全文

一般而言，即使股东会或股东大会未形成盈余分配的决议，对希望分配利润股东的利益不会发生根本损害，因此，原则上这种冲突的解决属于公司自治范畴，是否进行公司盈余分配及分配多少，应当由股东会作出公司盈余分配的具体方案。但是，当部分股东变相分配利润、隐瞒或转移公司利润时，则会损害其他股东的实体利益，此时若司法应加以适度干预，维护司法正义。

上诉人庆阳市太一热力有限公司（以下简称太一热力公司）、李某某因与被上诉人甘肃居立门业有限责任公司（以下简称居立门业公司）公司盈余分配纠纷一案，不服甘肃省高级人民法院（2013）甘民二初字

① 庆阳市太一热力有限公司、李某某公司盈余分配纠纷二审民事判决书，载无讼案例：https://www.itslaw.com/detail?judgementId=23c51823-7dcb-445f-92a4-05e6d9784a1e&area=1&index=3&sortType=1&count=473&conditions=searchWord%2B!%E7%9B%88%E4%BD%99%E5%88%86%E9%85%8D%E7%BA%A0%E7%BA%B7%2B1%2B!%E7%9B%88%E4%BD%99%E5%88%86%E9%85%8D%E7%BA%A0%E7%BA%B7，最后访问日期：2017年12月1日。

第 8 号民事判决，向最高人民法院提起上诉。

最高人民法院认为，根据双方当事人的上诉请求和答辩意见，该案争议焦点是：一、太一热力公司是否应向居立门业公司进行盈余分配；二、如何确定居立门业公司应分得的盈余数额；三、太一热力公司是否应向居立门业公司支付盈余分配款的利息；四、李某某是否应对太一热力公司的盈余分配给付不能承担赔偿责任。根据该案审理查明的事实和相关法律规定，分析评判如下：

一、关于太一热力公司是否应向居立门业公司进行盈余分配的问题

太一热力公司、李某某上诉主张，因没有股东会决议故不应进行公司盈余分配。居立门业公司答辩认为，太一热力公司有巨额盈余，法定代表人恶意不召开股东会、转移公司资产，严重损害居立门业公司的股东利益，法院应强制判令进行盈余分配。最高人民法院认为，公司在经营中存在可分配的税后利润时，有的股东希望将盈余留作公司经营以期待获取更多收益，有的股东则希望及时分配利润实现投资利益，一般而言，即使股东会或股东大会未形成盈余分配的决议，对希望分配利润股东的利益不会发生根本损害，因此，原则上这种冲突的解决属于公司自治范畴，是否进行公司盈余分配及分配多少，应当由股东会作出公司盈余分配的具体方案。但是，当部分股东变相分配利润、隐瞒或转移公司利润时，则会损害其他股东的实体利益，已非公司自治所能解决，此时若司法不加以适度干预则不能制止权利滥用，亦有违司法正义。虽目前有股权回购、公司解散、代位诉讼等法定救济路径，但不同的救济路径对股东的权利保护有实质区别，故需司法解释对股东的盈余分配请求权进一步予以明确。为此，最高人民法院《关于适用若干问题的规定最高人民法院关于适用若干问题的规定（四）》第十五条规定，“股东未提交载明具体分配方案的股东会或者股东大会决议，请求公司分配利润的，人民法院应当驳回其诉讼请求，但违反法律规定滥用股东权利导致公司不分配利润，给其他股东造成损失的除外。”在该案中，首先，太一热力公司的全部资产被整体收购后没有其他经营活动，一审法院委托司法审计的结论显示，太一热力公司清算净收益为 75973413.08 元，即

使扣除双方有争议的款项，太一热力公司也有巨额的可分配利润，具备公司进行盈余分配的前提条件；其次，李某某同为太一热力公司及其控股股东太一工贸公司法定代表人，未经公司另一股东居立门业公司同意，没有合理事由将 5600 万余元公司资产转让款转入兴盛建安公司账户，转移公司利润，给居立门业公司造成损失，属于太一工贸公司滥用股东权利,符合最高人民法院《关于适用若干问题的规定最高人民法院关于适用若干问题的规定（四）》第十五条但书条款规定应进行强制盈余分配的实质要件。最后，前述司法解释规定的股东盈余分配的救济权利，并未规定需以采取股权回购、公司解散、代位诉讼等其他救济措施为前置程序，居立门业公司对不同的救济路径有自由选择的权利。因此，一审判决关于太一热力公司应当进行盈余分配的认定有事实和法律依据，太一热力公司、李某某关于没有股东会决议不应进行公司盈余分配的上诉主张不能成立。

二、关于如何确定居立门业公司分得的盈余数额问题

太一热力公司、李某某上诉主张，《审计报告》采用了未经质证的证据材料作为审计依据且存在 6 项具体错误。居立门业公司答辩认为，一审判决对太一热力公司盈余数额的认定相对客观公正。最高人民法院认为，在未对盈余分配方案形成股东会或股东大会决议情况下司法介入盈余分配纠纷，系因控制公司的股东滥用权利损害其他股东利益，在确定盈余分配数额时，要严格公司举证责任以保护弱势小股东的利益，但还要注意优先保护公司外部关系中债权人、债务人等的利益。该案中，首先，一审卷宗材料显示，一审法院组织双方对公司账目进行了核查和询问，对《审计报告》的异议，一审庭审中也进行了调查和双方当事人的质证辩论。太一热力公司、李某某虽上诉主张审计材料存在未质证问题，但并未明确指出哪些材料未经质证，故最高人民法院对该上诉理由不予支持。其次，对于太一热力公司能否收取诉争的 1038.21 万元入网“接口费”，双方当事人各执一词，因该款项涉及案外人的实体权益，应当依法另寻救济路径解决，而不应在该案公司盈余分配纠纷中作出认定和处理，故该款项不应在该案中纳入太一热力公司的可分配利润，一

审判决未予扣减不当，最高人民法院予以纠正。最后，太一热力公司、李某某上诉主张的《审计报告》其他 5 项具体问题，均属事实问题，其在二审中并未提交充分证据证明一审判决的相关认定有误，故最高人民法院不予调整。因此，居立门业公司应分得的盈余数额，以一审判决认定的太一热力公司截至 2014 年 10 月 31 日可分配利润 51165691.8 元为基数,扣减存在争议的入网“接口费”1038.21 万元，再按居立门业公司 40% 的股权比例计算，即为 16313436.72 元。

三、关于太一热力公司是否应向居立门业公司支付盈余分配款利息的问题

太一热力公司、李某某上诉主张，公司盈余分配的款项不应计算利息；居立门业公司答辩认为，李某某挪用公司收入放贷牟利，需对居立门业公司应分得的盈余款给付利息。最高人民法院认为，公司经营利润款产生的利息属于公司收入的一部分，在未进行盈余分配前相关款项均归属于公司；在公司盈余分配前产生的利息应当计入本次盈余分配款项范围，如本次盈余分配存在遗漏，仍属公司盈余分配后的资产。公司股东会或股东大会作出盈余分配决议时，在公司与股东之间即形成债权债务关系，若未按照决议及时给付则应计付利息，而司法干预的强制盈余分配则不然，在盈余分配判决未生效之前，公司不负有法定给付义务，故不应计付利息。该案中，首先，居立门业公司通过诉讼应分得的盈余款项系根据该案司法审计的净利润数额确定，此前太一热力公司对居立门业公司不负有法定给付义务，若《审计报告》未将公司资产转让款此前产生的利息计入净利润，则计入本次盈余分配后的公司资产，而不存在太一热力公司占用居立门业公司资金及应给付利息的问题。其次，李某某挪用太一热力公司款项到关联公司放贷牟利，系太一热力公司与关联公司之间如何给付利息的问题，居立门业公司据此向太一热力公司主张分配盈余款利息，不能成立。最后，居立门业公司一审诉讼请求中并未明确要求太一热力公司给付本判决生效之后的盈余分配款利息。因此，一审判决判令太一热力公司给付自 2010 年 7 月 11 日起至实际付清之日的利息，既缺乏事实和法律依据，也超出当事人的诉讼请求，最高

人民法院予以纠正。

四、关于李某某是否应对太一热力公司的盈余分配给付不能承担赔偿责任的问题

李某某上诉主张其没有损害公司利益，一审判令其承担连带责任没有法律依据。居立门业公司答辩认为，李某某滥用法定代表人权利损害居立门业公司股东利益，应承担赔偿责任。最高人民法院认为，《公司法》第二十条第二款规定“公司股东滥用股东权利给公司或者其他股东造成损失的，应当依法承担赔偿责任”，第二十一条规定“公司的控股股东、实际控制人、董事、监事、高级管理人员不得利用其关联关系损害公司利益。违反前款规定，给公司造成损失的，应当承担赔偿责任”，第一百四十九条规定“董事、监事、高级管理人员执行公司职务时违反法律、行政法规或者公司章程的规定，给公司造成损失的，应当承担赔偿责任”，第一百五十二条规定“董事、高级管理人员违反法律、行政法规或者公司章程的规定，损害股东利益的，股东可以向人民法院提起诉讼”。盈余分配是用公司的利润进行给付，公司本身是给付义务的主体，若公司的应分配资金因被部分股东变相分配利润、隐瞒或转移公司利润而不足以现实支付时，不仅直接损害了公司的利益，也损害到其他股东的利益，利益受损的股东可直接依据《公司法》第二十条第二款的规定向滥用股东权利的公司股东主张赔偿责任，或依据《公司法》第二十一条的规定向利用其关联关系损害公司利益的控股股东、实际控制人、董事、监事、高级管理人员主张赔偿责任，或依据《公司法》第一百四十九条的规定向违反法律、行政法规或者公司章程的规定给公司造成损失的董事、监事、高级管理人员主张赔偿责任。该案中，首先，李某某既是太一热力公司法定代表人，又是兴盛建安公司法定代表人，其利用关联关系将太一热力公司5600万余元资产转让款转入关联公司，若李某某不能将相关资金及利息及时返还太一热力公司，则李某某应当按照《中华人民共和国公司法》第二十一条、第一百四十九的规定：对该损失向公司承担赔偿责任。其次，居立门业公司应得的盈余分配先是用太一热力公司的盈余资金进行给付，在给付不能时，则李某某转移太一热

力公司财产的行为损及该公司股东居立门业公司利益，居立门业公司可要求李某某在太一热力公司给付不能的范围内承担赔偿责任。最后，《中华人民共和国公司法》第一百五十二条规定的股东诉讼系指其直接利益受到损害的情形，该案中李某某利用关联关系转移公司资金直接损害的是公司利益，应对公司就不能收回的资金承担赔偿责任，并非因直接损害居立门业公司的股东利益而对其承担赔偿责任，一审判决对该条规定法律适用不当，最高人民法院予以纠正。因此，一审判决判令太一热力公司到期不能履行该案盈余分配款的给付义务则由李某某承担赔偿责任并无不当，李某某不承担责任的上诉主张，最高人民法院不予支持。

综上，太一热力公司、李某某的上诉请求部分成立。最高人民法院判决如下：

一、撤销甘肃省高级人民法院（2013）甘民二初字第8号民事判决；

二、庆阳市太一热力有限公司于本判决生效后10日内给付甘肃居立门业有限责任公司盈余分配款16313436.72元；

三、庆阳市太一热力有限公司到期不能履行上述给付义务，由李某某承担赔偿责任；

四、驳回甘肃居立门业有限责任公司的其他诉讼请求。

法条再现

《公司法》第四条：公司股东依法享有资产收益、参与重大决策和选择管理者等权利。

《公司法》第二十一条：公司的控股股东、实际控制人、董事、监事、高级管理人员不得利用其关联关系损害公司利益。

违反前款规定,给公司造成损失的,应当承担赔偿责任。

《公司法》第三十四条:股东按照实缴的出资比例分取红利;公司新增资本时,股东有权优先按照实缴的出资比例认缴出资。但是,全体股东约定不按照出资比例分取红利或者不按照出资比例优先认缴出资的除外。

《公司法》第三十五条:公司成立后,股东不得抽逃出资。

《公司法》第三十七条:股东会行使下列职权:

(一)决定公司的经营方针和投资计划;

(二)选举和更换非由职工代表担任的董事、监事,决定有关董事、监事的报酬事项;

(三)审议批准董事会的报告;

(四)审议批准监事会或者监事的报告;

(五)审议批准公司的年度财务预算方案、决算方案;

(六)审议批准公司的利润分配方案和弥补亏损方案;

(七)对公司增加或者减少注册资本作出决议;

(八)对发行公司债券作出决议;

(九)对公司合并、分立、解散、清算或者变更公司形式作出决议;

(十)修改公司章程;

(十一)公司章程规定的其他职权。

对前款所列事项股东以书面形式一致表示同意的,可以不召开股东会会议,直接作出决定,并由全体股东在决定文件上签名、盖章。

《公司法》第一百五十二条:董事、高级管理人员违反法律、行政法规或者公司章程的规定,损害股东利益的,股东可以向人民法院提起诉讼。

《公司法》第一百六十六条:公司分配当年税后利润时,应当提取利润的百分之十列入公司法定公积金。公司法定公积金累计额为公司注册资本的百分之五十以上的,可以不再提取。

公司的法定公积金不足以弥补以前年度亏损的,在依照前款规定提取法定公积金之前,应当先用当年利润弥补亏损。

公司从税后利润中提取法定公积金后,经股东会或者股东大会决议,还可以从税后利润中提取任意公积金。

公司弥补亏损和提取公积金后所余税后利润,有限责任公司依照本法第三十四条的规定分配;股份有限公司按照股东持有的股份比例分配,但股份有限公司章程规定不按持股比例分配的除外。

股东会、股东大会或者董事会违反前款规定,在公司弥补亏损和提取法定公积金之前向股东分配利润的,股东必须将违反规定分配的利润退还公司。

公司持有的本公司股份不得分配利润。

15. 这年头，企业家如何“为人子女”？

这几年，神州大地大江南北，各种国学、中华传统似有王者归来之势，不仅百家讲坛甚是红火，就连马路两旁的宣传标语，也都会出现“忠厚传家久，诗书继世长”之类的古意内容，反而是那些“效率就是生命”“发展才是硬道理”之类的大字，狂飙突进了历史的尘埃。

在中国人的传统观念中，“孝”字为先，历史上以孝治天下的君王，更是留下了数不胜数的千古传奇。时至今日，西学东渐了百余年，“孝”字应该怎么写，怎么做，每天都在拷问着为人子、为人孙的中国当代人。

“把老人接到家里来，一起生活照顾，是最大的孝道！”

几年前，这样的想法、做法，相当普遍。朝夕相处、早晚待见，老人可以享受含饴弄孙、几世同堂的天伦之乐，子女可以尽到照顾赡养之责，一切似乎都很完美。

曾经，我也同大家一样，这么想，也这么做。

可是，日子一久，开始有点不对劲了。没人搭理的时候，老人时常发呆，默默地看着朝向家乡的远方。逢年过节，一副愁眉苦脸、魂不守舍的样子，嘴里小声地唠叨着，今天该祭拜谁谁谁了；某某家的红龟粿，没有我的指导，做得好吗？那只养了一年多的老母鸡，该下蛋了……

谁都能轻易地看得出来，远离家乡故土，窝在城市钢筋水泥丛林中的鸟笼里，没有闲来唠嗑的老友，没有随处闲逛的自在，没有种菜玩土的乐趣，没有风俗习惯的操持，“城市监”里的老人，真的是找不着北了。衣来伸手、饭来张口的物质满足下，百无聊赖、无所适从的精神空虚里，灵魂实在难以安生。

“带带孙子，买买菜，不就有聊了？”

实际情况是，小孩三岁就上幼儿园了，几乎整个白天都空缺。菜市场的人都讲普通话，“鸡同鸭讲”的尴尬，哪有乡亲们一起开心畅谈的快感。更加难受的是，城市的车流、饮水、空气、风景，哪一样能比乡下好？更甭说那久违的芗剧、布袋戏了。有一阵子，我到处借、买演古装戏、讲闽南话的影碟，关注小区周边的“戏讯”，留意电视的闽南话节目，就想尽量满足一下老母亲的小爱好，可惜到头来，总是“杯水车薪”的无奈。

怎么做，才是妥当的、合适的呢？为人子女，这是个必须面对的大问题。

接受EMBA班同学，“淘鞋网”“讯网科技”“一品嘉”老板王冬竹董事长的盛情邀请，我和吴晓、谢开枝、王庆荣等同学，驱车前往晋江金井，参加一对老人、冬竹父母六十年钻石婚的纪念盛典。虽然，没来得及赶在天黑之前到达，无缘一睹冬竹同学此前多次诱惑我的，晋江地区保护完好的红砖大厝、闽南风土，却有幸找到了上述问题的上等答案。

一是逢年过节、工作闲暇，当别人远走高飞畅游世界时，冬竹兄的习惯做法，则是放弃一切事务，自己驾车静静地回到老家，陪老人家聊聊天，吃顿饭。看着这是一件似乎很容易做到的小事，问题是，在浮躁热闹、社交频繁、处处追求存在感的当下，有几个人能做到？不是有句话叫作，“陪伴，是最深情的告白！”

还有什么，比“真情陪伴”，是更大的孝道呢？

二是尊重老人的真实想法，城乡两相宜。平日里，老人生活在乡下，生活在熟悉的故土，一草一木，一砖一瓦，一人一事，一村一宅，都是让老人身心愉悦、早晚牵挂的“娱乐设施”。隔三差五，带着老人到城里小住几天，一来调节调节生活方式，看看外面的世界，二来了解子女的事业生活情况，真正放心的同时，跟乡亲们侃大山，也多一些谈资。

还有什么，比“由衷快乐”，是更好的孝敬呢？

三是在老家弄一块农地，让老人家折腾去。种菜、养花，哪怕就是种草，也是可以。关键是，老人家闲不住，一番的革命热情，有处施展。走路、汲水、搬弄、操持，阳光下的一番运作，不就是最好的运动健身吗？即使一开始，乡亲邻里不太理解。日子一长，老人身体更健康了，笑声更硬朗了。

还有什么，比“身体健康”，是更好的孝礼呢？

吴晓同学感慨说，自己80多岁的老母亲，怎么都劝阻不了。每天早晨，老人家都要坐公交车，到中山公园会会朋友，再到菜市场采购后，大包小包地拎回家。车站到家里的这一段，路上老要停下来歇口气。暑去冬来，天天如此，以致常有邻居说，这家请了个80多岁的老保姆！晕！

四是用心惦记老人家的大事。银婚、金婚、钻石婚，每隔10年，都为父母办一次庆典，这已经是很不容易。更加难能可贵的是，尊重父母的意见，减少奢华，每次都把节省下来的数十万元，捐给村里去帮助困难人家。

“老奶奶，您多久没有吃到儿子亲手给您做的饭菜了？”“好久了！”

话音刚落，大门推开，王冬竹端着一盘五彩斑斓的蒸饺，带着一干弟妹、子侄、孙小们鱼贯而入走进会场走到老人面前。原来，这是他们瞒着老人，自己到菜市场采购，自己动手洗、切、擀、拌、包、蒸、装出来的一盘菜。吃着儿子送进口的美食，两位老人在很是意外之余，双眼婆娑。

还有什么，比“晚辈反哺”，是更大的孝心呢？

参加婚礼、庆典，本是平淡无奇之事，大家都已习以为常且意兴阑珊。冬竹兄的精心安排、款款真情，却让参加庆典的我们，发自内心的感动不已铭记在心。尤其是当他跪下为父母夹菜的那一刻，台上台下，北京远道而来的主持人，本地的满堂男女观众，多少人的眼里，闪烁着晶莹的光芒。

身为一名成功的企业家，王冬竹先生以自己的一言一行，教会了我们，这年头，在打拼事业的同时，我们应该怎么做，才能扮演好“子女”这一社会角色。

法条再现

《公司法》第七十一条:有限责任公司的股东之间可以相互转让其全部或者部分股权。

股东向股东以外的人转让股权,应当经其他股东过半数同意。股东应就其股权转让事项书面通知其他股东征求同意,其他股东自接到书面通知之日起满三十日未答复的,视为同意转让。其他股东半数以上不同意转让的,不同意的股东应当购买该转让的股权;不购买的,视为同意转让。

经股东同意转让的股权,在同等条件下,其他股东有优先购买权。两个以上股东主张行使优先购买权的,协商确定各自的购买比例;协商不成的,按照转让时各自的出资比例行使优先购买权。

公司章程对股权转让另有规定的,从其规定。

《公司法》第七十二条:人民法院依照法律规定的强制执行程序转让股东的股权时,应当通知公司及全体股东,其他股东在同等条件下有优先购买权。其他股东自人民法院通知之日起满二十日不行使优先购买权的,视为放弃优先购买权。

《公司法》第七十三条:依照本法第七十一条、第七十二条转让股权后,公司应当注销原股东的出资证明书,向新股东签发出资证明书,并相应修改公司章程和股东名册中有关股东及其出资额的记载。对公司章程的该项修改不需再由股东会表决。

《公司法》第七十四条:有下列情形之一的,对股东会该项决议投反对票的股东可以请求公司按照合理的价格收购其股权:

(一)公司连续五年不向股东分配利润,而公司该五年连续盈利,并且符合本法规定的分配利润条件的;

(二)公司合并、分立、转让主要财产的;

(三)公司章程规定的营业期限届满或者章程规定的其他解散事由出现,股东会会议通过决议修改章程使公司存续的。

自股东会会议决议通过之日起六十日内，股东与公司不能达成股权收购协议的，股东可以自股东会会议决议通过之日起九十日内向人民法院提起诉讼。

16. 企业主是如何再学习的？

走寻老厦门，怎么能少了“厦门大学”？多少厦门人的记忆中，都有嘉庚先生的身影，实验小学、集美中学、厦门大学。厦庇四方客，门泊万里船，“南方之强”，是永远矗立在五老峰下不朽的文化坐标。

对于这个神圣的殿堂，非得用一种特殊的方式来走寻——沉迷其中，才对得起她在老厦门中的特殊地位。

2014 年 10 月 30 日至 11 月 2 日，秋舞婆娑的厦大群贤楼，停下手头工作的我们——春华班的学子们，回归教室，师从来自新加坡的莫少昆教授，学习“领导能力与组织发展”。4 天 3 夜，上午 8:30～12:20，下午 2:30～6:15，晚上做作业第二天早上 8:15 之前上交，紧张而快节奏的“魔鬼式”学习训练，让我们头壳脱皮醍醐灌顶，获益无穷。从“领导的定义、真诚领导力、领导人的十大特质及十大行为”到“九型人格”的分析，从“领导权力的三重含义、情境领导、影响领导有效性的因素”到“罗伯特·豪斯的途径——目标理论”，从“团队的沟通管理、冲突管理、团队管理”到“组织架构、流程再造、企业制度、企业文化，到变革型领导的主要特征和企业成功变革的八个步骤”，从“读易经看领导、领导人的十大险象”到“五级领导如何从优秀到卓越的突破”。

莫老师开宗明义教导我们，EMBA 学习，要“梳理知识积累，顿悟智慧亮点”，从“领悟→省悟→觉悟”，从“知识→思维→行为”。一个杰出的领导人，要“立身、立德、立功、立业、立言、立名”，为人处事要如《大学》所言依次“止、定、静、安、虑、得”，处理政商关系要“亲近政府，远离政治”。每逢重大决策，要“谋贵众，断贵独”。把权力交给下属时，要“授权基于计划，信任基于回馈”。与人沟通时，谨记“交浅言深易失言，交深言浅会失人”。优秀的“五级领导”的金字塔架构是，依次拾阶而上的“能力突出的个人”+“乐于贡献的团队成员”+“富有实力能够达标的经理人”+“坚强有力能为别人服务的领导者”+“藉由谦虚的个性和专业的坚持建立起持久的卓越绩效”……总而言之言而总之，4 天的课堂学习、4 天的冲浪之旅，智慧亮点有如满天繁星熠熠生辉璀璨夺目。在这里，不妨撷取几个小切面，以求“窥一斑而见全豹，观滴水可知沧海”。

印象之一：敬业精神、治学理念

镜头 A：莫老师课前准备之充足，不是三言两语可以讲完，好在“一叶足以知秋”。譬如：在课件的设计上，他故意留出许多的空白表格，让学员根据课程的进度，自己动笔填写。有很多的内容，是学员自我测试或小组共同测试后的结果，如“领导人的十大综合素质”。可以说，不管哪一个学员，只要没有到场听课，甚至没有积极参与课堂活动，你的课件就留下许多无法填充的空白，提醒你赶紧报名补课。仅这一点，可见莫老师用心之独到。

镜头 B：站立授课，自始至终。连续 4 天总计 30 多小时的授课，老师坐着讲授，本在情理之中，何况是一位已过 59 岁的老教师。令人敬佩的是，为了增强上课效果，尤其是师生互动的效果，莫老师自始至终站着授课，并在课堂作业环节，走近学生，了解具体个人的思考和答案并加以指导和比较分析。我是坐在第一排的学员，4 天下来，30 多个小时的上课时间里，真心的是一刻都没办法开小差休息一下，以至于当最后一天的下午交完考卷走出教室时，感觉昏天黑地好累好累，有如当年参加完律师执业资格考试后那种近乎虚脱的疲倦，一心只想着赶紧找个地方好好地补上一个长觉。

镜头C:超量授课,多到让我们于心不忍。为了在有限的上课时间内,尽可能地增加信息量的供给,莫老师故意提高讲话的语速,既紧紧抓住我们的注意力,又让我们体验到一种茅塞顿开、心跳加速、信息冲浪、思如泉涌的快感。此外,按照事先的作息时间安排,明明是上午11:30、下午5:30就要下课,莫老师却每天非得“整到”上午12:15左右、下午6:15左右,才极端不情愿地停下滔滔不绝的口中莲花。然而,比莫老师更不情愿下课的,是我们——一群如饥似渴的学子,一群从接受知识品尝信息中体验学习快感的学子。只是,看着莫老师灰白的头发,我们终是心有不忍,只能以热烈的掌声表示无言的敬意。许多同学都说,莫老师这是“超值供货”了。

镜头D:及时批评指正,坚持是非原则。表面和蔼的莫老师,也不只有微笑和善的一面。当发现个别同学、个别小组的作业完成得不够理想时,当即板起脸来,毫不客气地加以批评。许是对春华班的由来和组成有所了解,莫老师毫不避讳地说,希望大家对得起“春华”二字,无论是做作业,还是课后的做人做事,都要以“自强不息,止于至善”的校训要求和规范自己。古人说,“严师出高徒”,希望我们都不会辜负莫老师的殷切期望。

印象之二:务实独到的考试观念、授课方式

侧面1:在中国出生成长,从无数的应试教育中久经考验出来的我们,早已习惯了被形式化的考试折磨虐待。令我们欣喜的是,莫老师对于“考试”的独到见解和做法。莫老师说,在他的教学中,不赞同EMBA学习中的考试环节这一设置,只是相关方面有此要求,只能无奈接受。但是,在可能的情况下加以调整。比如,上课的第一天,他就公布考题,让大家早做思考和准备,争取答出一份有思考热度的卷子,而不是一份应付了事的卷子。这一理念和做法,深得学员们的认可和赞赏。EMBA学员的特殊性,决定了我们并不是冲着考卷成绩冲着学历学位而来,而是冲着学校品牌,冲着前沿信息,冲着真知灼见,冲着思考乐趣,冲着理念碰撞而来。形式化的书面考试,实

在是多此一举,倒不如一份经过认真思考后的表述,来得实惠来得效益来得真实。

侧面2:灌鸭子式的单方传授,至今仍是中国大陆课堂教学的通病。古人陆游在《冬夜读书示子聿》中写道:“纸上得来终觉浅,绝知此事要躬行”。模拟实操,便是莫老师授课的一大特色。上了一天多的领导力课程后,同学们都急于弄清楚自己到底推崇或具备哪些领导人的综合素质?不急,莫老师早已备下白、红、蓝、绿4种各10张卡片,分别代表有效领导人的十大特质、行为、技能、品性,让大家自己动手按主次排列,然后逐步减少掉30张卡片,最后只能留下自己认为最重要的10张卡片,代表自己最认可的领导人之十大综合素质。把这填到课件相应的表格后,再实行小组讨论,定下小组公认的十大素质。最后,莫老师公布全球1984名EMBA同学认可的十大素质,让同学们把自己认可的、小组认可的、1984名学员认可的,进行对比分析。

侧面3:全场热情最高涨的是小组比赛。莫老师先以随机抽取的方式把全班同学分成4个小组,各自唱完《团结就是力量》等指定的歌曲后,团队初成。接着,各小组开始推选、设立董事长负责下的公司。根据莫老师公布的游戏规则,4个公司之间开始展开既合作又竞争的投注、决策竞赛中。热闹的磋商、质疑的眼神、神秘的笑容、紧张的争辩、善意的指责、委屈的辩解、高亢的口号……群情亢奋全心入戏落入莫老师诱导的圈套时,大家发现4个公司都已经深陷尔虞我诈的沼泽无力抽身。竞赛结束后,面对“归来”组卢珊同学声嘶力竭的道德控诉,面对“九月九”组勇于牺牲自身保全他人的虽败犹荣的慷慨陈辞,带头“背信弃义”的“野花”组同学神情落寞,董事长张连兴同学一脸无辜地说“我真的不是故意的!”却越描越黑,只好脸黑耳赤地一再作揖求饶。嬉笑怒骂之际,大家都再一次深刻地感受、领悟到了商场的无情、竞争的惨烈、决策的艰难、市场的诡谲。

侧面4:最触动人心的,是真人真事的分享。结合课后作业的完成情况,莫老师择优让几位同学依次上台分享自己的历程、思考、心得。班长方庆明身先士卒,王庆荣、黄宝守、胡精沛、林美蓉、周世勇、贾朝晖和我等,打开心扉,把自己内心深处最柔软的部位,把自己纵横商海的体会,把自己领导公司的经验,把自己关于某一个问题的见解,大大方方地陈述出来。对同一个问题,同学们还进行了一定的意见交流,仁者见仁智者见智。莫老师真诚地尊重每一位同学的观点和立场,允许不同观点存在的同时,也分享了自己的观点供大家参考。正所谓"三人行,必有我师""学高为师身正为范",同学之间、师生之间的这种坦率、真诚的互动,在收获顿悟、会心一笑的同时,彼此都感受到了交流的乐趣。

印象之三:群策群力集思广益完成学习小组作业

案例教学、分组讨论,是EMBA教学的一大特色,更是学员间思想碰撞信息交流心灵沟通取长补短的重要机会。因此,每一次上课前,班主任李璐老师都精心排好每一个小组的成员,组成临时性的学习团队。

巧的是,这次的课程,我是第一次当学习小组的组长。从第一堂课起,我就得开始琢磨怎么完成这个伟大而艰巨的任务。因为按照EMBA不成文的规矩,哪怕组员都偷懒了,组长也得硬着头皮,克服困难,负责代表小组把作业交上去,甚至是上台向全体师生介绍、汇报本小组的思考结果、答案,接受询问、质疑,"任重而道远"啊!

一下课,我赶紧拿着名单,一个个地打招呼过去。中间的一段插曲是,一开始,莫老师说一组、二组做第一个案例,三组、四组做第二个案例,五组、六组做第三个案例。据此,我们都理解为两个组合作完成一份答卷即可。都说"人多力量大""群众的力量是无穷的",我松了一口气,第一天下午的茶歇时间,找到五组的王冬竹,当场建立微信群,对着名单一个个拉进群。"一个都不能少",各自把自己的阅读、思考结果随时发到群里,届时编辑一下,大功告成!

"想得美!"第二天上午,莫老师再次提醒大家及时完成作业,并强调,各个小组全员参与独立完成，同一案例，两个小组各自按要求交答卷。这一来，我们六组和五组的战略联盟，来不及开始，就匆匆结束，只好分道扬镳自求多福了。

第三天下午的课间休息茶歇时间，我赶紧再次找到每位同学，逐一告知本人请客真诚邀请大家共进晚餐一起学习讨论。都知道是“鸿门宴”，自然上当的很少，只有两名来补课的外班外地的同学赏脸。“我不下地狱谁下地狱？”“既来之，则安之！”在泰谷酒店匆匆完成自助餐后，我们仨快步来到我单位的会议室，打开电脑上本次课件和上次吕鸿德老师的《企业竞争战略》课件，先再阅读一遍，然后进行讨论。期间，我兼联络员和后勤，把本小组的同学一个个地招呼到场。看着鼓浪屿、鹭江道的迷人夜景，就着铁观音的醇香、古早茶点的美味，我们认真地剖析、讨论、聚焦、争辩、归纳、汇总，先发散后汇拢。当海关大楼的时钟敲响11下时，我们才发觉午夜的困意如窗外的秋风徐徐袭来。解散后，来自美的集团的补课同学肖中孝，在住处加班到1:43，才把精美的PPT做完。一个凌晨2点的任务完成报告的微信，短短的“收工”二字，让第二天早起的我感动不已。行文此笔，我忍不住翻出当时的微信，再一次回味那一份的唏嘘。

当我们小组作业的PPT，在屏幕上打出来时，精美、翔实、层次分明、内容丰富、现代感十足，更是散发着思考的热度，赢得了全班的热烈掌声和老师的称赞。直到此时，我才如释重负，知道“学习小组长”的任务，已经大功告成。当代表小组上台介绍的肖中孝同学，第一句话选择先面向我表示感谢时，我，再一次感觉到了小组长的光荣和责任，再一次为团队的合作情谊感动了……

印象之四：可敬可爱的春华们

定格一：都说活到老学到老，真做起来，却不容易，尤其是对一位厦门的首富、知天命已过四载的同学来说，尤其不易！然而，我们的班级董事长、柯希平同学,却是真正的说到做到。上课期间,他从不迟到、早退,一心听讲认真笔记,其执着、专注程度,时常令相对年轻许多的后辈如我,汗颜不已。本次上课,适逢厦门总商会成立110周年庆暨首届“商人节”活动期间,身为会长的他,操心程度可想而知。令我们难以想象的是,最后一个下午的考试,当我们都迫不及待地完成作业,赶紧“逃离”这困住我们4天的教室时,甚至当仅有的同伴谢开枝离场后,他还不慌不忙地独守偌大的教室,一笔一画地答卷,直到自己满意为止。当李璐老师把实景照片发到班级微信群时,立即引起一阵阵的交口称赞。

定格二:群贤楼旁的“厦大时光”咖啡厅,见证了多少浪漫的校园爱情故事,又沉浸了多少的书香笑语。11月1日、2日的早晨,鸟语花香中,它又迎来了一对驰骋商场成就斐然的神雕侠侣——叶维新和施秋月。相对而坐,共习课件,时而悄声讨论,时而奋笔疾书,忘记了周遭,忘记了时间,忘记了年龄,忘记了疲劳。霜降时节的厦门,秋意渐浓的南墙一侧,微风徐徐,早起的相思鸟停下鸣叫,担心吵到这一对好学的老情侣。凤凰花在无声绽放,记录、定格下了风景旖旎的校园里,这唯美温馨的画面,这励志动人的一幕。

领导力的书籍、盼盼的茶点、绿腾的生态茶、京剧脸谱的漆线雕礼物、热情好客的东道主,还有那令人难忘的云顶庄园之夜,太多的感动,一一定格在同学们的脑海中,囿于篇幅,无法一一详述。

五老峰巍巍壮丽,嘉庚楼群古朴典雅!莫老师的课程已经结束,李璐老师的铃声渐行渐远,但是,关于领导能力如何锻造提高,关于组织如何更好发展,我们的思考,才刚刚重新启航……

法条再现

《公司法》第三条:公司是企业法人,有独立的法人财产,享有法人财产权。公司以其全部财产对公司的债务承担责任。

有限责任公司的股东以其认缴的出资额为限对公司承担责任;股份有限公司的股东以其认购的股份为限对公司承担责任。

《公司法》第二十条:公司股东应当遵守法律、行政法规和公司章程,依法行使股东权利,不得滥用股东权利损害公司或者其他股东的利益;不得滥用公司法人独立地位和股东有限责任损害公司债权人的利益。

公司股东滥用股东权利给公司或者其他股东造成损失的,应当依法承担赔偿责任。

公司股东滥用公司法人独立地位和股东有限责任,逃避债务,严重损害公司债权人利益的,应当对公司债务承担连带责任。

最高人民法院《关于适用〈中华人民共和国公司法〉若干问题的规定(三)》第十二条:公司成立后,公司、股东或者公司债权人以相关股东的行为符合下列情形之一且损害公司权益为由,请求认定该股东抽逃出资的,人民法院应予支持:

(一)制作虚假财务会计报表虚增利润进行分配;

(二)通过虚构债权债务关系将其出资转出;

(三)利用关联交易将出资转出;

(四)其他未经法定程序将出资抽回的行为。

17. 商场百战归来再读书?

小时候,写作文时,“长大后干什么”,是必不可少的话题。同样是乳臭未干的小屁孩,想象自己和同学遥远的样子,不亚于一次“脑筋急转弯”的大考验。科学家、工程师、医生……陈景润先生摘取数学皇冠上明珠的光芒,刺激得当时的我们脑洞大开异想天开。明知我们是在白日作梦,老师却也欣然给予高分肯定,彼此间皆大欢喜一场。

某一天,看到就读小学的孩子,也在做着同样的课题,哂然一笑之际,岁月静好时光轮回的感觉充溢心田。大老板、程序员、设计员、公交司机……现在的孩子,比起当年的我们,尽管同样是“白领”“蓝领”分不太清,却务实明白许多。

时至今日参加在职进修时,这种感觉就得彻底颠覆。EDP、EMBA,一群都是董事长、董事总经理的同学,一群已过或接近不惑之年的大人,未来几乎定型,“想象”似乎成了“假像”。似曾相识燕归来,百战过后再学习,这样的一群人当同学,会是什么一种样子呢?经常有人这么问我。干脆码上一篇,在我们厦大春华班的 EMBA 最后一课,致敬我的商学院修行之旅 7 周年。

老师比学生的小孩还年轻

“老师,是比我们年老的师傅。”这种简单的印象,从幼儿园、小学、中学到大学,一路不断强化着。大学毕业到航海学院工作,当第一次听到头发斑白的老教授、同事当面称呼我为“陈老师”时，我的直觉是那么的奇怪，浑身地不自在。

忘记身份、忘记年龄、忘记性别，商场撕杀腾挪、自虐他虐无数回后，老板们重回校园象牙塔，“两耳不闻窗外事，一心只读圣贤书”。无论是中心领导、班主任、辅助人员，还是授课老师，可能都比学生自己，甚至学生的小孩，还年轻许多。

一群朝气蓬勃的年轻老师，带着一群哥哥姐姐辈，甚至是叔叔阿姨辈的学生、“孩子”，团队协作在拓展现场，信息冲浪在教室课堂，头脑风暴在小组作业，热热闹闹在联欢晚会，咣咣铛铛在中秋博饼，心灵共鸣在企业参访，友情升华在移动课堂，开放自我在酒过三巡……

没有严词苛责，更多的是交流探讨。对同一问题，学生感兴趣的是，老师在系统理论层面的描述，对世界同行实践的介绍；老师感兴趣的是，学生在各自企业的探索实践出来的一手资料，各种经验教训心得体会。一方需要登高望远，需要拨开云雾见真容；一方需要高空落地，需要理论联系实际，各取所需，教学相长。

颜值不重要，关键看气质！“表面做秀”并不实在，“学有所得”才是真爱。

没有升学压力、繁重作业和严格考试，大考后集体撕书的发泄更是匪夷所思。当投资大脑、汲取知识成为一种自觉的需求时，学生是自主自发地来“受罪”学习的，是来真正享受学习快乐的身心旅行。学得好不好、多不多，是学生自己必须考虑清楚，自己要下功夫的事情，不需要老师去管去查去抓。没有人关心分数，更没有人在乎学历、学位。班主任不是考官不是政纪官，是比保姆还细心的辣妹“班妈”，提前两周就要提醒大家上课时间，临近还一个个发短信、微信提醒，天凉了下雨了，上学路上记得加衣添伞。

五年一小变十年一大变

昨日，某位教授略带夸张地说，在商学院，教授给学生上课，是一群很想赚钱却赚不到大钱的人，教一群赚到大钱的人应该怎么赚钱。逻辑这么滑稽，事实却真是如此——一群精于算计、时间无比珍贵的商人、老板们，竟然会乐意于真金白银地贴进更为宝贵的时间，扔掉手头的生意事务，争先恐后地一头扎进久违的课堂，一脸虔诚地聆听三尺讲台上老师的滔滔不绝。

"50后"到"80后"，老、中、青三结合，有如当年恢复高考之初的"老三届"，来自不同区域、不同行业，从刚开始认识的"初恋"——我想了解你，你想走近我，却都"犹抱琵琶半遮面"，到拓展过后逐渐熟悉的"热恋"——隔三差五聚在一起，喝三吆五嗨到深夜，再到平静下来的"婚姻"——要当一辈子的同学，不在乎朝朝暮暮，只在乎友谊天长地久。至于丰富多彩的这个俱乐部那个兴趣组，校园、戈壁滩、南极洲的行走活动，则是兴趣所至的跨班交流，是情怀向往的投射宣泄。

林子大了，什么鸟都有。时不时会有这样的传闻，好的坏的都有。某个班那个特别活跃的同学，一来就表现得非常土豪想当班干部的人，原来是别有用心的阴谋家，做了什么什么不光彩的事，都跑路了。当然，坏消息会影响心情，大家更热衷于讨论的，还是谁谁谁的企业上市了，市盈率多高多高；谁又热心公益，乐捐了几千万元于教育、医疗、扶贫；哪里有个项目，政策支持、银行配套、市场前景如何如何；哪一场重要的场合，看到哪一位同学当嘉宾了，发表了什么样的观点……

凤凰花染红天际线，一季又一季。南强的日子，群贤的光阴，在绵延的石板路上，在清脆的脚步声中，悄然流逝着。铁打的营盘流水的兵，迎来送往的一个又一个班级的成年学子，书写着各自学校的EDP、EMBA在中国商学院的江湖地位的同时，也在书写着自己的事业人生年轮。五年一个小变化，成败得失都是歌，可谓是"万丈红尘三杯酒，千秋功业一壶茶"，真不是传闻所调侃的，"读了总裁班，终于把企业给做倒了"。中国商人的智商财商情商，还不至于如此低下。十年一个大变化，产业周期外围环境的变化——家电生产、对外贸易、房地产、互联网的各领风骚十年，反映在这个群体上，是"城头变换大王旗，你方唱罢我登台"。

大学之道，在于明理，在于……商学院之理，在于……圈内人士眼中的

“土豪游戏”，真的只是游戏吗？

“铛铛铛”，九点一到，上课钟响，我得停笔了，尽管想说的，还有很多很多。我们不能迟到早退，不能中途接电话的，否则，班级“纪委书记”的眼睛、耳朵，贼得很呐！

案例延伸： ①

公司应当及时办理股东变更登记，但未及时办理并不等于事实上未变动

公司应当就股东变动情况及时办理变更登记，但不能以尚未办理变更登记否认其股东已经发生变动的事实。因此，如果公司虽未及时将股权变动事项进行工商变更登记，但其事实上若已经变更，仍应以实际情况为准。一人有限责任公司的股东负有责任证明公司财产独立于其本人财产，若证明不能则应当对公司债务承担连带责任。

案例裁判文书全文

上诉人杨某某、王某某、印某（以下简称杨某某等三人）因与被上诉人李某某、原审被告聊城市隆昌投资有限公司（以下简称隆昌公司）

① 杨某某、王某某公司盈余分配纠纷二审民事判决书，载无讼案例：https://www.itslaw.com/detail?judgementId=d804fb6a-f3a5-4aee-b60b-4daae160857a&area=1&index=9&sortType=1&count=599&conditions=searchWord%2B!%E4%B8%AA%E4%BA%BA%E8%B4%A2%E4%BA%A7%E4%B8%8E%E5%85%AC%E5%8F%B8%E8%B4%A2%E4%BA%A7%E6%B7%B7%E5%90%8C%2B1%2B!%E4%B8%AA%E4%BA%BA%E8%B4%A2%E4%BA%A7%E4%B8%8E%E5%85%AC%E5%8F%B8%E8%B4%A2%E4%BA%A7%E6%B7%B7%E5%90%8C，最后访问日期：2017年12月1日。

公司盈余分配纠纷一案，不服山东省聊城市中级人民法院(2014)聊商初字第103号民事判决，向山东省高级人民法院提起上诉。

结合相关证据，可以明确以下内容：2010年3月30日，股东张某某、杨某某、李某某、王某某、印某作为发起人成立了聊城市隆昌投资担保有限公司，工商登记显示注册资本5000万元，股东每人出资1000万元，主要经营项目为以自有资金对交通、房地产开发等进行投资等，企业类型为有限责任公司。2012年1月14日，五名股东签订了变更协议，约定：一、自2012年1月1日起，公司部分股东（张某某、杨某某、王某某、印某）股权转让，人均256万元股权转让给李某某，李某某应尽快办理股权转让手续，确保半年内即2012年6月30日前付清，如确属资金紧张，自2012年1月1日起，按月息20‰计息，务于2012年12月30日前本息付清。二、各股东名下的短期借款原则上按期兑付，但由于公司资金紧张不能及时兑付，最长两年内还清。三、股东名下的短期借款利息均按月息20‰计息。四、各股东的利润分红在两年内分月付清，每月866000元，如因特殊情况不能支付，其余额自2012年1月1日起按月息20‰计算（具体支付见附表）。五、本协议签署后，张某某、杨某某、王某某、印某不再承担风险，也不参与分红。协议所附股东分红分月支付明细表显示分红额分别为：李某某201358元、张某某183302元、杨某某152285元、王某某161014元、印某147876元。2013年7月17日，杨某某等三人作为原告向聊城市中级人民法院提起诉讼，案号为（2013）聊商初字第66号，请求判令：一、李某某履行协议，支付杨某某等三人股权转让费、利润分红、利息等费用共计2400万元；二、该案一切诉讼费由李某某承担。在该案庭审中，各方均承认公司成立时五名股东分别实际出资200万元，2010年的利润分红每人56万元转入了股本金。聊城市中级人民法院于2013年12月25日对该案作出判决，判决认为“被告对协议上原告的签名提出异议，称协议中原告的签名与工商局备案的原始股东签名不符，但从原告提交的授权确认书看，虽然协议上三原告的签名系他人所代签，但三原告已经追认，承认该签名系其真实意思表示。协议关于股权转让的约定系各方当事人真实意思表示，内容并未违反法律、行政法规的强制性规定，合法有效”，判决李某某支付杨某某等三人股权转让款每人 256 万元，并赔偿每人该款的逾期利息损失（自 2012 年 1 月 1 日起至判决确定的履行日止按中国人民银行同期同档次贷款基准利率 4 倍计算）。该判决同时认为，“根据《中华人民共和国公司法》第一百六十七条之规定，利润分红的主体为公司与股东，利润分红应当由公司向股东支付。虽然杨某某等三人和李某某在协议中约定各股东的利润分红在两年内分月付清，但根据上述法律规定，杨某某等三人单独起诉李某某要求支付利润分红与法不符。鉴于杨某某等三人诉请支付股权转让款与支付利润分红系不同法律关系，一审法院不宜合并审理，杨某某等三人就利润分红可另行主张权利”。李某某不服聊城市中级人民法院（2013）聊商初字第 66 号民事判决，向山东省高级人民法院提起上诉，山东省高级人民法院作出（2014）鲁商终字第 135 号民事判决，驳回了李某某的上诉，维持一审判决。2014 年 7 月 21 日，杨某某等三人提起该案诉讼。

2015 年 7 月 11 日，聊城市隆昌投资担保有限公司更名为聊城市隆昌投资有限公司，工商登记信息显示股东为李兴才、张园君、王某某、印某、杨某某，法定代表人为李兴才。

该案审理期间，杨某某等三人申请对 2011 年 1 月至 2011 年 12 月 31 日隆昌公司账目进行审计，在确定账目真实、完整、合法的情况下，审计确定三人的分红数额。因隆昌公司明确表示 2013 年税务审查时对账目进行了调整，杨某某等三人认为账目不真实，对审计的账目双方不能达成一致意见，鉴定程序未予进行。在鉴定程序中，李某某的代理人钟静陈述变更协议是 2012 年 1 月 14 日当天形成的，对于杨某某等三人提供的股东分红支付明细表以及隆昌公司提供的附表、协议及附表说明的形成时间，钟静陈述“不好说”。

二审期间，各方当事人均确认，隆昌公司工商登记信息中记载的股东李兴才、张园君，分别系由李某某、张某某变更登记而成，李兴才、张园君并未参与隆昌公司的经营，对于股权变更登记亦不知情。

山东省高级人民法院认为：该案二审争议的焦点问题是李某某是否

应当对涉案债务承担连带责任。对此山东省高级人民法院认为，首先，隆昌公司实质上属于一人有限责任公司。隆昌公司工商登记信息中记载的股东为杨某某等三人与李兴才、张园君，但是，李兴才、张园君分别系由李某某、张某某变更登记而成，李兴才、张园君并未参与隆昌公司的经营，对于股权变更登记亦不知情，因此，隆昌公司的真实股东为杨某某等三人与李某某、张某某。根据2012年1月14日的变更协议的约定，杨某某等三人和张某某已经将所持隆昌公司的股权全部转让给李某某，杨某某等三人和张某某也未再参与隆昌公司的经营管理，山东省高级人民法院（2014）鲁商终字第135号民事判决书和一审法院（2013）聊商初字第66号民事判决书亦已认定2012年1月14日的变更协议是各方当事人的真实意思表示，内容合法有效，并判决李某某向杨某某等三人支付股权转让款。根据《公司法》第三十二条第三款中“公司应当将股东的姓名或者名称向公司登记机关登记；登记事项发生变更的，应当办理变更登记”的规定，隆昌公司应当就股东变动情况及时办理变更登记，不能以尚未办理变更登记否认其股东已经发生变动的事实。因此，隆昌公司虽未就上述股权变动事项进行工商变更登记，但事实上已经成为李某某实际控制的一人有限责任公司。其次，李某某应当对隆昌公司的涉案债务承担连带责任。如前所述，李兴才虽然登记为隆昌公司的股东和法定代表人，但是，隆昌公司事实上已经成为李某某实际控制的一人有限责任公司，参照最高人民法院《关于适用〈中华人民共和国公司法〉若干问题的规定（三）》第二十八条中“冒用他人名义出资并将该他人作为股东在公司登记机关登记的，冒名登记行为人应当承担相应责任”的规定，该案中应当由李某某承担相应的责任。《公司法》第六十三条规定，“一人有限责任公司的股东不能证明公司财产独立于股东自己的财产的，应当对公司债务承担连带责任”。根据上述规定，李某某负有责任证明隆昌公司的财产独立于李某某本人的财产，但是，李某某并未提交相应的证据予以证明，应当承担举证不能的不利后果。因此，李某某应当对隆昌公司的涉案债务承担连带责任。

综上所述，杨某某等三人的上诉请求成立。山东省高级人民法院判决如下：

一、维持山东省聊城市中级人民法院（2014）聊商初字第103号民事判决第一项，即聊城市隆昌投资有限公司于本判决生效后十五日内，分别向杨某某、王某某、印某支付分红款3654851.63元、3864346.39元、3549040.82元，并自2012年1月1日起以上述款项为基数，按月息20‰向杨某某、王某某、印某支付逾期利息至本判决确定的付款之日；

二、撤销山东省聊城市中级人民法院（2014）聊商初字第103号民事判决第二项；

三、李某某对本判决第一项确定的债务承担连带清偿责任。

如果未按本判决指定的期间履行给付金钱义务，应当依照《中华人民共和国民事诉讼法》第二百五十三条规定，加倍支付迟延履行期间的债务利息。

法条再现

《公司法》第三十二条：有限责任公司应当置备股东名册，记载下列事项：

（一）股东的姓名或者名称及住所；

（二）股东的出资额；

（三）出资证明书编号。

记载于股东名册的股东，可以依股东名册主张行使股东权利。

公司应当将股东的姓名或者名称向公司登记机关登记；登记事项发生变更的，应当办理变更登记。未经登记或者变更登记的，不得对抗第三人。

《公司法》第三十四条：股东按照实缴的出资比例分取红利；公司新增资本时，股东有权优先按照实缴的出资比例认缴出资。但是，全体股东约定不按照出资比例分取红利或者不按照出资比例优先认缴出资的除外。

《公司法》第六十三条:一人有限责任公司的股东不能证明公司财产独立于股东自己的财产的,应当对公司债务承担连带责任。

《公司法》第一百六十七条:股份有限公司以超过股票票面金额的发行价格发行股份所得的溢价款以及国务院财政部门规定列入资本公积金的其他收入,应当列为公司资本公积金。

18. 怎么看待“员工入党”这件事？

入党，加入一个党派，无论是加入中国共产党，还是加入中国民革、中国民盟、九三学社等民主党派，都是一个人的政治生命中，最为重要的一件大事。用时下流行的话说，叫作“兹事体大，慎重慎重”。

这事神秘不？很神秘，尤其是当你要加入的党组织，是“地下党”时，或者你的这种行为，并不为你身边的亲朋好友所主流认可时。

这事复杂不？不复杂，人是群居的动物，一生都不停地在家庭、学校、工作单位、商会协会学会、微信群等各种组织、各个舞台中扮演和转换各种角色，寻找自身定位，猛刷存在感。生命不息，个体与组织的隶属关系不止。

在法律人看来，加入党派，除了是个体思想意识的一种有效选择、主动表达之外，更是个体与一个组织之间，签订了一份严肃的长期的无固定期限的合约，双方都必须按照诚实信用原则，认真履行。

难道不是吗？

当你经过深思熟虑之后，甚至是经过入党积极分子的统一培训、正式党校业余党校的学习之后，以书面形式，正式地向党组织递交了一份情真意切的书面形式的入党申请，就等于向党组织发出了一份正式的“邀约”。

党组织接到这份“邀约”之后，经过一系列的考察、审核，认真听取入党介绍人的推荐意见，并且召开支部全体成员大会，进行充分的讨论之后，甚至是先作为预备党员考察一年后，这才最终作出“同意接纳”还是“不同意接纳”的决定。如果同意了,在向你发出接收你为正式党员的通知时,就等于是党组织向你发出了一份“承诺”。

至此,“邀约”与“承诺”一致,你与党组织之间,在“你是否成为党组织的一员”这个问题上,双方意合见同即达成了一致意见,并以开会、组织宣誓等一系列环环相扣、前后有序的组织行为的方式,完成了最为重要的“签约程序”。

当然了,法眼观察下,这可不是一份简单的“合约”,而是一份对你和党组织都终身有效、长期规范、严格约束的重大“合约”,并且基本上是“排他性的合约”,不允许你朝秦暮楚或脚踩两只脚、身在曹营心在汉。双方各自享有权利,履行义务。“参加组织活动”“按照统一规定及时缴纳党费”,就在你的义务范围之内。

例外的情况下,主动地退党、被动地被组织开除出党,是正式解除你与一个党组织之间的人身关系,也就是解除了你与党组织之间的上述合约,这个时候,权利、义务终止,所有“游戏”宣告“OVER”。你与党组织之间,既可以温柔相望,也可以形同陌路,这个组织的任何党纪党法,都不再规范、约束、制裁你。至于“违约赔偿”“损失追究”这一类在合同解除之后经常发生的事,在这里,我还真没见到它们发生过。

类似入党这样的签约行为,生活中其实处处可见。谈对象找朋友直至结为夫妇,填报入学志愿直至成为某个学校的学生,递交求职申请直至成为某个单位的员工,填写加入申请表直至成为某个协会的会员,从法律角度来分析,本质上都是一种邀约与承诺的签约行为。遗憾的是,往往一路走来风景变幻不止,乱花渐欲迷人眼,我们容易忘了来时的路,忘了初心是什么。

昨天下午,组织盈科厦门的全体中共党员,到“闽南风情”庄园,进行“纪念建党96周年”的“两学一做争当先锋”活动。我们没有简单地模仿别人的“重温入党誓词”,而是独辟蹊径地让每一位党员,轮流上台发言,真实地客观地“回顾入党经历,巩固信仰初心”。讲到当年如何的逐步认识,如何的书写申请书,如何的经历支部讨论,如何的庄严宣誓,讲的人历历在目、心潮澎湃，听的人感同身受、思绪飞扬。大家的现场共识是，“入党”是我们当初的自愿选择，有约束的人生才是美丽的人生，信仰不可违初心不能忘，做好本职工作是最好的践行誓言。身为法律人，更加应该忠实履行“入党”这份“合约”。当年的同学，现在的同事，石志武夫妇的发言，让这种合约、承诺，多了一份执子之手、日夜守望、天长地久的美好。

有趣的是，现场的良好气氛，自然而然地感染了应邀参加的民主党派成员康志伟、杨晓玲和群众黄国超、柴铎、郑晨希。没有事先准备，不需做秀表演，一个个发自肺腑的上台发言，令人由衷动容、鼓掌致敬。

一大早搭机赶赴大连为青工委授课，早班机还是遭遇延误一个多小时。码上这1000多个文字，权当打发百无聊赖的等候时间，也是纪念由集美航海学院调动到厦门交通局工作23周年的日子。

法条再现

《公司法》第二十六条：有限责任公司的注册资本为在公司登记机关登记的全体股东认缴的出资额。

法律、行政法规以及国务院决定对有限责任公司注册资本实缴、注册资本最低限额另有规定的，从其规定。

《公司法》第七十五条：自然人股东死亡后，其合法继承人可以继承股东资格；但是，公司章程另有规定的除外。

19. 标准化操作，到底有多重要？

标准化，ISO 9000？

昨天上午，遥望着鼓浪屿的东头巍然挺立的郑成功雕像，我在视频会议中，与专做红木生产销售的客户——德古公司的陈国凡老板，深度讨论加盟连锁的特许经营问题。不仅聊到如何地在“服装、IC”上统一所有加盟商的对外形象展示，更为重要的是，在员工接待访客讲解产品时，如何地在“用材、工艺、创意、特色、定价”等内容上，实施尽可能完善的统一标准，这才是比形象展示更为重要的，更具有市场竞争力的内涵展示，也是作为“母体”的被加盟商，需要花大力气对加盟商进行辅导和培训的重点内容。

为什么我会这么说？要知道，仅此一项，无论是母体还是加盟商，在经营成本上，需要增加的负担，远远不止是个位数的几万元，而且还需要经历一定时间的养成方能达到。因此，在我看来，标准化操作所带来的，是事半功倍的效果，是数倍于成本，直接决定一个企业、一个体系能否基业长青的重要元素。

2005 年，我曾根据单位的指派，特地远赴北京，参加全国第三届加盟连锁经营讨论会。在熙熙攘攘的国贸大厦一楼会场，看着牛气冲天的外来连锁饮食企业，如麦当劳、肯德基，再瞧瞧举步维艰的中式餐饮，这个包那个粮的，我是百思不得其解。隐约觉得，决定成与败的深层原因，似乎不只是口味特色、市场宣传、品牌形象、客户忠诚、资金实力等问题。更何况，别的不说，作为饮食行业的关键元素或核心竞争力，“舌尖上的中国”之味道，再怎么也不会输给外国人自己都诟病的“垃圾食品”太多。

这个问题，一直萦绕在心头很多年。

直到2016年的某一天下午，在厦门大学的群贤楼上EMBA课程时，听到来自中国人民大学劳动人事学院的许玉林教授说，别看擦洗桌椅、清洗厕所这么一些简单的保洁工作，似乎人人都可以做好的工作，放在麦当劳，它就一点都不简单了。单单是擦洗一张桌子，从正面到背面，从桌面到桌脚，从实施到检查，就制定有46个环节，组成一整套的操作流程，而且规定任何人都必须这么操作。

看着老师在屏幕上显示一个个环节的内容，全班同学一脸诧异、惊呼连连。也就是在这一刻，我终于明白，为什么麦当劳这样一个外来企业，可以在中国各地纵横捭阖遍地开花，可以在人才本土化甚至是原材料本土化的同时，却能成功跨越文化差异、饮食差异、习惯差异等一个个根深蒂固的鸿沟障碍，瞬间征服中国的社会大众，连锁加盟的发展势头曾经更是长年的一骑绝尘。

临渊羡鱼，不如退而结网！我们有没有做得好的本土连锁企业？

有，中国的银行、电信、加油站、保险公司，超级航母的成功打造，依靠的就是一个个在“IC、服装、服务、收费、流程”等方面都高度统一标准的分支机构、实体、单元，靠的是个体代表整个单位的一个个奋战在一线直接接触广大终端客户的员工。走遍全国各地，不管在哪一家麦当劳，汉堡包的味道都一模一样。同样地，不管在哪一家中国人保，你能买到的保险产品，也都一模一样。

作为消费者、终端客户，面对这样的商家，我们可以享受到么么哒的消费体验——你不必货比三家，也不用花费心思去火眼金睛地筛选、甄别、判断，哪一家的麦当劳好哪一家差，哪一家贵哪一家便宜。你也不必挨家去询问落实，哪一家的招商银行的服务口径比较广哪一家的比较窄。品质、标准、收费全国统一，不会有被忽悠、被狠宰、被欺骗的担心，时不时还有被尊重被奉为上帝的感觉。

遗憾的是，当下的中国大地，我们可以享受到这种感觉的地方，太少太少。

前几天，受惠于盈科律所总部对分所领导层的福利安排，我们乘坐邮轮去日本的长崎和福冈。当不止一个导游,在不止一个场合告诉我们,日本的所有商品,全国都一个价,在哪买都是一样的价格一样的质量,保证没有任何假货时,我们都沉默不语,心中翻滚的,何止是羡慕嫉妒恨啊!“日本鬼子”创造出来的这样的消费环境、消费体验,对长年被迫习惯于跟商家斗智斗勇,与坑蒙拐骗博弈成长,被“无商不奸无奸不商”长期污染的我们,简直是天方夜谭般的不可思议。

于是,在落脚的每一处免税商店,在休息的每一家便利店,都有表现得“很不爱国很不争气”的中国人,在血拼、在抢购,在疯狂地买买买、购购购,从食品到药品,从电饭煲到马桶盖,从化妆品到保健品,无所不买无所不购。

是中国人疯了,还是日本人神了?我想,应该是标准统一的魔法,让日本人抓稳了中国人的眼球。由此得以管中窥豹的是,中国与日本的发达程度,两者之间相距的,远远不止是一个日本海。

法条再现

《公司法》第一百三十八条:股东转让其股份,应当在依法设立的证券交易场所进行或者按照国务院规定的其他方式进行。

《公司法》第一百四十条:无记名股票的转让,由股东将该股票交付给受让人后即发生转让的效力。

20. 在厦台商对于大陆企业走向海外的样本启示

厦门很小，陆地面积1699多平方公里，海域面积300多平方公里，地图上巴掌大的地方，人文历史短暂却整天不甘寂寞地聒噪不已，时不时惹来一众"大地方"人士的窃笑声声。然而，"夜郎"们信奉的哲学是，"先天条件不足，再不出声，就更容易被这个世界所遗忘"。所以，我们痴人一般地坚持热爱、坚持关注、坚持走寻厦门的人文历史，用点点滴滴的重拾、拼凑、挽救、连接，丰富故乡的内涵，雕刻故乡的模样。

老厦门人，新厦门人，土著人，外来人，东南一隅的边陲小城里，你方唱罢我登台，各自书写着带有"鹭岛印记"的人生旅途。在这其中，有一群人，不容我们忽略，那就是寻根归来的"台湾人"，操着一口闽南乡音的宝岛人。

曾经的许多年光阴里，"台湾人"是一个祖父辈的嘴里经常出现的名词，是台湾电视中一个个乐观开朗的形象。至于"台商"，则是伴随着改革开放，成群结队出现在我们身边的新邻居，是来投资兴业腰包鼓鼓的"大老板""台湾人"。

坐落于新华路的台湾公会的会所遗址，高耸的门柱风采依旧，那是属于民国时期的记忆。曾经两岸对抗的历史岁月，早已湮没了明清、民国，那一个个活跃在厦门的"台湾老板"的身影。如果不是"走寻老厦门"的活动，我都不知道，本岛上有这个会所的存在。两年前，当市台商协会的许政郎副会长，相当认真地向我多次打听这个地方时，我能明显地感受到，同样是背井离乡来厦兴业，新一代台湾人，对老一代台湾人的尊重和缅怀。在许会长中西结合的办公室里,咖啡与红茶香味混杂的空气中,我似乎瞧见,台湾公会、福星旅社,刺杀日本特务的台湾义士,“十八罗汉”的传说,林滚为代表的浪人群体,台籍日本士兵的暴行,一个个黑白的影像,在历史的一个个角落,无声而孤独地晃动着。

“台风猛刮,侨牌散落”,是厦门本地人,对近 30 年来,政府方面在对外招商引资方面政策的民间总结。因了地缘、语缘等先天缘分,来厦投资的台商数目庞大。借助于台厦两地的现代化程度的不同、产业结构的特色差异等,在促进厦门经济发展的同时,大多数的台商也赚得盆满钵满。

30 多年过去了,当厦门的企业也像当年的台商一样,飘洋过海到东南亚甚至是非洲去投资兴业,当台商一代逐步淡出历史舞台,当越来越多的台湾新生代大学生毕业后来大陆打工或创业时,我们是否应该,把关注和审视的目光,再一次投向早年来厦,还在经营的台资企业,看一看这些台字号的外资企业,都有哪些的酸甜苦辣。

国际视野、竞争能力、技术优势、经营收入、利税数字、厂房设备、在地贡献……这些外表光鲜的元素,这些有目共睹的符号,这些津津乐道的内容,往往占据了各个媒体的版面,攫取了社会大众的眼球。与此同时,硬币的另一面,背光的一面,却有一个个色调暗淡的故事,正在悄悄地发生着。我经手的无数个涉台案件,演绎着诸如此类的画面:

一、家企不分的公司治理

陈先生在家中排行老大,下有一个弟弟、两个妹妹,自己挂名担任某光学公司的董事长。该公司是陈父牵头,陈先生与兄弟姐妹都有份的家族企业。登记在大陆这边的董事会是名义上的,真正决定乾坤的是台湾那头的家庭会议、“影子董事会”。总经理是陈先生弟弟的大儿子,表面上是带着老婆小孩以厂为家的拼搏姿势,背地里整天寻思的却是,怎么从上下游的合作厂商那里,捞点专属小家庭使用的“私房钱”。

名为“现代公司”,实为“个体户、家庭作坊”。什么“三会治理”“所有权与经营权分离”“民主决策科学管控”,通通只是体现在章程等书面材料中的遮羞布。

二、混乱不堪的财务管理

“这套设备当时购进的实际成本是多少?”“说不清。发票上体现的是500多万元,实际上是假进口真国产,不到200万元。”

遭遇征地拆迁,王先生苦不堪言,经营16年的太阳伞厂一片混乱,员工人心不稳,供应商纷纷毁约。更加难言之隐的是,工厂内部的财务资料,让人不忍直视。白条、不正规收据、假发票一大堆,成本记录漏洞百出。面对政府派来的征拆工作人员,面对一条条内容详细的补偿规定条款,财务人员支支吾吾。

“三免两减半”的优惠政策,控制成本提高利润的逐利天性,产品多数外销收益虚无的做法,加上原来政府监管的宽松等因素,台商身上背负的太多的原罪、苦果,正在慢慢浮出水面。

三、错综复杂的产权纠扯

特殊的海峡两岸对立时期,台商到大陆投资,需要绕经香港等地,“曲线救国”式地变通实现在大陆的投资。于是,各种各样的代持股份、隐名股东会出现在一个个的登记股东、投资人背后。加上人在异地他乡,容易抱团取暖的观念作祟,口头合伙、股权债权混杂的做法,大行其道。

游子文先生是“八九学潮”过后,第一批来厦门开发房地产的台商,太湖新城、故宫新城都是他公司的杰作。2004年委托我代理华强企业大楼的产权归属纠纷诉讼时,工商登记、不动产登记与实际权属之间的差异,让我和对方律师在一审、二审的两个阶段,唇枪舌剑地辩论了好几个小时。拿到胜诉判决的那一刻,我还是心有余悸,后悔一开始的律师费收得太低了。

四、欲说还休的二代接班

事易时移,早年来大陆拓荒的台商,与他们的二代,生活成长的外在环境明显不同了,发展条件、价值取向、人生追求等都发生了很大的变化。年轻人不愿接班,不愿再躬身车间专注制造,成了普遍的现象。

作为集美台商法律咨询中心的首席律师,我曾多次应厦门台商协会副会长许政郎先生之邀,参与台商餐会。每次会上,我都能很轻易地发现一个现象,那就是所有与会人员,年轻人廖廖无几,而且哪怕是少得可怜的这些年轻人,超过80%以上的人,并不是来厦接班的,而是来厦另行开辟崭新的,与父辈所在行业完全不同的生意的。

写到这里,车到泰宁站了,只好先行停止码字。关于台湾人,关于台商朋友,想说的话还有太多太多。

有道是,别人只关心你飞得高不高,我只关心你飞得累不累。毕竟,在厦门经济发展的历史上,台商朋友的地位不容忽视。

法条再现

《公司法》第七十二条:人民法院依照法律规定的强制执行程序转让股东的股权时,应当通知公司及全体股东,其他股东在同等条件下有优先购买权。其他股东自人民法院通知之日起满二十日不行使优先购买权的,视为放弃优先购买权。

退出江湖　四

1. 今日之公司，竟是“谁家之天下”？

无意插柳，组织了几次厦门本地“文史游”，竟然拉出了一个志同道合、不断长大的社群，也引发了一长串诸如此类的思考：在鼓浪屿老别墅、海沧古民居，现场聆听厦门文史专家龚洁老先生关于这些建筑、装饰本身及其背后人文历史的介绍时，看着岁月侵蚀打磨一砖一石的流痕，不禁联想到文物保护的经济学、法学问题，联想到公司的经营管理问题。

一声长叹：产权归属模糊不清，衰败只是早晚的！

鼓浪屿小岛上，有许多的别墅，长年缺乏有效管护，正在风吹日晒中逐步凋零、倾倒。这些房子，要么是业主被那个“大公无私”的国家通过没收取得，要么是政府代管（托管）后，无人来讨还或讨还未果的，要么是被一群外来人员莫名其妙地占有并长期赖着的，要么是业主后人数量太多，遇事莫衷一是的。

典型的例子之一，便是漳州路44号的廖家别墅——一代文学巨匠林语堂先生的故居，《京华烟云》的原型背景之一。人文色彩如此丰厚的地方，却任由房子破败不堪，屋内发霉腐烂，直至令人窒息，屋外院子杂乱，污垢四布。一群不知从哪里冒出来的外来户，长期肆意霸占破坏，门口随意晒衣，高挂“万国旗”。

无独有偶！我曾经就读的厦门郊区某小学，据说是解放初始本村地主家的住宅，被充公当校舍的，一栋雕梁画栋、精巧别致的洋楼。在那个物质紧缺、温饱挣扎，放眼全村几乎都是老、破房子的年代，它极大程度地补充了乡下娃们，关于建筑的感性认知，关于生活空间的想象力，关于色彩运用的美学常识，关于世界之美的憧憬，并一直形象清新地耸立在我的记忆深处。谁能想到，前一段时间，特地带儿子参观我们村庄，重回母校时，却非常诧异地发现，那楼房已经坍塌大半，破烂不堪，摇摇欲坠。回答就读小学阶段的儿子提出的“为什么会这样”的问题，我还真颇费了一番思考。

谁在乎？谁心疼？谁不在乎？谁不心疼？谁都在乎，也谁都不在乎。谁都心疼，也谁都不心疼。因为人性的常识告诉我们，人是利己的动物。物欲横流的社会，跟自己的切身利益无关痛痒的事，只有怀抱慈善公益之心，才会去认真关注。一旦所有权（占有、使用、收益、处分）界限模糊，谁都不会去真正地关心和在乎，只会任由它自生自灭，或是被侵犯被破坏。

许是基于这一认识，公司的股权架构和控制治理上，现在流行让员工持股，提倡开放分享，推崇老板让出绝大部份公司股权的做法，目的在于解决员工的主人翁态度问题，调动员工参与生产经营管理的积极性，增强公司的向心力和员工的忠诚度。

只要这样，就可以解决所有问题了吗？几十年的社会主义实践说明，“大锅饭”是造就生产力低下的体制原因，是系统性腐败的根源。所以，让员工持有公司股份，得讲究一个规模、比例的问题，前提是保证组织能够有效地形成统一意志和监管执行。凡事就怕走极端，如果全员几乎平均持股，“人人皆股东”的结果可能是“人人都不是股东”，“大锅饭”的负面效应将可能成为不堪重负。

AA 制合伙的这个师那个师的事务所，一群高等智商、理性思辨的人群组成的机构里，吵闹、分裂、内讧，却是大家见怪不怪的事。这样的机构，成本控制、公共提存、发展储备，往往是比较稀缺的；吃光分光、短期行为、分分合合，倒是家常便饭。

“公家的东西，就是管不好。私人的东西，自己管得好好的。”在厦门中山路旁的江夏堂，看着保护完好的一件件精美绝伦的文物，让人容易想起这句“老生常谈”。

二声长叹：利益不能达成一致，僵局总是难免的！

无论是在鼓浪屿、中华老城区，还是海沧新垵，长年致力于文物保护的龚洁老先生都会时不时在某个地方驻足，以伤感的口吻告诉我们：这个地方曾经有一栋什么样的建筑，它建于什么年份，风格是什么，门框、横梁、垂柱、壁画是怎么的做工精细、风格独特，可惜拆了，没了。现在的房子，已经是拆掉重建的了。

说者痛心听者失望。跟随讲解，目光所及，笔架山上的汇丰银行金库、公馆（典型的地中海建筑风格，独树一帜的美学表象），还有集中反映鼓浪屿租界历史的工部局办公大楼等，太多承载历史人文的建筑物，现在要么是残垣断壁、茕茕孑立，要么是面目全非、形影全无，我们只好发挥大脑的想象力费劲地去虚拟勾勒。

谁之过？面对文物保护问题，我们习惯于指责这个，指责那位，却始终没有找到一个真正的解决办法，可谓是“责骂不断，破败依旧”。其实，谁都没有错，追根究底，错在彼此的利益不一致。没有共同的利益，怎么形成共同的意志和行动？怎么阻止文物被人为毁坏的现象一再重演？当年的塔利班武装，今天的伊斯兰组织，还不都是黑暗历史的重演？

文物建筑的业主，往往是法定继承人一大堆，在如何具体地使用、传承和保护的问题上，很难达成统一的意见。更有少数人，只想着自家几口子居住方便、舒适，才不去管它什么家族传统、历史意义、文物价值等这些社会层面的东西，这些大众、政府、文管部门所要考虑的精神层面的问题。拆掉重建，新房子宽敞明亮，即使玻璃、铝合金、不锈钢比原来的木头生硬冰冷，整体使用功能却是明显整洁、便利许多，肯定不是设计观念陈旧、老套的旧房子所能比美的。

海沧区新垵村原本250多栋的红砖大厝，等不及政府征收或实施统一的维护、保养和管理，业主的继承人们，早已自己动手拆掉重建得所剩无几，以至于原本对此地方如数家珍的龚洁老先生，差点找不到通往蒋介石先生住过的邱家大宅的通道。

同样的问题，在公司层面也屡见不鲜。大股东往往关注公司的长远发展，主张少分红、多公积，甚至是加大投放、多元化发展；小股东却是希望早点兑现收益，免得夜长梦多。控股股东注重考虑包括关联企业在内的全局战略，醉心于并购、重组、上市、融资、做大做强，其他股东则盯着董事、监事、高管的职务腐败问题，警惕着控股股东假公济私的不当行为。至于员工层面，考虑更多的，是职业经理人关心的那些事：饭碗安稳、工作环境好坏；职业生涯规划、个人成长、业务提成高低、薪酬福利、当下季度年份的奖金等。

很显然，不同的主体之间，利益的诉求点差异很大。一旦处理不当形成僵局，公司容易出现股东不和、争权、内讧、纠纷，“阶级斗争天天讲、月月讲、年年讲”，员工队伍撕扯分裂，人人讲立场、选边站，业务经营则陷入困顿不堪，甚至是停摆瘫痪。

马克思说过，经济利益才是永远的驱动力。有句话叫“屁股指挥脑袋”，话糙理不糙，你懂的！

案例延伸：①

股东应严格履行出资义务，否则应承担相应的民事责任

股东未依章程规定全面履行出资义务，依法应当向公司和公司债权人承担相应的民事责任。哪怕公司已被吊销营业执照，但该事实并不影响股东继续向公司履行出资义务，也与股东在公司清算程序、破产清算中继续履行出资义务不相矛盾。

案例裁判文书全文

上诉人沧州华风国富良种繁育有限公司（以下简称华风公司）因与被上诉人新疆天川毛纺织（集团）有限责任公司（以下简称天川公司）及一审第三人新疆天川华风生物科技发展有限责任公司（以下简称天川华风公司）股东出资纠纷一案，不服新疆维吾尔自治区高级人民法院（2013）新民二初字第 1 号民事判决，向最高人民法院提起上诉。

该案二审期间，天川公司向最高人民法院提交了《昌吉市人民法院受理案件通知书》，证明昌吉市人民法院已于 2015 年 11 月 3 日立案受理天川华风公司的清算申请，天川华风公司现已进入清算程序。最高人民法院认为，公司被吊销营业执照后，公司所涉相关债权债务纠纷应首先通过清算程序解决，以便公平、高效地保护公司、股东及债权人等各利益方的合法权益。但该案中，华风公司在天川华风公司进入清算程序之前已提起诉讼，法律并未明确限制公司被吊销营业执照的情形下，涉及股东出资的相关纠纷须先通过清算程序解决，故该案的审理不受天川华风公司进入清算程序的影响。

该案二审争议焦点是：一、天川公司应否向天川华风公司缴纳 1200

---

① 沧州华风国富良种繁育有限公司与新疆天川毛纺织(集团)有限责任公司股东出资纠纷二审民事判决书，载无讼案例：https://m. itslaw. com/mobile/judgements/judgement? id = 1477cb3d - 7800 - 4ca1 - bd8c - 408471b43aa4&conditions = searchWord%2B!%E5%85%AC%E5%8F%B8%E6%B8%85%E7%AE%97%2B1%2B!%E5%85%AC%E5%8F%B8%E6%B8%85%E7%AE%97&sortType = 1&area = 1&pageIndex = 9&totalCount = 8946，最后访问日期：2017 年 12 月 1 日。

万元的出资并支付利息；二、天川公司应否向华风公司承担逾期出资的违约责任。

一、关于天川公司应否向天川华风公司缴纳1200万元的出资并支付利息的问题。

根据《公司章程》的规定，天川公司应当缴纳的出资额为1400万元，已交纳200万元，剩余1200万元在2009年11月7日之前履行完毕。但天川公司一直未向天川华风公司补足1200万元的出资额，其对此事实亦无异议。天川公司上诉称因《合同》中约定的出资方式违反了公司法的强制性规定，导致各方股东均未认缴第二期出资，其不存在逾期出资的违约问题。最高人民法院认为，虽然《合同》中约定天川公司以“洗毛、制涤设备及厂房、土地等资产和现金100万元，共计1400万元出资入股”。但是，《公司章程》及《股东会决议》中规定天川公司已实缴货币出资200万元，未交纳出资1200万元，并未明确该1200万元是否均为实物出资。且天川华风公司已经注册成立，各股东也负有按工商登记中承诺的出资方式履行出资的义务。根据天川华风公司在工商登记申请书中的记载，华风公司、昌吉市国资中心的出资方式均为实物出资，而天川公司的出资方式则为货币和实物。故天川公司所承担的1200万元中的出资中即包括实物，也包括现金，其负有按法律规定的货币数额出资的义务。天川公司辩称《合同》中约定的出资方式不符合公司法的强制性规定，不能实际履行，理由不能成立。

《公司法》第二十八条第一款规定：“股东应当按期足额缴纳公司章程中规定的各自所认缴的出资额。股东以货币出资的，应当将货币足额存入有限责任公司在银行开设的账户；以非货币财产出资的，应当依法办理其财产权的转移手续。”最高人民法院《关于适用〈中华人民共和国公司法〉若干问题的规定（三）》第十三条第一款规定：“股东未履行或者未全面履行出资义务，公司或者其他股东请求其向公司依法全面履行出资义务的，人民法院应予支持。”该案中，天川公司未依章程规定全面履行出资义务，依法应当向天川华风公司承担相应的民事责任。天川华风公司在华风公司提起该案诉讼前，虽然已被吊销营业执照，但该事实并不影响股东继续向公司履行出资义务，也与股东在公司清算程序、破产清算中继续履行出资义务不相矛盾。天川公司辩称，天川华风公司已被吊销营业执照，涉及天川公司出资的问题应先行在公司清算程序中予以确定和处理，该主张因缺乏法律依据，最高人民法院不予支持。

根据《公司章程》的规定，天川公司应当在 2009 年 11 月 7 日之前补足欠缴的注册资本 1200 万元。天川华风公司被吊销营业执照后，不再正常经营，且现已进入强制清算程序，天川公司继续履实物出资部分，确实已无任何意义。最高人民法院认为，天川公司应向天川华风公司缴纳 1200 万元的实物和现金出资，均应变更为现金出资，该变更有利于天川华风公司清算程序的进行，且也不会因此加重天川公司的出资负担。同时，根据《股东会纪要》第九条“各股东应按本纪要商定的期限按期出资，凡逾期出资的，就加付银行利息”之约定，天川公司应自 2009 年 11 月 8 日起，以未交纳的 1200 万元出资额为基数，按照中国人民银行同期存款基准利率向天川华风公司支付未缴纳出资额的利息。

二、关于天川公司应否向华风公司承担逾期出资的违约责任的问题。

《合同法》第七十七条第一款规定：“当事人协商一致，可以变更合同。”根据《合同》约定，天川公司出资额为 1400 万元，其中现金 100 万元，另外 1300 万元为实物出资，在 2007 年 10 月 23 日前完成出资义务，并明确“任何一方未按合同第七条规定依期如数提交出资额时，每逾期一日，违约方应向另一方支付出资额的 1‰违约金。如逾期三个月仍未提交的，另两方有权解除合同”。而根据天川公司、华风公司及昌吉市国资中心在《公司章程》和《股东纪要》中的约定，天川公司已实缴货币 200 万元，剩余 1200 万元于 2009 年 11 月 7 日之前缴足；至于违约责任，《股东会纪要》第九条中仅明确“各股东应按本纪要商定的期限按期出资，凡逾期出资的，应加付银行利息……”从《公司章程》和《股东纪要》内容看，已对《合同》中约定股东出资方式、出资时限及违约责任等进行了变更。股东的出资方式、出资时间及逾期出资的违约责任，应以变更后的合同来认定。天川公司未按照《公司章程》和《股东会纪要》中的规定履行出资义务，相关民事责任的承担也应依章程和股东会纪要来确认。故华风公司要求天川公司按照《合同》的约定向其支付违约金，最高人民法院不予支持。

综上，一审判决适用法律错误，判决结果不当，华风公司的上诉理由部分成立。最高人民法院判决如下：

一、撤销新疆维吾尔自治区高级人民法院（2013）新民二初字第1号民事判决；

二、新疆天川毛纺织（集团）有限责任公司在本判决生效30日内向新疆天川华风生物科技发展有限责任公司缴纳1200万元的出资，并按照中国人民银行同期存款基准利率向新疆天川华风生物科技发展有限责任公司支付未缴纳的利息，自2009年11月8日起计算至缴纳全部出资之日止；

三、驳回沧州华风国富良种繁育有限公司的其他诉讼请求。

法条再现

《公司法》第二十八条：股东应当按期足额缴纳公司章程中规定的各自所认缴的出资额。股东以货币出资的，应当将货币出资足额存入有限责任公司在银行开设的账户；以非货币财产出资的，应当依法办理其财产权的转移手续。

股东不按照前款规定缴纳出资的，除应当向公司足额缴纳外，还应当向已按期足额缴纳出资的股东承担违约责任。

最高人民法院《关于适用〈中华人民共和国公司法〉若干问题的规定（三）》第十三条：股东未履行或者未全面履行出资义务，公司或者其他股东请求其向公司依法全面履行出资义务的，人民法院应予支持。

公司债权人请求未履行或者未全面履行出资义务的股东在未出资本息范围内对公司债务不能清偿的部分承担补充赔偿责任的，人民法院应予支持；未履行或者未全面履行出资义务的股东已经承担上述责任，其他债权人提出相同请求的，人民法院不予支持。

股东在公司设立时未履行或者未全面履行出资义务，依照本条第一款或者第二款提起诉讼的原告，请求公司的发起人与被告股东承担连带责任的，人民法院应予支持；公司的发起人承担责任后，可以向被告股东追偿。

股东在公司增资时未履行或者未全面履行出资义务，依照本条第一款或者第二款提起诉讼的原告，请求未尽公司法第一百四十七条第一款规定的义务而使出资未缴足的董事、高级管理人员承担相应责任的，人民法院应予支持；董事、高级管理人员承担责任后，可以向被告股东追偿。

2. 经营不利，公司如何退出江湖？

“无利不起早”，投资开设公司，谁不图个开花结果、盆满钵盈的？遗憾的是，良好的愿望并不等于如意的结果。平均寿命不足3年的统计数字，让“中国公司的市场退出”，成为所有投资人不得不面对的纠结和恐惧，更是法律人老生常谈的课题。

还没进入，就得先考虑今后如何退出，这是世界投行界一直奉行的圭臬。基于此，在辅导鼓励无数的客户创新创业的同时，许是杞人忧天吧，笔者总觉得应该同时提醒点什么。希望本文不被视为乌鸦嘈杂，而是盛夏里的一杯凉开水。

成熟的市场经济，奉行“优胜劣汰、当死则死”，退出机制与进入机制，同样的发达高效，死亡是为了更好的重生！“无可奈何花落去”，当一个公司的谢幕不可避免时，解散、清算、注销，组成其退出江湖的三步曲。没有鲜花和掌声，怎个优雅可期？

第一步曲：解散

中国人推崇“好死不如歹活”，对一个公司启动死亡程序，任谁都不忍下手，因为“伤心总是难免的”。因此，要推进这项极其伤感的工作，就事先得理念到位，得制度设计，得统一规范。要知道，关于“安乐死”的立法司法争议，世界范围内几十年来一直莫衷一是。

"有因才有果"！公司解散，必须基于一定的原因、事由的发生，如章程的规定、股东会的决议、法律的直接规定、行政主管机关或法院的命令。《美国标准示范公司法》规定的解散形式，分为"自愿解散、命令解散和司法解散"三种。类似地，我国现行《公司法》规定的公司解散，则是分为"自愿解散、法定解散和强制解散"三种情形。

花开三朵，精彩各表。

一、自愿解散

1."编程预设"：章程规定的解散事由一旦出现（如营业期限届满、亏损达到一定数额、经营条件发生重大变化、发生不可抗力等），愿赌服输，遵从契约精神，散伙总是难免的。

2."自废武功"：股东会决议解散（如资金链断裂难以为继、设立初衷宗旨变为不可能完成的任务等情形发生）。理想再丰满，现实很骨感，既然如此，长痛不如短痛，及时止损是必要的选择。

二、法定解散

1.物理变革、重组：公司合并（吸收、新设）、公司分立（"派生分立"不需要，"新设分立"才需要解散）。合并和分立，都不需要履行清算程序，因为公司实质上并没有彻底消灭，只是改变了存在的形态。换句话说，只是重新排列组合而已，"新瓶装旧酒"。

2.化学变质、分解：被法院宣告破产，依《企业破产法》进入特别的清算程序（另案处理，对此笔者会另行专文详解）。

三、强制解散

1.行政解散：被吊销营业执照、被撤销、被责令关闭（因弄虚作假骗取登记、违反法律或行政法规的行为等）。出来混，总是要还的，自己的错误还得自己扛，阎王叫你三更死，焉能留你到五更？

2.司法解散：也叫裁定解散。当公司行为违反股东的基本权利和合法期望时，当公司成为少数人谋利的工具和外衣时，当公司被人利用进行诈骗或其他胡作非为时，当公司出现股东会僵局或董事会僵局时，法院依股东的申请(往往是小股东的申请)，发布“公正合理清盘令”，打破僵局，扼杀公司，避免破产，减少股东的损失。司法救济，是社会的最后一道保障，沉默的看门人，终于不再沉默。

进入解散状态后，除法定解散外，公司必须进行清算，且不得继续经营业务，但原有对外合同继续有效。法定代表人下台交权，由清算人取而代之主持工作。

拉闸断电，机器叫停，整个世界坠入无边的寂静，所有人都在等待下一场音乐声响起。

第二步曲：清算

男女结婚不易，离婚更难。同样地，公司成立不易，终止更难。

解散之后，公司人格终止之前，还必须得经过一道程序——清算(也叫清盘)。这是强行的统一的玩法，由不得股东自行以章程或董事会的决议来变更。之所以如此，主要是为了保护公司债权人的利益，维护社会的经济秩序。具体说来，有3种玩法、4个常见的共性问题：

3种玩法，层层推进：

普通清算，也叫自行清算，由公司股东、董事或股东会确定的人员组成清算组进行，内部人关起门来自行完成，外人基本不干涉，债权人也不介入，法院消极监督。这种玩法，一方面是要求在解散事由出现之日起15天内成立清算组开始工作；另一方面是既依赖于股东的诚信，也基于公司的资产足以清偿债务——没有债权人在旁边急得跳脚干涉。

当普通清算遭遇显著障碍(如义务人逾期不开工、违法清算)，或者公司负债可能超过资产时，它就玩不动了。这个时候，法院会依债权人或股东的请求或者依职权命令公司启动特别清算，即强制清算(6个月内完成)。以公共权力强行介入，法院积极监督。

清算过程中，出现资不抵债，原则上，上述两种清算都须停止，转入破产清算。这种清算，需要依据一部特别的法律——《企业破产法》来专门规范，最大程度地保障债权人得以公平受偿。特殊情况则是清算组与债权人协商制作债务清偿方案。

4 个常见问题：

1. 清算义务人失职

清算义务人，即法定的清算行为主体，是指在公司解散后，必须负责组织相关人员对公司的债权债务进行清算的责任主体。这些人，必须在解散事由出现之日起 15 日内成立清算组，开始干活。否则，得对公司的债权人和股东承担相应的法律责任。

实践中，清算义务人怠于履行法定清算义务的情况，或者说逃债意图明显的严重违法行为相当普遍，以致要么是不清算或弄虚作假清算就注销，要么是让公司长期处于停业状态，要么是被吊销执照后未进行清算等，使得有待注销的沉睡公司、僵尸企业数量相当庞大。

其潜在风险是：(1) 当公司财产流失（毁损、灭失、贬值），债权无法追索时，有限责任公司的股东得负责清偿；(2) 公司法人财产不明，重要文件灭失账目不清无法清算时，股东承担全部清偿责任。换句话说，这个时候极有可能发生公司人格被否认，面纱被揭开，股东的有限责任被强行撕开，演变成无限连带责任。

2. 债权人不懂得行权

一是“清算申请权”——逾期不成立清算组进行清算的，债权人可以申请人民法院指定有关人员组成清算组进行清算。二是债权申报登记。实践中常见的是，债权人要么不晓得自身法定权利的存在，要么是怠于行使权利。

3. 人为地消极甚至是抵抗障碍

人员流失，财产、资料甚至是公章、财务账簿、原始凭证等去向不明。管理层拒不提交账册，或者拒不交出财产。这些现象、行为，实践中大量存在，却往往是调查起来难于厘清，处理起来罚不责众，到头来成为无头公案。虽说处罚时缺乏直接依据，但是，这些行为的性质，已经涉嫌对法院生效裁决拒不履行，情节严重者，极有可能被追究违法甚至是犯罪责任。

4. 特别清算下的公司债权

一方面，“树倒猢狲散”，经营失利，股东冲突频繁，员工人心惶惶，都无心关注，更不愿费心费力去追讨公司的对外债权；另一方面，公司的债务人缺乏诚信，恨不得有机可钻逃避还债。两方面的因素，导致这种情形下的公司债权，大量变成死账、呆账，最终流失殆尽。

一般情况下，债务清偿和剩余财产分配后，清算即告终结。特殊情况是发现资不抵债，则向法院申请宣告破产。两种情况，清算都终止。

曲终人散？不，还有最后一道手续没办完，有开门程序，就得有关门程序。

第三步曲：注销

当离别的钟声响起，注销公司，有两种方式：

一种是清算结束后，清算组制作清算报告，报股东会、股东大会或者法院确认后，报送公司登记机关，申请注销公司登记，公告公司终止。

另一种是法院依申请裁定宣告公司破产，管理人自破产程序终结之日起 10 日内，持法院终结破产程序的裁定，向破产人的原登记机关办理注销登记。

10 年前，笔者开始代理破产清算案件。外资企业老板的理念、做法，时时刷新我的认知。同样是面对经营不利的窘境、公司退出市场这件事，与大陆的民营企业老板相比，他们明显独树一帜：一是高度重视清算注销这件事，一点也不容马虎；二是以相当平和的心态来对待，觉得再正常不过，认为企业做好了就赚钱，做败了就注销，一切推倒重来，没什么好大惊小怪的；三是在法人财产之外，他们宁愿再从自己口袋里掏出钱来，用于贴补支付工人工资、供货商欠款、会计师律师等服务费，也非把公司清算明白、注销完成不可。放任不管、一甩了之，这些在大陆司空见惯的做法，却根本不是他们的主流作派。

高度成熟发达的市场经济环境，造就了成熟的市场退出机制，更造就了成熟的市场参与心态。中国大陆改革开放了 30 多年，对于破产清算，无论是负责市场监管的政府，还是逐利市场的企业主，几乎都是讳莫如深。甚至是唯法至上的法院，对于破产案件的受理，也是慎之又慎。破产问题专家——最高人民法院民庭刘敏法官，每到一个地方讲解破产法，就得先鼓励受众一番，呼吁法律人勇当“破人”，然后再切入正题。笔者相信，本文的题目、内容，也是许多人不愿阅读的对象，认为晦气。

在一个财富效应满天飞，人人向往奇迹、谈论愿景、谋划未来的思想冲动时代，在一个鼓励大众创业、互联网席卷一切的激情阶段，讨论失败、破产、退出问题，不仅显得不合时宜，更容易被理解为杞人忧人的异类。这也难怪，当财富的泡沫满天飞举国一片喜庆洋洋的时候，谁会在乎天空中飞翔的啼血杜鹃呢？

昨天上午，在厦门观音山 CBD 运营中心，因办理一起与破产相关联的案件，第一次走进破产重整中的福建四海建设有限公司的豪华办公室，与破产管理人当面沟通相关事项。目光所及，无不令人感慨。满满一面墙的各种荣誉牌匾，无声地诉说着往日的辉煌、多元的发展、业中的显赫；无人的总台，落寞的走廊，玻璃门上刺眼的破产债权登记公告，则在提醒着今日的衰败、竞争的残酷、市场的无情。

企业不易，赢利维艰！投资做企业，本就是一次高难度的冒险尝试，理应大胆假设小心求证。一部吴晓波的《大败局》，无数的企业成败得失，一再提醒我们：诸葛一生唯谨慎，小心驶得万年船。

行至水穷处，坐看云起时！如果事与愿违，上天一定另有更好的安排。

掉头转向，别处风景可能独好！

法条再现

《公司法》第三十四条：股东按照实缴的出资比例分取红利；公司新增资本时，股东有权优先按照实缴的出资比例认缴出资。但是，全体股东约定不按照出资比例分取红利或者不按照出资比例优先认缴出资的除外。

《公司法》第三十六条：有限责任公司股东会由全体股东组成。股东会是公司的权力机构，依照本法行使职权。

最高人民法院《关于适用〈中华人民共和国公司法〉若干问题的规定（三）》第十二条：公司成立后，公司、股东或者公司债权人以相关股东的行为符合下列情形之一且损害公司权益为由，请求认定该股东抽逃出资的，人民法院应予支持：

（一）制作虚假财务会计报表虚增利润进行分配；

（二）通过虚构债权债务关系将其出资转出；

（三）利用关联交易将出资转出；

（四）其他未经法定程序将出资抽回的行为。

最高人民法院《关于适用〈中华人民共和国公司法〉若干问题的规定（三）》第十四条：股东抽逃出资，公司或者其他股东请求其向公司返还出资本息、协助抽逃出资的其他股东、董事、高级管理人员或者实际控制人对此承担连带责任的，人民法院应予支持。

公司债权人请求抽逃出资的股东在抽逃出资本息范围内对公司债务不能清偿的部分承担补充赔偿责任、协助抽逃出资的其他股东、董事、高级管理人员或者实际控制人对此承担连带责任的，人民法院应予支持；抽逃出资的股东已经承担上述责任，其他债权人提出相同请求的，人民法院不予支持。

最高人民法院《关于适用〈中华人民共和国公司法〉若干问题的规定（三）》第十六条：股东未履行或者未全面履行出资义务或者抽逃出

资，公司根据公司章程或者股东会决议对其利润分配请求权、新股优先认购权、剩余财产分配请求权等股东权利作出相应的合理限制，该股东请求认定该限制无效的，人民法院不予支持。

3. 散伙饭，想吃就能吃得到吗?

股东与股东之间的关系,跟什么最像?

担任了将近20年的公司律师,我还是推崇夫妻关系,认为它最能贴切地反映出股东之间那种后天结合、半路搭伙、经济混同、荣辱与共的关系。当然了,同一枚硬币总是有正反之两面性的,同一个屋檐下你中有我地呆了一段时间后,合不容易,分更困难。

如果是工商审批过的经营期限到期,如果是全体股东一致同意,公司解散以便各奔东西,倒也好办。最怕的是,而且往往是,有人想提前解散,有人想继续经营,还有是无所谓的中间力量或墙头草。一旦出现这种情况,散伙饭,就像水中的月亮看得见却偏偏是一直摸不着。

怎么办?对于想解散的人来说,公司是一个损耗成本浪费生命的讨厌包袱,早脱身早轻松。协商、沟通,甚至是吵架干架都上了,还是达不到目的。提起诉讼,寻求司法这一公权力来介入解决,便是唯一剩下的选择。找个律师,写张诉状,大不了一审二审,耗上个一年两年,应该就可以解决问题了——大多数股东是这么想的。

然并卵的是,现有的法律制度设计,对于强制解散公司,规定了一个很高的门槛:

一、客观方面，必须证明公司僵局的确存在

提起公司解散之诉的股东必须证明以下事实:公司经营管理发生严重困难并陷入僵局,股东对打破这种僵局无能为力;公司僵局的继续存续将使股东和公司遭受不可弥补的重大损失等。

二、提起的动机，还得正当合法

起诉的股东,得讲清楚,自身没有滥用公司僵局条款,已经用尽了救济手段和条件,即通过其他途径不能解决公司僵局。

三、提起的主体，还得够格

持有公司全部股东表决权10%以上的股东,才有权当原告。不是谁,都可以去提起解散之诉的。

在商务登记制度改革已经取得大幅度突破的今天,为什么还要设置这么一个难于逾越的高大门槛呢?

这是因为,以解散公司的方式来打破公司僵局,不仅对公司和股东、董事而言代价不菲,公司多年经营赢得的商誉也会毁于一旦,股东、董事们曾倾注的大量时间和精力付之东流,而且公司解散必将对公司的职员、债权人、消费者及其他利益相关者产生或大或小的影响。因此,在股东请求解散公司之诉中,人民法院会考虑公众利益,对于公司规模较大、公司解散后可能产生较大社会影响的案件,就有关问题征求利害关系人的意见,以查明判决解散公司是否对股东和公司成员有利,而且不损害公众利益,避免因公司解散而造成社会不稳定。

正因如此,现在的各级法院,对于公司解散之诉,大都采取慎之又慎的

态度，单是受理立案这一个环节，就会让提起诉讼发动战争的这一方，费尽一番折腾。至于最后判决解散，则是比判决离婚，还难上加难。

夫妻感情破裂，本身就是一个主观臆测色彩深厚的标准，对同一情况的判断容易因人而异，所以会鼓捣出一个分居两年以上的似乎客观的标准，便于统一裁判尺度。当然，实践中，要证明分居时间，也不是一个容易的事，因为在正式离婚之前，偶尔的同在一个屋檐下，毕竟还是大概率事件。更何况，证无比证有，往往更困难。

陷入瘫痪状态，即要同时满足经营困难和出现僵局这两个条件，同样是一座难于逾越大山。首先，是“困难”和“僵局”，怎么来定义它们的内涵和外延。其次，两个条件同时成就同时具备，标准不低，大多数的企业是部分人实际掌控公司，虽然长期不开股东会，但正常经营仍然继续。最后，也是最要命的，是如何去说服法官，这样的公司如果不提前解散，将会使股东和公司遭受不可弥补的重大损失，也就是非此即彼。

负责任地说，时至今日，解散公司之诉，是律师轻易不接的案件。

案例延伸：①

股东或公司涉诉并不能证明已经形成公司僵局，股东不能以此提起公司解散之诉

因股东权确认纠纷、出资纠纷等原因形成诉讼并不能证明公司的权力

① 郭甲、郭乙等与连云港市永和房地产开发有限公司公司解散纠纷再审复查与审判监督民事裁定书，载中国裁判文书网：http://wenshu.court.gov.cn/content/content?DocID=ab8d0b5e-2eeb-4901-ab91-1c4eb811196f&KeyWord=%E5%85%AC%E5%8F%B8%E5%BC%BA%E5%88%B6%E8%A7%A3%E6%95%A3%EF%BC%8C%E8%AE%BF%E9%97%AE%E6%97%A5%E6%9C%9F%EF%BC%9A2017，最后访问日期：2017年9月1日。

机构和管理机构存在无法正常运行的情形，公司不存在公司无法召开股东会、无法形成有效决议的情形，换言之，该公司经营管理并未出现严重困难，则不能视为出现公司僵局，股东不能以此提起公司解散之诉。

案例裁判文书全文

申请再审人郭甲、郭乙、王甲、孟某（以下简称郭甲等四人）因与被申请人连云港市永和房地产开发有限公司（以下简称永和公司），一审第三人王乙、王丙、王丁、王戊、吴某公司解散纠纷一案，不服江苏省连云港市中级人民法院（2010）连商终字第0181号民事判决，向江苏省高级人民法院申请再审。

结合相关证据，可以明确以下内容：2001年6月5日，永和公司经工商部门核准登记成立，注册资本为826万元，其中王乙出资495.6万元，占注册资本的60%，郭甲等四人与王丙、王丁、王戊、吴某的出资额均为41.3万元，均各占注册资本的5%。公司章程规定，“股东的合营期限为十年”，“股东对公司增加或者减少注册资本，分立、合并、解散、变更公司形式、修改公司章程做出决议时，必须经代表三分之二以上表决权的股东通过”。

2011年6月21日，永和公司增加注册资本106万元，由王乙以货币方式认缴，变更后的注册资本为932万元；变更公司经营期限为30年。变更后，王乙出资额为601.6万元，占公司注册资本的64.55%；其余八人出资额仍各为41.3万元，均各占公司注册资本的4.43%。永和公司工商登记资料中还有2011年5月25日该公司关于王乙增加出资的股东会决议，载明同意公司增资、变更经营期限、重新制定章程，该决议上有永和公司九位股东的签名。重新制订的公司章程第十七条规定，股东会会议应对所议事项作出决议，决议应由代表二分之一以上表决权的股东表决通过，但股东会对公司增加或减少注册资本，分立、合并、解散或变更公司形式、修改公司章程所做出的决议，应由代表三分之二以上表决权的股东表决通过。

2006年6月至2010年4月，永和公司多次取得《建设工程规划许可证》《建筑工程施工许可证》，建设开发永和苑、家和苑、颐和花苑等项目。

2010 年 3 月 8 日，郭甲等四人诉至连云港市连云区人民法院，要求确认其在永和公司的股东身份，该院于 2010 年 4 月 19 日判决确认郭甲等四人为永和公司的股东。后永和公司上诉至江苏省连云港市中级人民法院，该院于 2010 年 10 月 9 日判决驳回上诉，维持原判。2011 年 1 月 21 日，王乙诉至连云港市新浦区人民法院，要求郭甲等四人履行出资义务，该院于 2011 年 2 月 28 日判决郭甲等四人分别于判决生效后 10 日内各给付王乙 41.3 万元。后郭甲等四人上诉至江苏省连云港市中级人民法院，该院于 2011 年 10 月 24 日判决：撤销原审判决，驳回王乙的诉讼请求。王乙不服，向江苏省高级人民法院申请再审，江苏省高级人民法院于 2012 年 6 月 17 日裁定驳回王乙的再审申请。

2010 年年底、2011 年年底，郭甲等四人向永和公司王乙寄发了关于提议召开股东大会的股东函。

2012 年 1 月，郭甲等四人诉至连云港市连云区人民法院，请求判决永和公司解散。诉讼期间，郭甲等四人称，从 2002 年 4 月 15 日至其提起该案诉讼之日，永和公司从未通知其参加股东大会，并称 2011 年 5 月 25 日的永和公司股东会决议上郭甲等四人的签名系伪造。

一审期间，王乙于 2012 年 4 月 14 日向永和公司其他八位股东发出通知书，载明将于 2012 年 5 月 5 日召开股东会。郭甲等四人于 2012 年 4 月 28 日书面回函，明确不参加。2012 年 5 月 5 日，永和公司召开股东会，王乙、王丙、王丁、王传奇（其）出席会议，会议决议不解散公司，经营期限延长至 2031 年 6 月 4 日；解除王丙、王丁、王传奇（其）、郭甲、郭乙、孟某、王甲、吴某的股东资格。

申请再审审查期间，郭甲于 2014 年 3 月 27 日向江苏省高级人民法院出具撤回再审申请书，称其已与王乙、永和公司达成协议，故请求撤回再审申请。

江苏省高级人民法院认为：一、郭甲在该案审查期间提出撤回再审申请的请求，不违反法律规定。

二、郭乙、王甲、孟某的申请再审理由不能成立，永和公司股东郭甲、郭乙、孟某、王甲虽然与王乙就股东资格、出资存在纠纷并形成诉讼，但该公司并不符合股东请求解散公司诉讼的实体要件。《中华人民共和国公司法》第一百八十三条所规定的“公司经营管理发生严重困难”是指公司僵局，主要是指公司的运行机制完全失灵，股东会、董事会包括监事会等权力机构和管理机构无法正常运行、无法对公司的任何事项做出任何决议，公司的一切事务处于瘫痪的经营管理困难状况。该案中，永和公司并不存在上述情形。2011 年，永和公司增资并延长经营期限。对此，该公司股东王乙、王戊、王丙、王丁于 2012 年 5 月 5 日再次确认。根据永和公司的工商登记，郭乙、王甲、孟某合计持有该公司 13.29%的股权，公司其他六名股东中，王戊、王丙、王丁合计持有公司 13.29%股权，该三人确认其仅为挂名股东，其名下股权实际系由王乙出资形成；王乙持有公司股权 64.55%。而根据永和公司的章程，就一般事项，应由代表二分之一以上表决权的股东表决通过，就公司增加或减少注册资本等特殊事项，应由代表三分之二以上表决权的股东表决通过。据此，永和公司不存在公司无法召开股东会、无法形成有效决议的情形，换言之，该公司经营管理并未出现严重困难。郭甲等四人因股东权确认纠纷、出资纠纷与永和公司、王乙之间形成的诉讼并不能证明永和公司的权力机构和管理机构存在无法正常运行的情形。需要指出的是，《公司法》第一百八十三条所规定的”继续存续会使股东利益受到重大损失”是指全体股东的利益在僵持中逐渐耗竭，并不是仅指小股东的利益，亦不是指小股东受到大股东压迫的情形。而就郭乙、王甲、孟某所称王乙侵占公司资产、侵害其股东权益、公司财务报表虚假等情形，则可以依法另行主张权利，郭乙、王甲、孟某以此主张解散公司，缺乏法律依据。

综上，江苏省高级人民法院裁定：一、准许郭甲撤回再审申请；二、驳回郭乙、王甲、孟某的再审申请。

法条再现

《公司法》第一百零三条:股东出席股东大会会议,所持每一股份有一表决权。但是,公司持有的本公司股份没有表决权。

股东大会作出决议,必须经出席会议的股东所持表决权过半数通过。但是,股东大会作出修改公司章程、增加或者减少注册资本的决议,以及公司合并、分立、解散或者变更公司形式的决议,必须经出席会议的股东所持表决权的三分之二以上通过。

《公司法》第一百八十条:公司因下列原因解散:

(一)公司章程规定的营业期限届满或者公司章程规定的其他解散事由出现;

(二)股东会或者股东大会决议解散;

(三)因公司合并或者分立需要解散;

(四)依法被吊销营业执照、责令关闭或者被撤销;

(五)人民法院依照本法第一百八十二条的规定予以解散。

《公司法》第一百八十三条:公司因本法第一百八十条第(一)项、第(二)项、第(四)项、第(五)项规定而解散的,应当在解散事由出现之日起十五日内成立清算组,开始清算。有限责任公司的清算组由股东组成,股份有限公司的清算组由董事或者股东大会确定的人员组成。逾期不成立清算组进行清算的,债权人可以申请人民法院指定有关人员组成清算组进行清算。人民法院应当受理该申请,并及时组织清算组进行清算。

4. 破产案件中的律师，可以这样发挥作用！

在经济结构调整的大潮下，当“企业破产”成为正常现象时，从事该领域服务的律师，不再是大家熟悉的法庭上唇枪舌剑、铁齿铜牙的咄咄逼人样，也不再是玩单口相声式的脱口秀，他们，会表现出什么样子呢？

在角色的不同分工下，男主角、女主角，男配角、女配角，主动的、被动的姿态，明骚型、闷骚型性格，一部红楼梦，千古任评说。看官请看：

一、破产管理人：三头六臂＋组合拳法

2007 年 6 月 1 日起施行的《企业破产法》，引进了管理人制度。从“破产清算组”到“破产管理人”，从原来的政府部门，变成具备相应破产清算专业知识的社会中介机构和个人，越来越多的律师、注册会计师出现在我国的破产清算工作领域，履行着如下职责：决定继续还是停止债务人的经营；接管债务人的财产、印章和账簿、文书等资料；调查债务人的财产状况，制作财产状况报告；管理和处分债务人的财产……

这种制度，并不是中国的独创，我们还处在蹒跚起步的初级阶段。早在遥远的古罗马时代，法院就会从各债权人中，选任管理、处分债务人财产的代表——“财产管理人”，从而展示了当时高度的社会分工和司法文明。

当今世界，不同国家，对破产管理人的称谓有所不同，美国叫“破产托管

人”，日本叫“破产管财人”，法国叫“受托清理人”，英国叫“官方管理人”，德国叫“支付不能管理人”。称谓有所区别，但在法律规定、理论基础上，对破产管理人的“角色规范、职责划分、功能界定”，却基本相同。

民法总则、公司法、合同法、民事诉讼法、担保法、企业破产法……5个多月时间，多部法律综合融汇应用，12人的团队，没日没夜地协同作战，多方地沟通交流、配合支持，各种紧急突发状况的应对处置，我们经办的某运输公司的破产管理人案件，终于等来受理法院——厦门市中级人民法院的一份关于批准公司重整计划的《民事裁定书》。终于可以稍微松一口气，我和我的队员们都知道，接下来的程序，更多的挑战，才刚刚启幕……

二、拟破产企业的代理人：“灭绝鹰爪”PK“铁布衫”

当企业经营陷入困顿且一时无计可施时，要不要和怎么去申请破产？万一被债权人申请破产，如何才是好？

主动的抉择：与其跳楼跑路，不如破产保护！要不要主动出击，向法院申请法院破产保护，怎么才能走好这一步，利弊、思路、方案、可行性、前景、后果……一系列关乎企业生死存亡，关乎企业主及其家族荣誉尊严的问题面前，如何考虑、怎么取舍，往往需要熟悉破产法律制度理论和实践的专业律师，参与商量、咨询、讨论、决定。甚至是在破产程序进行过程中，如何自管、重整，如何申请和解，如何安抚员工和客户的情绪，如何恢复债权人的信心等问题上，拟破产企业（债务人）在争夺一线生机的关键时刻，往往很是需要律师发挥极其关键的指导作用。尤其是当下，对绝大多数企业来说，破产保护，还是一个非常非常陌生的课题，大家既没看过也没玩过，一头雾水搞不明白。

这个时候的律师，不是教练却胜过教练，不仅指导着拟破产企业学习、熟悉一个个高难度的全新动作，关键时刻（如重大谈判、重要文书），还经常是袖子一挽，亲自上场，直接操刀。

被动的应对：比起“自杀”，“他杀”显得更为残酷无情，由不得你选择要，还是不要；现在要，还是以后要。你所能想、所能做的是，当被动地收到法院那一纸冰冷的“破产案件裁定受理通知书”时，怎么应付才是上策的问题。应履行什么配合义务，要不要自管，是否继续经营业务，能不能和怎么样去争取重整，被正式裁定破产清算之前，要不要以及如何去赢得和解……围绕委屈求全以留住青山的一系列问题，必须进行多方面的沟通交涉，既有内部的沟通——投资人（股东层）、高管层、普通员工，更有外部的沟通——债权人（特殊、普通）、经办法官、破产管理人、行业主管部门、未结客户，一条条的大河，一座座的高山，等着拟破产企业去淌、去爬，并且结果如何，还不得而知。

态度的端正、专业的指导、信心的鼓舞、难题的化解……这时候的律师，必须是一个训练有素、沉着应对的“重大危机干预师”，同理、共情、疏解、咨询、示范、指引、代理，无怨无悔地陪伴着温暖着拟破产企业，一起面对狂风暴雨，一起期待绚丽彩虹。

三、重组收购方的代理人：不良资产，玩的是心跳

收购破产企业的股权或资产，看重的是抄底的机会、获利的空间，面对的是复杂的纠纷、问题、矛盾。虽然说，相对一般的不良资产而言，经过破产程序这一法律过滤器之后，拟破产企业的股权、资产，相对比较干净一些，潜在的或有负债、风险发生的可能性大幅降低，但是，凡事都有因果，走到拟破产这样的绝境，这样的企业少不了有自身极其严重的深层次问题、致命性问题，好比足以致人死亡的绝症。收购这样的股权或资产，任谁都得悬着一颗心。

某咨询集团的原总裁刘先生，在分享某茶业集团重组成功的密码时，说及他们作为重组方入主该集团时，就遭遇了两个很大的麻烦，一个是税务款

的补交，如果不是当地政府强有力的推动和支持，单就这一项，就足以让一切工作瞬间叫停；第一个是该集团的信誉问题，在所有银行都被上了黑名单，甚至严重到刘总用自己在北京市值2000万元以上的房子用于跟集团有关的经营贷时，居然只被允许贷款700万元，连五成都不到。

笔者曾经代理客户收购厦门某一集团因破产清算而对外出售的写字楼。乍一看，价位似乎比正常市场行情便宜不少，谁都觉得买起来很合算。真正进入实质性磋商谈判时，才发觉两个潜在的沉默成本：一是集团已经无力缴交税费，此次出让产生的税费都得买入方承担，而且不能享受任何优惠。所有能够问到的税务官，口头上都觉得应该按经营异常的企业进行例外处理，却谁也不敢拍板。二是办公楼所对应的物业公司，要求买入方承担集团拖欠的物业管理费、水电费、公摊费及相应滞纳金，随便一算都几百万元。

这只“幺娥子”，那只“黑天鹅”，随便飞来一只，都会让购买方的心情，过山车似的上下起伏，尤其是已经有大批资金作为前期已经注入，进退皆两难之际。这样的时候，尽职调查、甄别真伪、交易结构设计、交割履行等一系列的工作，都需要律师发挥其专业优势，与相关方进行对接、磋商、谈判，甚至是诉讼代理。

还有，是债权人的代理人，需要律师用“火眼金睛”去判明债务企业所披露的海量信息，尤其是关于债权债务的汇总、未履行完毕合同、一年内财产处分行为等的真假虚实，需要律师“大海捞针”一般地去尽可能地把属于债务企业的财产，通过诉讼与非诉讼的手段的综合运用，把它们全部归拢到位。当然，哪怕只是对接破产案件的受理法院、破产管理人，律师也比一般人来得专业和娴熟。

最后，则是未结交易的相关方代理人，需要与时间赛跑，秉持“天下功夫，唯快不破”的原则，争取最大程度的行使取回权，主张剥除权，维护委托人的正当权益。因为一旦卷入破产财产，委托人的权利将被大大打折，再经历漫长的清产核资等一系列环节，宝马车进去，自行车出来的可能性是非常大的。

在结束广深两地学习回厦的动车上，一边领略窗外的南国风光，一边码字消磨时光,思路如同一棵棵向后飞奔的路边小树。行文至此,到站了,该下车了,熟悉的边陲小城,仍然的一派热情似火……

法条再现

《公司法》第一百八十三条:公司因本法第一百八十条第(一)项、第(二)项、第(四)项、第(五)项规定而解散的,应当在解散事由出现之日起十五日内成立清算组,开始清算。有限责任公司的清算组由股东组成,股份有限公司的清算组由董事或者股东大会确定的人员组成。逾期不成立清算组进行清算的,债权人可以申请人民法院指定有关人员组成清算组进行清算。人民法院应当受理该申请,并及时组织清算组进行清算。

《公司法》第七十四条:有下列情形之一的,对股东会该项决议投反对票的股东可以请求公司按照合理的价格收购其股权:

(一)公司连续五年不向股东分配利润,而公司该五年连续盈利,并且符合本法规定的分配利润条件的;

(二)公司合并、分立、转让主要财产的;

(三)公司章程规定的营业期限届满或者章程规定的其他解散事由出现,股东会会议通过决议修改章程使公司存续的。

自股东会会议决议通过之日起六十日内,股东与公司不能达成股权收购协议的,股东可以自股东会会议决议通过之日起九十日内向人民法院提起诉讼。

最高人民法院《关于适用〈中华人民共和国公司法〉若干问题的规定(二)》第一条:单独或者合计持有公司全部股东表决权百分之十以上的股东,以下列事由之一提起解散公司诉讼,并符合公司法第一百八十二条规定的,人民法院应予受理:

（一）公司持续两年以上无法召开股东会或者股东大会，公司经营管理发生严重困难的；

（二）股东表决时无法达到法定或者公司章程规定的比例，持续两年以上不能做出有效的股东会或者股东大会决议，公司经营管理发生严重困难的；

（三）公司董事长期冲突，且无法通过股东会或者股东大会解决，公司经营管理发生严重困难的；

（四）经营管理发生其他严重困难，公司继续存续会使股东利益受到重大损失的情形。

股东以知情权、利润分配请求权等权益受到损害，或者公司亏损、财产不足以偿还全部债务，以及公司被吊销企业法人营业执照未进行清算等为由，提起解散公司诉讼的，人民法院不予受理。

5. 企业破产，这个问题怎么看?

破产？多晦气、多忌讳的词汇，做企业的中国老板，最不喜欢讲这个词，内心祈愿最好一辈子都别沾边。

遗憾的是，不管你喜欢也罢、讨厌也好，企业破产的嗖嗖冷风，在经济寒冬的缤纷落叶中，还是如期而至了。

从“星星工艺”到“福建四海”，从“诺奇服饰”到“铁观音集团”，企业破产，正在成为大家茶余饭后的谈资。

该来的，终究还是会来的。

一、破产制度，是怎么一回事?

“破产”，这个词汇不难理解。“破产制度”，就不是人人通晓了。

大多数的中国人，第一次听到“破产保护”这 4 个字，是关于香港明星钟镇涛的新闻报道，相关联的是挥金如土的败家女故事。那时的我们，总觉得这玩意儿好遥远，更不理解的是“破产”，居然还能谈得上“保护”。

市场经济下，天下没有不散的筵席，铁打的营盘流水的兵，有人进就有人出。说白了，破产，就是企业退出市场的一种方式。只不过，这种方式，来得惨烈、悲壮一些而已，与盆满钵盈、功成身退，是荣与辱的两个极端。

其实，按照已经实施几十年的做法，我国的工商营业执照上，本来都有明确标明一个营业期限，从设立到终止，10年或20年。也就是说，从出生的那一天起，每个企业都已经预先设置好自己的大限——寿终正寝的日子。只是，几乎每个企业主都不把这当一回事，认为那是遥远的未来，走一步算一步，到时再说吧。

可惜的是，对于平均寿命不到3年的我国中小企业来说，这个“大限”，往往不是遥远的未来，而是时时刻刻都有提前到来的可能。破产的阴影，总是挥之不去的痛。资金链一断，生存期限，立马进入倒计时。

二、利大，弊大，还是说不清？

全国人民代表大会顶着巨大的压力，捣鼓出来一个《企业破产法》，不待见了几年后，2007年再度发力修订，大有不达目的誓不罢休的态势。我们的代表们，辛辛苦苦为了谁？

1. 困顿企业：直接的福利有利息止计、诉讼暂停、保全解除、债务打折等，麻烦的则是老板江湖名声受损、行为权利受限，企业的一切行为被“X光、CT、超声波”等各种专业手法认真扫描一遍，多年的隐私可能被一夜全部曝光。

2. 债权人：最悲情的苦旦，“宝马进去自行车出来”的泪。可是，“莫斯科不相信眼泪”，不赶紧出手止损，时间的流逝就是资产的流逝，分分钟钟财富在萎缩。权利的让渡、利益的平衡、重整与和解的种种虐心折磨，债权人的无奈、愁容、愤怒，往往会弥漫整个破产全过程。

有乐观其成的吗？有，等待抄底廉价购入资产的买家，想想印度上空盘旋的那种动物吧。

三、破产管理人

以前，说律师、注会是中介，大家可能不大好理解，因为现实中看到的，往往是他们为一方的利益在努力工作着，这“中介”的“中”，从何而来？

当劳动仲裁、商事仲裁场合，律师的身影频频出现在审理岗位上；当社区调解、医患调解、交通事故调解场合，律师作为调解员居中调停时；当律师或注会作为破产管理人，煞有介事地接受债权申报、审查、核定时，中介服务、公正中立的色彩、特征，一目了然。

企业破产，参与主体多，利益博弈、各为其主，事务繁杂、千头万绪，突发变数、防不胜防，问题矛盾、此起彼伏，加上审计、评估等专业知识局限，受理法院往往是穷于应付。在这种情况下，作为法律共同体之一的律师，作为专业从事财务审计的注册会计师，经过各种严格的条件审查，参与分担法院的工作，就成为破解困境的一种选择。

我的EMBA同学、贵人鸟公司的董事兼董秘周世勇先生的职业寄语是：有效的沟通，取决于沟通者对话题的充分掌握，而非措词的甜美。

深以为然之际，就用上面的大白话，跟大家简单聊聊“破产制度”这件事。

法条再现

《公司法》第一百八十三条：公司因本法第一百八十一条第（一）项、第（二）项、第（四）项、第（五）项规定而解散的，应当在解散事由出现之日起十五日内成立清算组，开始清算。有限责任公司的清算组由股东组成，股份有限公司的清算组由董事或者股东大会确定的人员组成。逾期不成立清算组进行清算的，债权人可以申请人民法院指定有关人员组成清算组进行清算。人民法院应当受理该申请，并及时组织清算组进行清算。

《公司法》第一百八十四条：清算组在清算期间行使下列职权：

(一)清理公司财产,分别编制资产负债表和财产清单;

(二)通知、公告债权人;

(三)处理与清算有关的公司未了结的业务;

(四)清缴所欠税款以及清算过程中产生的税款;

(五)清理债权、债务;

(六)处理公司清偿债务后的剩余财产;

(七)代表公司参与民事诉讼活动。

《公司法》第一百八十五条:清算组应当自成立之日起十日内通知债权人,并于六十日内在报纸上公告。债权人应当自接到通知书之日起三十日内,未接到通知书的自公告之日起四十五日内,向清算组申报其债权。

债权人申报债权,应当说明债权的有关事项,并提供证明材料。清算组应当对债权进行登记。

在申报债权期间,清算组不得对债权人进行清偿。

《公司法》第一百八十六条:清算组在清理公司财产、编制资产负债表和财产清单后,应当制定清算方案,并报股东会、股东大会或者人民法院确认。

公司财产在分别支付清算费用、职工的工资、社会保险费用和法定补偿金,缴纳所欠税款,清偿公司债务后的剩余财产,有限责任公司按照股东的出资比例分配,股份有限公司按照股东持有的股份比例分配。

清算期间,公司存续,但不得开展与清算无关的经营活动。公司财产在未依照前款规定清偿前,不得分配给股东。

《公司法》第一百八十七条:清算组在清理公司财产、编制资产负债表和财产清单后,发现公司财产不足清偿债务的,应当依法向人民法院申请宣告破产。

公司经人民法院裁定宣告破产后,清算组应当将清算事务移交给人民法院。

图书在版编目(CIP)数据

公司管控 / 陈福阵著. -- 北京 : 法律出版社, 2018

ISBN 978 - 7 - 5197 - 2935 - 6

Ⅰ. ①公… Ⅱ. ①陈… Ⅲ. ①公司法-研究-中国 Ⅳ. ①D920.4

中国版本图书馆 CIP 数据核字(2018)第 279021 号

公司管控
GONGSI GUANKONG

陈福阵 著

策划编辑 朱海波
责任编辑 朱海波
装帧设计 汪奇峰

出版 法律出版社
总发行 中国法律图书有限公司
经销 新华书店
印刷 天津嘉恒印务有限公司
责任校对 马 丽
责任印制 吕亚莉

编辑统筹 法律应用·大众出版第二分社
开本 720 毫米×960 毫米 1/16
印张 18.25
字数 280 千
版本 2019 年 1 月第 1 版
印次 2019 年 1 月第 1 次印刷

法律出版社/北京市丰台区莲花池西里 7 号(100073)
网址/www.lawpress.com.cn
投稿邮箱/info@lawpress.com.cn
举报维权邮箱/jbwq@lawpress.com.cn
销售热线/010 - 83938336
咨询电话/010 - 63939796

中国法律图书有限公司/北京市丰台区莲花池西里 7 号(100073)
全国各地中法图分、子公司销售电话:
统一销售客服/400 - 660 - 6393
第一法律书店/010 - 83938334/8335 西安分公司/029 - 85330678 重庆分公司/023 - 67453036
上海分公司/021 - 62071639/1636 深圳分公司/0755 - 83072995

书号:ISBN 978 - 7 - 5197 - 2935 - 6 **定价**:58.00 元
(如有缺页或倒装,中国法律图书有限公司负责退换)